GEORGETTE,

PAR

CH. PAUL DE KOCK.

ÉDITION ILLUSTRÉE DE 25 VIGNETTES PAR BERTALL.

PRIX : **90** CENTIMES.

PARIS,
PUBLIÉ PAR GUSTAVE BARBA, LIBRAIRE-ÉDITEUR,
RUE DE SEINE, 31.

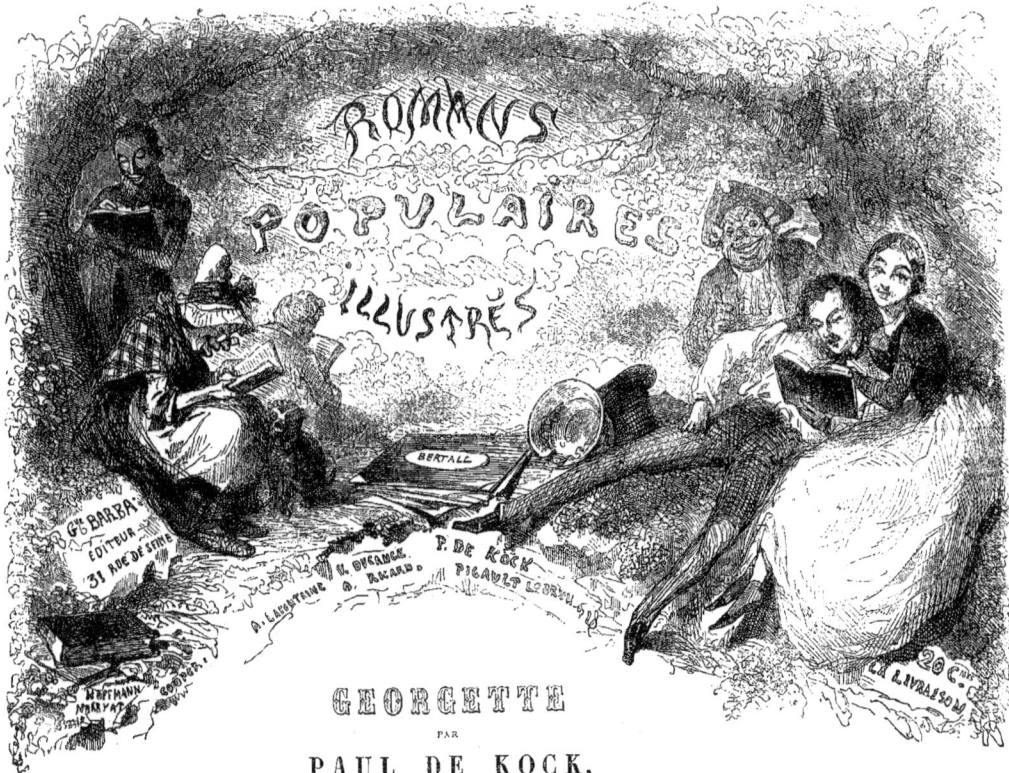

ROMANS POPULAIRES ILLUSTRÉS

BERTALL

Gⁿᵉ BARBA
ÉDITEUR
31 RUE DE SEINE

A. LACROIX. H. ORGANS. G. RICARD. PIGAULT LEBRULE

P. DE KOCK

20 C.
LA LIVRAISON

HOFFMANN
MARRYAT

GEORGETTE
PAR
PAUL DE KOCK.

PAUL DE KOCK

A SES LECTEURS.

Je place *Georgette* en tête de mes ouvrages, car je regarde ce roman comme mon premier; du moins est-ce à lui que je dois mes premiers succès dans une carrière à laquelle j'étais presque décidé à renoncer.

J'avais cependant déjà fat *l'Enfant de ma femme*. Ce roman, ouvrage de ma jeunesse et presque de mon adolescence, puisque je le composai à dix-sept ans, devait naturellement manquer de force, de plan, de style; c'était un essai, c'était cette première tragédie que l'on fait presque toujours en terminant sa rhétorique.

Comme on brûle de se faire ou plutôt de se voir imprimé, je désirais ardemment qu'un libraire se chargeât de faire paraître l'*Enfant de ma femme*, ne demandant rien pour mon manuscrit que les honneurs de l'impression.

Mais trouvez donc un libraire qui imprime l'œuvre d'un romancier de dix-sept ans! Aucun d'eux ne voulut de l'*Enfant de ma femme*, que j'offrais cependant gra-

Le fermier Jean trouve la petite Georgette.

tis; beaucoup, j'en suis certain, le refusèrent sans le lire, et ils eurent tort; ceux qui n'en voulurent pas après l'avoir lu eurent raison.

Mes parents, suivant l'usage, se moquaient de moi et de ma prétention à faire des romans. Je jure bien qu'il n'y avait aucune prétention dans mon fait; j'écrivais par goût, par plaisir; je ne pouvais pas voir une main de papier blanc sans pousser un gros soupir, en songeant à tout ce que l'on pouvait écrire dessus!

Au bout de deux ans, je me décidai à faire imprimer mon roman à mes frais. C'était un grand effort, car j'étais dans un âge où l'on n'a jamais trop d'argent pour ses plaisirs, et quoique l'*Enfant de ma femme* n'eût que deux volumes, c'était encore une somme assez ronde à avancer..., mais je me flattais qu'elle me rentrerait.

M. P. Corby éditait alors presque tous les romans nouveaux; je mis le mien chez lui. Il m'en plaça d'abord quelques douzaines, mais bientôt cela se ralentit, puis cela cessa entièrement. Je n'écoulai guère que le quart de mon édition, c'était bien loin de me rendre mes frais; mais j'étais imprimé!... Un journal avait fait un feuilleton sur mon roman; dans ce bienheureux feuilleton , mon nom était répété jusqu'à huit fois !... c'était alors du bonheur.

Cependant je ne tardai pas à m'apercevoir que la gloire, quelque mince qu'elle soit, ne nous fait pas d'amis; ceux que j'avais ou que je croyais tels saisissaient toutes les occasions de lancer des épigrammes sur mon roman. Ils ne manquaient pas de me rapporter le mal qu'on en avait dit; quant aux choses agréables qui auraient pu me consoler, ils ne les entendaient jamais ou ne s'en souvenaient pas. Depuis cette époque, j'ai rencontré dans le monde beaucoup de ces gens-là : empressés à vous rapporter ce qui peut vous être désagréable, mais ignorant toujours le bien qu'on dit de vous. Je me rappelle aussi une femme galante à laquelle je faisais la cour lorsque mon premier roman parut. Je m'empressai de le lui porter, me flattant que cela m'avancerait dans ses bonnes grâces. Elle reçut mes deux volumes d'un air nonchalant, et se contenta de me dire : — Par exemple!... vous êtes bien bon de vous donner la peine d'écrire ainsi des volumes!...

Ce vous êtes bien bon! me sembla si bête que mon amour n'y résista pas.

Pendant que l'on vendait les premières douzaines de l'Enfant de ma femme, j'écrivis Georgette; je fis quatre volumes, j'en aurais fait six si je ne m'étais retenu. Cette fois je commençai à écrire d'après nature; le chapitre intitulé : Soirée au Marais, n'était que le tableau fidèle d'une réunion dans laquelle je m'étais trouvé souvent. Presque tous les personnages existaient, je n'avais changé que les noms.

Je sentais bien que Georgette valait mieux que l'Enfant de ma femme, mais je ne voulais plus faire imprimer à mes frais; les nombreux exemplaires qui me restaient de mon premier roman ne m'encourageaient pas à recommencer.

Je promenai Georgette chez les libraires comme j'avais promené mon Enfant. J'éprouvais les mêmes refus, les mêmes ennuis, les mêmes dégoûts!... on ne voulait pas seulement lire mon manuscrit!... ou lorsqu'on daignait le recevoir, c'était comme pour se débarrasser de moi; puis on me faisait revenir huit ou dix fois, on n'avait pas eu le temps de le lire; et souvent, fatigué de ces lenteurs, je reprenais ma pauvre Georgette en me donnant le plaisir d'envoyer au diable monsieur le libraire.

J'étais découragé. Je jetai mon manuscrit dans le bas d'une armoire, en me promettant de ne plus m'en occuper, et surtout de ne plus faire de romans; mais, hélas!... trahit sua quemque voluptas!

Quatre années s'écoulèrent. Georgette était toujours dans le bas d'une armoire; plusieurs fois, en apercevant ce malheureux manuscrit, je m'étais promis de le jeter au feu... je ne sais ce qui me retint.

Pendant cet espace de temps, j'avais travaillé pour le théâtre. Un beau jour, en vendant à M. Barba le manuscrit d'un mélodrame que je venais de faire jouer à l'Ambigu-Comique, je me rappelai mon infortuné roman, et je le proposai à ce libraire. M. Barba prit mon manuscrit en me disant qu'il le lirait. Quelque temps après, j'allai lui demander ce qu'il pensait de ma Georgette; M. Barba me répondit : — J'ai donné votre manuscrit à Hubert, il vous inspirera chez ; moi, je ne veux plus faire de roman.

Me voilà de nouveau en course; je vais chez M. Hubert, qui était alors libraire au Palais-Royal, sous les anciennes galeries de bois. Là, je trouve un homme aimable, poli, obligeant, qui me dit mille choses flatteuses sur mon roman. J'en restai tout stupéfait!... messieurs les libraires m'avaient si peu habitué à cet accueil! Depuis ce temps, je n'ai gardé nulle rancune à ceux qui m'ont jadis causé tant d'ennuis; mais j'ai conservé pour M. Hubert un éternel souvenir de reconnaissance; j'aime mieux me rappeler le bien que le mal.

M. Hubert m'acheta Georgette en m'engageant à lui faire bientôt un autre roman, et en effet, au bout de quelques mois, je lui portai Gustave ou le Mauvais sujet, puis Frère Jacques, puis Mon voisin Raymond, et alors M. Hubert m'acheta même l'Enfant de ma femme! Et voilà comment je devins romancier.

Je demande pardon au lecteur de l'avoir ennuyé de ces détails, qui lui sembleront bien puérils! mais il y a un grand charme dans les souvenirs, et nous croyons souvent le faire passer dans notre plume, tandis qu'il reste au fond de notre cœur.

GEORGETTE.

Chapitre premier. — Un intérieur. — Les mauvaises langues.

Il était sept heures du soir, et M. Rudemar, ancien tabellion de Rambervilliers, était occupé à mettre ses pantoufles, à desserrer les cordons de son gilet, à ôter sa perruque... Enfin, M. Rudemar se mettait à son aise, comme quelqu'un qui n'attend plus aucune visite et qui va bientôt se livrer au repos.

Lorsque M. Rudemar fut fini, il avança son grand fauteuil devant la cheminée, s'étendit dedans, et ordonna à Gertrude, sa servante, de venir souffler le feu : on était alors au mois d'avril, et le temps était très-froid.

Tout en se chauffant, notre homme étendait ses jambes sur les chenets, et semblait se regarder d'un œil de complaisance. M. le tabellion avait, il est vrai, la jambe assez bien faite ; joignez à cela des yeux noirs et vifs, une figure régulière, des manières aimables, un ton doux et galant, et vous ne serez point étonné que M. Rudemar, malgré ses cinquante ans, fût encore recherché par les petites-maîtresses de Rambervilliers. Mais outre les avantages physiques, il en possédait de plus solides ; il était bon, humain ; on vantait partout sa charité, dont il avait donné la preuve en prenant chez lui et en élevant avec soin une petite fille de quatre à cinq ans qu'il nommait sa nièce, et qui, je me plais à le croire, ne lui appartenait que de bien près, malgré les propos que les mauvaises langues (car il y en a partout... même en province...) débitaient de temps à autre sur la naissance de Georgette : c'est le nom de la nièce de M. Rudemar.

Pendant tout le temps que Jacqueline fut gouvernante de M. le tabellion, Georgette fut caressée, choyée, elle ne connaissait que le plaisir : la danse, la table, la promenade remplissaient tous ses moments. Jacqueline la traitait avec une tendresse vraiment maternelle, ce qui faisait encore jaser les mauvaises langues ; car on disait que, cinq ans auparavant, Jacqueline, engraissant considérablement, s'était plainte d'une hydropisie qui l'avait forcée d'aller passer plusieurs mois à son pays.

Ce fut donc quatre ans après le voyage de Jacqueline que M. Rudemar amena un jour chez lui la petite Georgette, la présentant à tout le monde comme la fille d'une sœur qu'il avait à Nancy, qui était veuve, et venait de mourir sans laisser aucune fortune à la pauvre Georgette, que la protection de son oncle le tabellion.

Maintenant, lecteur, vous voilà au fait de la naissance de notre héroïne ; peut-être avez-vous quelques soupçons sur sa légitimité?... Pensez-en tout ce qu'il vous plaira, vous pouvez donner carrière à votre imagination, car je vous avertis que l'histoire de Georgette ne dit pas un mot de plus sur ce sujet.

Georgette avait huit ans lorsque Jacqueline mourut. Ce coup fut bien cruel pour M. Rudemar ; il y avait longtemps que Jacqueline le servait, et en bon maître il s'y était attaché. Cependant, comme tout passe, la douleur du tabellion s'apaisa ; il n'était ni d'âge ni d'humeur à se passer de gouvernante ; il fallait donc s'occuper de ce choix important. Beaucoup de femmes briguaient l'honneur de remplacer Jacqueline !

La veuve Gertrude l'emporta sur ses nombreuses rivales.

Gertrude méritait bien qu'on la distinguât : trente-six ans au plus, des cheveux noirs, une taille bien prise, des formes séduisantes ; puis, outre les qualités d'une gouvernante, elle possédait encore l'art de faire un dîner excellent, et M. Rudemar aimait beaucoup la table.

Malheureusement pour Georgette, la nouvelle gouvernante n'était pas aussi douce qu'elle était jolie. Adieu les attentions, les caresses, les plaisirs. Gertrude connaissait à fond toute l'histoire de la sœur de M. Rudemar ; elle avait vu croître l'hydropisie de Jacqueline, et elle prit Georgette en aversion. D'ailleurs Gertrude avait une fille, et, pour que son enfant fût seul élevé par M. le tabellion, elle forma le hardi projet de mettre la pauvre nièce à la porte.

Les vieillards sont faibles quand ils sont amoureux. M. Rudemar avait la réputation de se laisser mener par ses gouvernantes. Gertrude était rusée : elle fit si bien, qu'au bout de deux ans elle rendit Georgette idiote et méchante aux yeux de son oncle, qui ne ressentait plus pour elle qu'une très-légère affection.

Voilà où en étaient les choses lorsqu'un samedi soir M. Rudemar s'étala devant sa cheminée, comme j'ai eu l'honneur de vous le dire au commencement de ce chapitre.

Chapitre II. — Le dimanche. — Dîner. — Évasion.

— Gertrude ! — Monsieur? — C'est demain dimanche, mon enfant. — Je le sais bien, monsieur. — Oui, mais ce que tu ne sais pas, c'est que j'ai invité à dîner, pour demain, M. Boullard et son épouse, le compère Jérôme, son ami Eustache et mon voisin Toupin. — Eh ! qu'avez-vous besoin de tout ce monde-là? bon Dieu!... Croyez-vous que je n'ai pas assez d'ouvrage dans le courant de la semaine? non, il faut encore que je passe ma journée du dimanche à faire une cuisine d'enfer pour des gens qui ne viennent ici que pour manger?... — Allons, Gertrude, calme-toi ; tu sais bien, mon enfant, que je reçois ainsi par bienséance ; il est de ces honnêtetés qu'on se doit réciproquement. — On n'aura rien à vous reprocher à cet égard, car vous êtes d'une politesse!... Donner à dîner, ça coûte, ça, monsieur; ça se encore pour le compère Jérôme, c'est un homme aimable qui sait vivre, il a des attentions pour moi... Gertrude se mirait en disant cela. Quant aux Boullard, ce sont des vilains, des ladres... Avez vous jamais senti l'odeur de leur cuisine?... Mais madame Boullard a le don de vous plaire avec ses petits yeux ronds et son gros nez en trompette!.... pas plus de gorge que dessus ma main... Ah! que les hommes sont aveugles!... — Tu ne sais ce que tu dis, Gertrude. — Croyez-vous que je ne vous ai pas vu la dernière fois qu'ils ont soupé ici? Madame faisait la bouche en cœur pendant que vous laissiez tomber votre fourchette pour avoir l'occasion de lui pincer le genou. — Gertrude, je vais me fâcher!... — Votre ami Eustache, c'est un tatillon qui regarde tout, furette partout, se mêle de tout, qui a toujours quelques mots piquants à vous adresser... Mais je lui donnerai mon paquet la première fois que cela lui arrivera... Pour votre voisin Toupin, c'est un ivrogne, il est connu pour tel; il ne vient ici que pour boire.... mais il boit!.... ah! cela fait trembler!...

Gertrude allait sans doute en dire encore plus long et s'étendre sur le portrait de chaque convié, lorsqu'elle fut interrompue par Georgette, qui entra dans la chambre en pleurant, et disant que Catherine l'avait battue. (Catherine était la fille chérie de dame Gertrude.)

— Qu'est-ce donc? demande M. Rudemar en sortant de l'assoupissement dans lequel la tirade de Gertrude l'avait plongé. — Pardine, ça se devine, dit mamzelle Georgette qui fait tout ce tapage-là. — Mon oncle, on m'a battue, dit Georgette en soupirant. — Taisez-vous, pécore! cette petite sotte est toujours à nous étourdir... Allez vous coucher, et qu'on ne vous entende plus!

Gertrude pousse Georgette hors de la chambre; elle la suit jusqu'à la soupente qui contient la couchette de notre héroïne. La jeune fille veut répliquer, mais un argument irrésistible la réduit au silence, et on lui annonce qu'elle se passera de souper, puisqu'elle a eu l'audace de se plaindre de Catherine.

Pauvre Georgette, tu te couchas en pleurant! c'était la coutume depuis la mort de Jacqueline. Cependant ce grenier, triste réduit de Georgette, était confident des projets de notre héroïne : elle dormait peu, elle réfléchissait; le caractère se forme à l'école du malheur. D'ailleurs, Georgette était très précoce; elle avait de l'esprit, de l'imagination. Enfin, puisque j'écris ses aventures, vous pensez bien, lecteur, que c'est parce que je les ai trouvées drôles.

Le résultat des réflexions de Georgette fut la résolution de fuir une maison dans laquelle elle ne goûtait plus un moment de repos, et de courir le monde, quitte à mendier son pain, plutôt que de rester en butte à la colère de Gertrude, aux tapes de Catherine et aux injustices de M. le tabellion.

Le fameux dimanche est enfin arrivé; tout est en l'air chez le tabellion. Gertrude qui veut faire briller son talent, surtout aux yeux du compère Jérôme, Gertrude fait des merveilles; toutes les casseroles sont sur le feu. Georgette a reçu l'ordre de ne pas quitter la broche, et Catherine est chargée de goûter les sauces.

Le compère Jérôme, qui vient toujours de bonne heure, se présente d'un ton mielleux; il salue Gertrude : celle-ci, qui lui rendant sa révérence, laisse rouler dans les cendres une fort belle andouille qui devait former un plat de hors-d'œuvre. M. Rudemar se désole; mais le compère Jérôme tire de dessous une houppelande une belle dinde aux truffes, dont il fait hommage à Gertrude : à cette vue, tous les visages s'épanouissent, M. Rudemar flaire la dinde avec ravissement, Gertrude regarde en souriant le compère Jérôme, et celui-ci, pour achever de lui être agréable, s'empare de la queue de la poêle, qu'il tient avec une grâce toute particulière.

L'heure du dîner sonne, M. et madame Boullard se présentent; le mari est un gros homme tout rond qui ne comprend que son commerce et ne parle qu'après sa femme; celle-ci est à peu près telle que Gertrude nous l'a dépeinte. Ils sont suivis de l'ami Eustache et du voisin Toupin. Chacun a mis son habit de fête. M. Eustache donne la main à madame Boullard, qui s'arrête pour faire une profonde révérence à M. Rudemar. Le voisin Toupin, qui marche derrière, se trouve avoir les pieds sur la queue de la robe d'indienne à grands ramages. Madame Boullard, en terminant sa révérence, se sent tirée par quelque chose; elle perd l'équilibre et tombe dans les bras du voisin, qui, n'étant pas préparé à la recevoir, cède à la violence du choc, et se renverse à son tour, écrasant dans sa chute un pot de beurre de Bretagne qui se trouve malheureusement sous son centre de gravité. Le compère Jérôme, effrayé, lâche la queue de la poêle, et M. Rudemar trébuche sur la lèche-frite en s'avançant pour recouvrir les charmes secrets que la moitié laissait, par sa chute, exposés aux regards des amateurs.

Au milieu du bruit, des cris, du tumulte que ces accidents ont fait naître, Gertrude seule est restée calme; c'est elle qui rétablit l'ordre, elle s'avance et rabaisse la robe de madame Boullard (ce que ces messieurs ne se pressaient pas de faire). Le mari se débarrasse de la lèche-frite; le compère Jérôme abandonne la poêle à Georgette; le voisin Toupin ôte le beurre qui se trouve à sa culotte, et la gaieté s'empare des convives; on ne songe plus qu'à rire et bien dîner. Madame Boullard même ne paraît pas fâchée d'un événement qui rend ces messieurs encore plus galants avec elle, ce qui faisait tacitement l'éloge de ce qu'on avait aperçu.

On se met à table; jamais repas ne parut plus succulent : à chaque

mets on s'extasie sur le mérite de dame Gertrude. Il fallait de pareils éloges pour la remettre de bonne humeur, car la chute de madame Boullard l'avait beaucoup contrariée!... L'aspect de la dinde aux truffes achève d'animer les esprits; les bons mots, les petits contes vont leur train. Le compère lance des œillades à Gertrude; M. Rudemar laisse tomber sa fourchette lorsqu'il croit que sa gouvernante ne le regarde pas; l'ami Eustache entonne des couplets gaillards; le voisin Toupin commence à chanceler sur sa chaise, et M. Boullard se bourre de truffes parce que sa femme lui a dit que c'était un manger très-sain. C'est une joie, une ivresse générale!... excepté pour cette pauvre Georgette, chargée de servir tout le monde, tandis que Catherine dîne tranquillement près du feu de la cuisine.

Cependant la nuit vient, c'est l'instant du dessert. Gertrude est forcée d'aller à la cave, parce que le voisin Toupin fait observer que les bouteilles sont vides. Le compère Jérôme offre de lui porter sa chandelle; elle accepte cette proposition. Les autres convives restent à table, et se trouvent bientôt dans une profonde obscurité. Le temps s'écoule; Gertrude et le compère sont encore à la cave; le voisin commence à s'endormir; M. Boullard est concentré dans son assiette; M. Rudemar profite de la circonstance pour faire jouer sa fourchette; mais l'ami Eustache, qui trouve le temps long, engage Georgette à aller voir ce qui se passe à la cave.

Georgette s'éloigne, mais ce n'est pas pour exécuter l'ordre d'Eustache, c'est pour mettre son grand projet à exécution : l'heure, le moment, tout lui semble favorable pour fuir la maison de son oncle. Elle entre à la cuisine, s'empare d'un panier, l'emplit de provisions; Catherine veut parler... une paire de soufflets la rend muette et immobile. Georgette descend avec précaution l'escalier, la porte de la cave est au bas : par un excès de prudence, elle la ferme et en jette la clef dans un puits; ensuite, ouvrant la porte de la rue, elle sort de la maison, et la voilà qui court... qui court... sans réfléchir que personne ne pense à courir après elle.

CHAPITRE III. — Le fermier Jean.

— Que fais-tu là, petite? — Vous le voyez bien! je me repose et je déjeune. — Tu es en route de bon matin! — D'où viens-tu donc étonnant; j'ai couché sur le grand chemin. — Bah! et où vas-tu donc comme ça? — Je n'en sais rien. — Mais d'où viens-tu? — De quelque part où je ne veux pas retourner.

Ce dialogue avait lieu sur la grande route entre Georgette et un petit homme doué d'une physionomie ouverte, et dont la mise annonçait un riche cultivateur. Georgette avait couru toute la nuit; elle marchait sans s'inquiéter des chemins; l'essentiel pour elle, c'était de s'éloigner de la maison de M. Rudemar; sa seule crainte était d'être rattrapée, car elle devinait les traitements que Gertrude lui ferait endurer; enfin, exténuée de fatigue, elle s'était assise au point du jour sur le bord d'un fossé, et s'y était endormie jusqu'au moment où la faim lui avait fait ouvrir les yeux.

Le petit homme qui avait interrogé Georgette restait devant elle et la regardait avec intérêt : l'air décidé, la mine éveillée, la singularité des réponses de la petite fille (car Georgette n'avait alors que onze ans), tout en elle le surprenait. Quant à Georgette, elle ne faisait plus aucune attention à lui, et continuait à manger tranquillement une partie des provisions qu'elle avait emportées.

Au bout de cinq minutes, le voyageur recommença ses questions : — Comment t'appelles-tu? — Georgette. — Ton âge? — Bientôt onze ans. — Que sais-tu faire? — Lire, écrire, travailler. — Veux-tu venir avec moi? Ici Georgette se mit à réfléchir, puis commença à son tour à le questionner : — Où allez-vous? — A Epinal, toucher un héritage, et de là je m'en reviendrai à Bondy, où je demeure avec ma femme. — Est-ce loin d'ici à Bondy? — Sans doute; mais comme tu es trop jeune pour faire tant de chemin à pied, nous prendrons la diligence à l'endroit où je m'arrêterai. — Quoi! j'irai en voiture?... ah! que c'est amusant!... je vais avec vous. — Mais ton père et ta mère ne pleureront-ils pas de ton absence? — Ah! monsieur, je n'ai jamais eu de papa ni de maman!... — En ce cas, lève-toi, donne-moi la main et partons.

Georgette n'hésita pas, et la voilà en route, tenant d'une main son précieux panier, et donnant l'autre à son compagnon de voyage. Avant d'aller avec eux, faisons plus ample connaissance avec le petit homme.

Jean était un brave homme dans toute l'acception du mot. Simple fermier, il avait épousé la bonne Thérèse; ils demeuraient près de Bondy et vivaient heureux et tranquilles; leur fortune s'était accrue, elle était plus que suffisante pour leurs besoins, et le seul chagrin de ce bon ménage était de ne pas avoir d'enfant. Jean, quoique brusque et bourru parfois, possédait un cœur sensible et une âme honnête. Voilà quel était le protecteur que le hasard avait donné à Georgette.

Tout en marchant, Jean fit encore quelques questions à la jeune fille; celle-ci finit par lui avouer la vérité, mais ne lui nomma pas la ville qu'elle habitait. Jean n'insista pas : convaincu par le récit de Georgette qu'elle avait été fort malheureuse, il pensa que ce n'était pas faire mal que de la protéger et de la garder, puisque ceux à qui elle appartenait ne remplissaient pas avec elle les devoirs de bons parents.

La confiance la plus intime ne tarda pas à s'établir entre nos deux

1.

voyageurs. Jean se félicitait d'avoir trouvé un enfant auquel il portait déjà la plus tendre affection; il devinait le plaisir qu'il causerait à Thérèse en lui présentant celle qui allait leur tenir lieu de fille. Quant à Georgette, la joie qu'elle éprouvait d'être à l'abri des tapes de Gertrude la mettait hors d'elle-même : elle riait, chantait, sautait, et charmait Jean par la vivacité de ses reparties. — Morguienne, disait le petit homme en lui-même, v'là une jeunesse qui sera joliment espiègle !

Nos voyageurs arrivèrent à Epinal; leur séjour dans cette ville ne fut pas long; Jean, étant seul héritier, n'eut de procès avec personne, au grand déplaisir de messieurs de la chicane, qui, en Lorraine comme ailleurs, savent embrouiller les affaires. Jean, ayant réalisé ses fonds, prit Georgette dans ses bras et monta avec elle dans la diligence qui devait les conduire à leur destination.

Nous allons les suivre, si vous le trouvez bon... Ah! je vous entends déjà, lecteur, vous écrier : Encore une diligence, on ne lit que cela!... Et pourquoi donc n'en ferais-je pas une aussi? que m'importe qu'on en ait déjà fait vingt, trente.. cent même! pourvu que la mienne vous amuse, n'est-ce pas tout ce qu'il faut? Ne voyons-nous pas au spectacle, dans une pièce nouvelle, ce que nous avons vu cent fois dans les vieilles? ne courons-nous pas toujours aux feux d'artifice, aux ballons, aux illuminations et autres nouveautés de ce genre? avec une nouvelle maîtresse, ne faisons-nous pas la même chose qu'avec l'ancienne?.... Les manières, les modes changent, le fond est toujours le même depuis que le monde existe; nous aimons, nous nous battons, nous mangeons, nous buvons, nous dormons, etc.; et ce qui est très-heureux, c'est que cela nous amuse toujours; et consequentia consequentium, je puis bien faire aussi un chapitre de diligence.

CHAPITRE IV. — La diligence.

La diligence était pleine; ceux qui l'occupaient formaient un ensemble tellement grotesque que, pour nous en faire une juste idée, il faut examiner et détailler chaque personnage.

Dans la première place du fond est une vieille (soi-disant comtesse) qu'une soixantaine d'années n'empêchent pas de mettre du rouge et des mouches; à ses côtés repose son fidèle Azor, qu'elle regarde à chaque instant avec une tendresse toute particulière; sur ses genoux elle tient une cage renfermant un gros perroquet qui partage avec Azor les bonnes grâces de sa maîtresse. La vieille tient, outre cela, un gros livre qu'elle lit avec attention, n'interrompant sa lecture que pour donner des gimblettes à son chien et du biscuit à son perroquet.

Près de la vieille est un sous-officier dont la mine franche et l'humeur joviale inspirent la gaieté; près de lui une nourrice jeune, fraîche, gentille, tient sur ses bras un petit poupard, dont elle apaise les cris en lui faisant sucer un sein blanc comme la neige, que, par parenthèse, le militaire lorgne avec complaisance toutes les fois que l'occasion s'en présente, au grand scandale de la vieille coquette, qui soupirait, se retournait, se remuait inutilement... Elle n'avait plus rien qui méritât d'être lorgné.

En face de la nourrice est assis un homme d'un certain âge, à la figure rubiconde, au teint fleuri; son ventre, qui dépasse ses genoux, lui laisse à peine la faculté de voir à trois pieds de distance; malgré cela, notre homme, de crainte d'éprouver une faiblesse, mange une brioche à chaque quart d'heure, en ayant soin de l'arroser avec un demi-verre de rhum, dont il tient une bouteille entre ses jambes.

A la droite du gros monsieur était un individu en habit de soie, veste et culotte pareilles, ayant sur la tête un chapeau à trois cornes qui lui cachait presque les yeux, et à son côté une grande épée semblable à celle de nos crispins de comédie. La maigreur de ce burlesque personnage formait un contraste piquant avec la rotondité de son voisin.

Enfin la dernière place était occupée par Georgette, qui, s'embarrassant fort peu de ses compagnons, dormait pendant une grande partie de la journée. Quant à Jean, il était dans le cabriolet près du conducteur.

Les premières lieues se firent assez silencieusement, suivant l'ordinaire : la vieille lisait, le militaire fumait sa pipe, la nourrice donnait à teter à son poupon, le gros monsieur prenait du rhum et secouait son ventre, son voisin ne cessait de toucher et de regarder sa vieille rouillarde, et Georgette dormait.

Le silence fut interrompu par une altercation qui survint entre la vieille et le chevalier, dont l'épée se trouvait entre les jambes de la dame. — En vérité, monsieur, vous devriez bien faire attention; voilà deux heures que vous ne cessez de remuer cette grande hallebarde!... elle me gêne considérablement!... — Sandis ! madame, elle en a gêné bien d'autres, je vous réponds ! On voit à l'accent quel était notre personnage. — C'est toujours fort désagréable, et je ne vois pas la nécessité de porter une arme semblable dans une diligence. — Vous ne la voyez pas? Capédébious !... apprenez qué dépuis trente ans qué jé suis au monde, cette épée né m'a jamais quitté; mon grand-père la plaça lui-même sur mon berceau, il la tenait dé son aïeul, qui s'en servit si glorieusement contre les Maures qué lé roi des Lombards, qui combattait alors contre les Abencérages, lui offrit dé lé faire connétable de son artillerie; dépuis ce temps nous n'avons pas dérogé, et à

l'âge dé cinq ans jé mé servais dé cette épée comme jé m'en sers à présent!

La dame, n'ayant rien à répondre à de pareilles raisons, allait reprendre sa lecture lorsque le militaire, en se remuant, poussa un peu rudement le chien, qui se mit à japper; la vieille jette des cris effroyables, et laisse tomber sa cage en voulant secourir plus vite le fidèle Azor; l'enfant, affrayé, crie de son côté; la nourrice se met à rire, ce qui augmente la colère de la vieille. — Prenez donc garde, monsieur l'officier, vous allez étouffer mon pauvre Azor!...—Au diable le chien et le perroquet! voilà bien du bruit pour une bête! — Il est vrai que ça mange plus que ça ne vaut, dit le gros monsieur en riant du dépit de la duègne. — Ah, mon Dieu! je crois qu'il est blessé... et mon perroquet ne dit plus rien... Jacquot! Azor! Jacquot!... — Donnez-leur à teter, mille cartouches!... tenez, voilà un enfant qui fait moins de bruit qu'eux. — Le pauvre petit! il ne sait pas ce que tout ça veut dire; mais ne vous gêne-t-il pas, monsieur le militaire? — Me gêner! non, sacrebleu.... il est gentil comme tout. — Vous êtes bien honnête, monsieur. — Je ne donnerais pas ma place pour tout l'or du monde!... — Lé camarade doit sé trouver au mieux ! assis auprès dé Vénus; on lé prendrait pour lé dieu Mars. — Qu'est-ce qui vous parle de Mars et de Vénus, à vous? — C'est uné figure, camarade, par laquelle jé trouvais... — Une figure, mille bombes ! gardez vos figures pour vous, sinon je pourrais bien m'en prendre à la vôtre, quoiqu'elle soit un peu longue et qu'elle ressemble déjà à une vieille cartouche mouillée.

Le Gascon tourna la tête d'un autre côté, eut l'air de n'avoir pas entendu, et regarda par la portière en se promettant de ne plus parler de la mythologie à des gens qui ne la comprenaient pas.

— Est-ce le Cuisinier bourgeois que madame lit avec tant d'attention? C'est le gros monsieur qui s'adresse à la vieille.— Le Cuisinier bourgeois?... Non, monsieur; je ne trouvais aucun charme dans une semblable lecture !... — Tant pis pour vous, madame, car c'est un excellent livre : c'est peut-être l'Epicurien français que vous tenez? — Pas davantage, monsieur ; je lis un roman d'Anne Radcliffe, et j'en suis à l'endroit où la jeune héroïne sort à minuit de sa chambre pour aller visiter la tour du Nord... — Cette demoiselle-là ferait bien mieux de se coucher, il me semble, au lieu d'aller ainsi courir la nuit toute seule. — Se coucher, monsieur, se coucher !... est-ce qu'une tendre victime de la barbarie d'un tyran oppresseur doit se coucher et dormir comme une fille de boutique?... — Ma foi, je croyais que toutes les femmes étaient faites de même. — Ah, monsieur! on voit bien que vous ne lisez pas les romans anglais ! vous y verriez des demoiselles qui parcourent toutes les nuits des souterrains sans avoir peur, qui parlent à des spectres sans trembler, qui passent les journées occupées de leur amour sans jamais songer à dîner et à souper !... qui, poursuivies par un amant brutal, sont souvent surprises endormies, et dont la vertu, malgré toutes ces rencontres, ne reçoit jamais le plus petit échec!..., vous y verriez.... Ah, mon Dieu! quelle odeur!...,. ah! quelle odeur! c'est une infection !...

Le poupon de la nourrice avait interrompu la tirade de la comtesse par un de ces accidents si communs aux enfants de cet âge. La nourrice s'empressa d'examiner le petit, le gros monsieur prit du tabac, le militaire bourra sa pipe, et le Gascon se pinça le nez. Pendant ce temps, la vieille se confondait en lamentations. — C'est une peste !... Ah, ciel ! peut-on emporter un enfant dans une voiture!... il fallait le mettre sur l'impériale. — Pardi ! c'est ça, avec les paquets; il aurait été bien, ce pauvre petit! — Du moins je nous eût pas infectés. — Vraiment! vous v'là ben malade ! vous en faisiez autant il y a soixante ans... — Taisez-vous, pécore ! ou je.... Là voix manqua à la vieille; le mot de soixante ans l'avait suffoquée. — Allons, mille cartouches ! est ce fini? donnez-moi votre enfant, ma petite mère... Et le galant militaire enlève le poupon afin que la nourrice puisse chercher du linge. Par ce mouvement, le derrière de l'enfant se trouva contre le visage de la duègne; mais, effrayée par les regards et la voix du protecteur de la nourrice, elle n'osa pas en dire davantage, et reprit en soupirant son chien, sa cage et son livre.

Le calme fut entièrement rétabli : la nourrice remporta une victoire complète, dont elle remercia de l'œil et du genou son défenseur, qui continuait de jurer que l'enfant ne sentait rien. Le Gascon assurait que cela était la vérité : il avait pris le parti d'être toujours de l'avis du militaire, de crainte d'événement. Nos voyageurs arrivèrent à l'auberge où ils devaient passer la nuit.

CHAPITRE V. — L'Auberge.

— Allons, réveille-toi, mon enfant! dit Jean en prenant Georgette dans ses bras pour la descendre de voiture. — Est-ce que nous sommes arrivés ? demanda Georgette en se frottant les yeux. — Tant mieux, mais c'est ici que nous allons souper. — Tant mieux, car j'ai bien faim! — Cette petite n'est pas sotte, dit le gros monsieur en s'élançant hors de la diligence avec toute la légèreté dont il était susceptible, et courant de suite à la cuisine, afin de s'assurer par lui-même de la manière dont ils seraient traités.

—Prenez bien garde à ma cage... Donnez-moi mon chien, monsieur le conducteur... — Eh ! vous faites plus d'embarras avec toutes vos bêtes que dix voyageurs ensemble ! — Ne faut-il pas prendre soin de ces innocents animaux ? — Ah ! si vous m'aviez dit en payant votre place que vous aviez une ménagerie, je me serais arrangé autrement.

Le conducteur, ennuyé des plaintes de la vieille, jette dans la première salle Azor au milieu des paquets ; l'animal délicat se met à aboyer, ses cris douloureux sont entendus de sa maîtresse : déjà elle avait le talon sur le marchepied de la voiture, tenant d'une main la cage de Jacquot, et de l'autre se retenant à la portière ; au bruit que fait le chien, elle ne doute pas qu'il ne lui soit arrivé malheur, elle veut voler à son secours, et saute trois marches au lieu d'une, en lâchant la portière qui la retenait ; mais, par un hasard funeste, sa robe, s'accrochant dans l'intérieur de la diligence, l'empêche d'arriver jusqu'à terre, et elle reste suspendue, montrant aux regards des passants des appas qui certes ne méritaient pas, comme ceux de madame Boullard, d'être mis au grand jour.

La position de la dame était cruelle : dans son désarroi, elle avait lâché la cage de Jacquot, et les plaintes d'Azor, se mêlant aux ricanements des voyageurs, achevaient d'irriter ses nerfs. Ne pouvant plus supporter sa situation, elle s'agite avec violence, sa robe craque, se déchire, et la vieille tombe lourdement le derrière sur la cage de l'oiseau chéri... Mais, ô comble d'infortune ! la cage se brise, et elle étouffe avec son postérieur le malheureux Jacquot, qui lui enfonce en mourant son bec dans les fesses.

La duègne jette les hauts cris, on accourt, on craint qu'elle ne soit blessée, on la prend, on la retourne, le militaire et le Gascon vont l'enlever.... mais chacun reste stupéfait en apercevant Jacquot écrasé sous les jupons de sa maîtresse. Jean la fait revenir à elle ; le militaire se charge de retirer l'oiseau de la partie blessée ; le Gascon s'écrie que c'est la première fois qu'il voit prendre un lavement avec un bec de perroquet, et le gros monsieur se recule, parce que la vue de la blessure lui ôte l'appétit.

Laissons un peu la dame s'empressant de rassembler les restes du malheureux Jacquot, qu'elle compte bien faire empailler, et retournons près de Georgette, que nous avons oubliée depuis quelques instants.

Georgette était dans la grande salle de l'auberge ; auprès d'elle venait de s'asseoir un jeune homme de treize à quatorze ans, d'une jolie figure, et dont la voix douce, le ton poli et toutes les manières annonçaient une bonne éducation. La conversation fut bientôt établie entre les deux jeunes gens. Charles (c'était le nom du voyageur) fut enchanté de l'esprit, de la vivacité de Georgette. Mais, avant d'aller plus loin, faisons tout à fait connaissance avec ce nouveau personnage, qui doit nous intéresser, puisqu'il tiendra une place importante dans l'histoire de Georgette.

Charles était le fils du marquis de Merville, gentilhomme français qui, après avoir passé une partie de sa jeunesse à voyager, était venu se fixer dans une terre qu'il possédait en Lorraine, où il s'était marié avec une femme jeune et jolie, mais dont il n'était nullement amoureux.

M. de Merville était un peu original : il croyait que, pour être parfaitement heureux, il fallait rencontrer une compagne née pour nous ; la sympathie devait la faire reconnaître ; on devait l'aimer en lui inspirant autant d'amour à la première vue, on était sûr d'avoir trouvé la femme qui possédait les mêmes goûts, les mêmes désirs, les mêmes sentiments que l'on éprouvait soi-même. Mais en vain M. de Merville avait parcouru l'Europe, l'Asie et une partie du Nouveau-Monde, pour chercher l'objet qui devait sympathiser avec lui. Comme il était fort laid, aucune femme ne devint amoureuse de lui en le voyant. Fatigué de ses voyages, il prit le parti de se marier comme les autres. La jeune Adrienne de Vallencourt, fille sage et bien élevée, le rendit aussi heureux qu'il pouvait l'être avec ses chimères, et le jeune Charles fut le fruit de cette union.

Ce jeune homme avait hérité des douces vertus de sa mère et un peu de la singularité de son père. Sensible, aimant, s'attachant trop légèrement à ce qui le séduisait, il fallait les conseils de sa mère pour lui faire apercevoir la différence qui existe entre un goût frivole et un attachement réel, entre un caprice et une passion. Heureusement il possédait dans madame de Merville un guide sûr et fidèle, et les conseils de la raison se recevaient sans ennui, accompagnés des caresses maternelles.

Charles fut envoyé, à huit ans, dans un des meilleurs collèges de Paris. Chaque année il venait passer les vacances près de ses parents. C'est en venant de faire un de ces voyages que le jeune homme, accompagné d'un vieux domestique de ses parents, s'était arrêté dans l'auberge où il avait rencontré Georgette.

A onze ans et à quatorze on a bientôt lié connaissance. Les jeunes gens se racontaient leurs aventures. Georgette fit à Charles un récit détaillé de tout ce qui lui était arrivé. Le jeune homme lui fit des remontrances sur la manière dont elle avait quitté son oncle ; mais Georgette avait pris son parti, et elle eut le talent de lui prouver qu'elle n'avait pas eu tort ; ensuite, agissant comme la fille de Jean, elle invita Charles à venir la voir à la ferme de Bondy, ce qu'il lui promit dès qu'il serait maître de son temps.

Leur entretien fut interrompu par l'arrivée des voyageurs qui entraient dans la salle pour souper. Charles remonta dans sa chambre en promettant à Georgette de lui dire adieu le lendemain matin.

Le souper était soigné, grâce aux soins du gros monsieur, que l'on apprit être un marchand de bœufs retiré. — Sandis ! s'écria le Gascon approchant de table, jé né soupé pas ordinairement, mais cé soir, jé mé sens un appétit ; d'ailleurs jé veux vous ténir compagnie. — Ce souper-là nous coûtera cher, dit l'hôte en ôtant son bonnet. — Pour six francs par tête, vous en serez quittes, dit l'hôte en ôtant son bonnet. — Six francs !... c'est un bénus.... et quand jé suis à table jé né laisse jamais payer les dames !... En achevant ces mots, le Gascon prit place, et chacun en fit autant.

La route avait donné de l'appétit aux voyageurs ; on fit honneur au souper. Le chevalier gascon, tout en répétant qu'il ne soupait jamais, s'en acquittait cependant à merveille, et surpassait en vitesse le gros marchand : celui-ci, désespéré de ce que le Gascon avait toujours les meilleurs morceaux, manquait à chaque instant de s'étouffer en voulant rattraper son affamé convive ; mais, grâce à une petite servante, qui lui frottait le ventre, et à Jean, qui lui donnait de grands coups de poing dans le dos, notre homme se tirait de l'état pénible dans lequel sa gourmandise le mettait. Le chevalier étant enfin rassasié, son adversaire mangea plus tranquillement, et la gaieté devint générale. L'accident arrivé à la vieille fit le sujet de la conversation ; ces messieurs se permirent des plaisanteries un peu grivoises sur les parties blessées : heureusement les dames qui écoutaient aimaient assez le mot pour rire. Au dessert, le vin acheva d'échauffer les convives ; le militaire était fort empressé auprès de la nourrice, qui ne faisait que très-peu la cruelle ; le marchand de bœufs, qui, lorsqu'il avait bien mangé, avait aussi un penchant très-prononcé à la tendresse, agaçait la petite servante, jeune brunette, haute en couleur, raide en force, dont la chute de reins se rapprochain un peu trop des mollets, mais bien faite cependant pour captiver un homme qui ne cherchait que l'essentiel. Le Gascon seul était sage et paraissait réfléchir assez profondément, lorsque l'aubergiste vint annoncer que les chambres étaient prêtes.

On se leva, on se parla à l'oreille, on se quitta, peut-être avec l'espoir de se revoir bientôt. Tout annonce que la nuit ne sera pas calme... Je dois pourtant vous raconter cela... cherchons la manière la plus présentable... Ah ! si j'avais la plume du Bonhomme ?...

> Je l'ai cent fois éprouvé :
> Quand le mot est bien trouvé,
> Le sexe, en sa faveur, à la chose pardonne,
> Vous ne faites rougir personne,
> Et tout le monde vous отend.
> J'ai besoin, aujourd'hui, de cet art important.

CHAPITRE VI. — La nuit aux aventures.

Le silence le plus profond régnait dans l'hôtellerie, tout était tranquille, minuit était sonné ; rien ne semblait devoir troubler le repos du paisible voyageur... mais ce calme trompeur n'était que le précurseur d'un violent orage.

Georgette dormait comme on dort à dix ans lorsqu'on a bien soupé la veille ; Jean comme un homme qui a la conscience pure et point de soucis. Laissons-les dormir.

Un malheureux chat, qui remplissait le voisinage du bruit de son amour, était alors sur le toit de la maison, au-dessus de la fenêtre de la chambre de l'aubergiste, et à côté de la lucarne qui éclairait le modeste grenier où reposait la jeune servante : ce grenier se trouvait par conséquent au-dessus de la chambre du maître.

Je ne sais si l'aubergiste logeait sa servante près de lui pour l'avoir sous la main en tout temps. Notre homme était marié ; sa femme venait d'atteindre son dixième lustre ; elle ne voulait pas plus loin que son nez (et elle était camarde) ; l'aubergiste, beaucoup plus jeune qu'elle, était un peu volage !.... et fort capable de rendre visite à la mansarde pendant le sommeil de sa douce moitié !... Mais revenons à notre chat.

Le matou, qui avait sans doute un rendez-vous sur le toit, se promenait depuis longtemps, lorsque des miaulements partis de la cour vinrent frapper son oreille. Reconnaissant la voix de sa belle, il veut descendre précipitamment ; mais, contre l'ordinaire de ses pareils, il fait un faux pas, dégringole jusqu'à la lucarne, en brise le carreau, et tombe lourdement dans l'intérieur du grenier.

L'aubergiste était couché près de sa tendre épouse, qui ne dormait pas cette nuit-là comme à l'ordinaire, ce qui contrariait beaucoup son mari ; car ce monsieur, s'étant aperçu durant le souper des agaceries du gros marchand et des œillades de sa servante, s'était bien promis de s'assurer pendant la nuit si ses soupçons étaient fondés.

On doit juger de son dépit en voyant l'insomnie de sa femme ; en vain il faisait semblant de lui-même de ronfler ; madame, qui était montée sur la plaisanterie, l'agaçait et le pinçait en lui reprochant sa froideur. Tout à coup un bruit violent retentit au-dessus de leurs têtes ; l'aubergiste, qui cherche une occasion pour se lever, saute aussitôt en bas du lit.

— Où vas-tu donc, Lolo ? demande avec inquiétude sa chère compagne. — Parbleu ! n'as-tu pas entendu le bruit extraordinaire qui vient de se faire là-haut ? — Si fait, mon bonhomme, mais c'est Fanchette qui, ayant besoin de se lever, aura jeté une chaise à terre. — Non, madame, ce n'est pas Fanchette qui a fait le bacchanal que j'ai entendu..... ou elle ne l'a pas fait seule, et c'est ce dont je suis bien aise de m'assurer. — Cependant, mon bonhomme... Mais mon bonhomme était déjà loin, aux grands regrets de sa tendre moitié, fort mécontente d'un événement qui dérangeait l'emploi de sa nuit. Laissons-la se lamenter en attendant son cher époux, et suivons celui-ci dans sa course nocturne.

En deux sauts il est à la porte du grenier ; elle est entr'ouverte..... — Bon ! dit-il, premier indice !.... Il s'avance doucement.... quelque chose passe rapidement entre ses jambes.... il les serre pour retenir l'objet.... et reçoit deux coups de griffes dans les mollets ; il se hâte alors de laisser le champ libre à l'animal, qui se sauve tout étourdi de sa chute. Notre homme s'approche du lit de la petite servante.... il tâte... le lit est vide... second indice !.... plus de doute que la traîtresse ne soit occupée avec.... mais comment les surprendre ? quel moyen employer pour se venger d'une manière éclatante ?... L'aubergiste était enfoncé dans ses réflexions lorsque le bruit des pas de quelqu'un qui s'avançait doucement vers le grenier fixe son attention ; il se jette sur la couchette, après s'être armé d'un gros bâton noueux, et attend avec anxiété les événements.

On pousse la porte : à la faible clarté de la lune, l'aubergiste distingue un homme en chemise. — Es-tu là, ma petite ? demande une voix que l'on rend aussi tendre que possible ? — Oui, oui, je t'attends répond l'aubergiste d'un ton de fausset. Il avait reconnu le gros marchand, et lui préparait une réception capable d'éteindre l'ardeur la plus vigoureuse. — Ennuyé de voir que tu ne venais pas dans la remise où tu m'avais donné rendez-vous, je suis monté à cette chambre où tu m'avais d'abord dit que tu couchais... je ne l'ai pas trouvée sans peine !.. je m'étais perdu dans tous ces escaliers... mais enfin me voilà près de toi.., et je vais être bien dédommagé de mes peines !

En achevant ces paroles, dont l'aubergiste n'avait pas perdu un mot, notre amoureux saute sur le lit où il croit goûter la suprême félicité... mais, au lieu d'un baiser qu'il s'attend à cueillir... c'est une volée de coups de bâton qu'il reçoit sur les épaules. Le malheureux amant n'a pas le temps de se reconnaître..... le bâton roule avec une incroyable agilité.... épouvanté de cette réception, il se sauve en criant à tue-tête qu'on l'assomme ; il saute, quatre à quatre, les marches de l'escalier, enfile plusieurs détours pour dérouter son impitoyable batteur, se jette avec violence contre une porte qui cède au poids de son corps... la referme sur lui avec soin, et rend grâces au ciel d'avoir échappé à celui qui le traitait avec tant de rigueur. Laissons-le respirer un moment ; revenons à l'aubergiste.

Son dessein n'était pas de poursuivre le marchand, sa vengeance était satisfaite de ce côté, mais, d'après ce qu'il avait entendu, il voulut se rendre à la remise, espèce de hangar situé près du jardin, et qui, pour l'instant, était rempli de bottes de paille et de foin : c'est là que devait être Fanchette.

Notre jaloux descend ; chemin faisant il rencontre plusieurs voyageurs et les domestiques de la maison qui ont entendu les cris du marchand et cherchent à découvrir ce que cela peut être ; l'aubergiste feint de l'ignorer comme eux et de courir pour en savoir la cause : notre homme pensait avec raison qu'il ne devait pas faire connaître la manière dont il traitait les voyageurs ; cela n'eût pas achalandé son auberge.

On allume des flambeaux, on suit le maître de la maison, qui marche vers la cour ; on arrive à la remise, qui est entourée de planches de bois à demi pourries, on va pénétrer dans l'intérieur... lorsque l'on croit entendre des cris plaintifs partir du côté opposé.... on se retourne... on écoute.... plus de doute : la voix sort du fond d'un puits placé à dix pas de la remise et qui n'a pour garde-fou qu'une planche de six pouces de haut.

Quelqu'un est à coup sûr tombé dans le puits ; heureusement il n'est pas très-profond : deux garçons de l'auberge attachent un grand seau à la corde, un autre se met dedans, on le descend doucement avec des lanternes ; bientôt il crie que l'on retire la corde ; mais le seau est devenu tellement lourd, que trois hommes ont de la peine à le faire remonter ; enfin il reparaît, le garçon tient dans ses bras le militaire, vêtu aussi légèrement que l'était le marchand en allant au grenier, et à demi mort de frayeur et de froid : étonnement général des assistants... l'aubergiste l'avait pris d'abord pour le pauvre battu... mais il reconnaît bientôt son erreur, et pendant que l'on s'occupe à faire revenir le militaire, il s'avance avec une partie des curieux vers la remise pour y chercher d'autres personnages.

D'abord on n'aperçoit rien ; on écoute : le plus profond silence règne dans le hangar. L'aubergiste présume qu'on n'a pas attendu sa visite pour se retirer, il n'en faire autant... lorsqu'il aperçoit quelque chose de blanc sous une botte de foin... Il avance... c'est encore le pan d'une chemise !... il le jette au loin les bottes de foin, et montre aux spectateurs étonnés.... la petite servante et la nourrice blotties toutes deux sous la paille !

. . . . dans le simple appareil
De deux beautés qu'on vient d'arracher au sommeil.

O fortunés voyageurs !... que vous êtes heureux !... le spectacle de deux jolies femmes, groupées, presque nues, sous des bottes de foin, vaut bien, à mon avis, les monstrueuses curiosités que l'on vous fait voir pour dix centimes à Paris, depuis la Madeleine jusqu'à la place de l'Éléphant.

Cependant nos deux fillettes tremblaient, non pas de froid (elles étouffaient sous la paille), mais de honte, de dépit, de se trouver, dans un pareil costume, exposées aux regards de tous les voyageurs. On eut pitié d'elles, et on les engagea à se lever sans crainte, et à gagner leurs gîtes le plus vite possible, l'aubergiste remettant au lendemain toute explication. Déjà ces dames s'étaient levées, essayant de cacher une partie de leurs charmes avec quelques poignées de foin. Les curieux sortaient de la remise et allaient rentrer dans l'auberge... lorsque des cris se firent entendre du côté de l'escalier, et bientôt la vieille dame aux animaux, descendant les marches avec précipitation, et aussi légèrement vêtue que nos jeunes filles, vint se jeter au milieu des voyageurs en criant à tue-tête : — Au voleur !.... au meurtre !.... au viol !...

— Au viol !... répète-t-on de toutes parts en reconnaissant la vieille et en regardant, avec plus d'étonnement que de plaisir, une gorge, qui tombait négligemment sur un ventre en persienne, malgré tous les efforts que l'on faisait pour tenir cela en place. — Au viol ! ma chère dame ; mais vous rêvez, sans doute ? — Non, non, messieurs, je ne rêve pas : un homme est entré dans ma chambre.... il était en chemise... il s'est précipité sur mon lit... Oh ! mon Dieu ! tu as protégé ma vertu ! Je me suis éveillée en sursaut, bien heureusement ! car, sans doute, il aurait profité de mon sommeil pour accomplir ses infâmes desseins ! et je suis parvenue, non sans peine, à me dégager de ses bras !... — Mais êtes-vous bien certaine que c'était un homme ? — Si j'en suis certaine... à n'en pas douter, messieurs !...

Les voyageurs, fort surpris du récit de la vieille et très-curieux de savoir quel pouvait être le malheureux que le démon de la concupiscence avait poussé à cet attentat, allaient monter à la chambre de la dame... mais au même instant des coups redoublés se font entendre à la porte de la rue : — Morbleu ! dit l'aubergiste, cela finira peut-être !... On court à la porte, on ouvre, et on voit entrer la maréchaussée, ramenant le chevalier de la Garonne dans le même costume que les autres, mais tenant un petit paquet sous le bras.

— Parbleu ! s'écria l'aubergiste, tous ces gens-là se sont donné le mot pour se promener en chemise au milieu de la nuit... et cela dans le mois d'avril !... il faut qu'ils soient terriblement échauffés !

Le Gascon ne disait mot, et paraissait un peu déconcerté. Le brigadier s'avança en s'adressant à l'hôte : — Tenez, mon camarade, je vous amène un homme que j'ai trouvé cherchant à descendre par le mur de votre jardin dans la rue. Je faisais ma ronde avec mes hommes, lorsque je l'ai aperçu s'élançant du haut de la muraille ; un homme en chemise, avec un paquet au bras, et quittant une auberge de cette manière ! cela m'a paru un peu suspect ; j'ai arrêté celui-ci ; il a feint de ne pas m'entendre et a continué de marcher ; impatienté de son silence, je lui ai appliqué quelques coups de pied au derrière ; alors il s'est frotté les yeux, m'a dit qu'il était somnambule, et qu'il lui arrivait souvent de sortir la nuit sans savoir où il allait. Tout cela est suspect ; mais son paquet m'a donné des soupçons, et je vous l'amène pour que vous vous assuriez si en dormant il ne fait pas le voleur.

— Qu'appelez-vous voleur !... capédébious ! apprenez que je suis un cadet de la Gascogne... — L'un n'empêche l'autre ; au surplus, voyons le paquet.

On ouvrit le chétif paquet que portait notre soi-disant somnambule, et comme on n'y trouva que des effets à lui appartenant (ce qui était fort peu de chose), la maréchaussée se retira en engageant l'hôte à se faire payer par le chevalier avant son sommeil, de crainte qu'il ne lui reprît envie de se promener en chemise hors de l'auberge.

Les soldats éloignés, on songea à rétablir l'ordre dans l'hôtellerie. Pendant l'arrivée du Gascon, la nourrice, la servante et le militaire s'étaient retirés chez eux ; le chevalier en fit autant, promettant de rêver dans son lit. Il ne restait plus que la vieille ; on la reconduisit à sa chambre, qu'on visita sans y trouver personne, au grand étonnement de la duègne, qu'on pria de se tenir tranquille, ou de se laisser faire si on venait pour la violer une seconde fois, ce qui n'était pas probable, parce que les miracles sont rares maintenant.

Pendant que chacun dort tranquillement, expliquons les divers événements de cette nuit orageuse.

Le marchand avait obtenu de la petite servante qu'elle lui indiquât où était sa chambre ; mais la jeune fille, réfléchissant que son maître ne couchait pas loin d'elle, avait préféré donner son rendez-vous dans le hangar, croyant y jouir d'une parfaite tranquillité.

Le hasard voulut que ce lieu fût choisi pour rendez-vous entre le militaire et la nourrice, qui n'avait pu résister aux déclarations énergiques de son voisin de diligence. La nourrice et la servante, dira-t-on, auraient bien pu aller trouver ces messieurs, cela eût été plus simple ; mais ces dames avaient trop d'honneur pour aller la nuit dans la chambre d'un homme, fi donc !... Un rendez-vous dehors, passe ! A la vérité, elles s'y étaient rendues dans un costume qui n'annonçait pas le dessein de montrer beaucoup de rigueur.

Pendant qu'on se donnait des rendez-vous, le chevalier gascon récapitulait l'état de ses finances ; le résultat de la récapitulation fut qu'il ne pouvait payer ni l'aubergiste, ni le conducteur de la diligence ; et il ne vit d'autre moyen, pour se tirer d'embarras, que de s'éloigner incognito pendant le sommeil des voyageurs et de l'aubergiste.

Mais le diable, qui se plaît à faire enrager la pauvre espèce humaine, au lieu de laisser aller les choses, se plut à déranger tous les projets formés pour la nuit.

Le gros marchand arrive le premier au rendez-vous ; impatient de ne pas voir arriver sa belle, il grimpe les escaliers et va la chercher à sa chambre.

A peine est-il parti, que Fanchette, descendue par un autre escalier, arrive au rendez-vous ; elle entre dans le hangar et se couche sur la paille en attendant son gros amoureux.

Au bout d'un quart d'heure, la porte s'ouvre doucement ; c'est la nourrice qui vient trouver son chevalier. La situation de ces dames devient comique ; celle qui vient d'entrer, après avoir fermé la porte de la remise, écoute et entend du bruit : persuadée que son amant est là, et surprise cependant de ce qu'il ne vient pas au-devant d'elle et ne lui dit rien, elle se jette sur une botte de paille, bien décidée à ne pas entamer la première la conversation.

La petite servante ne conçoit pas que son gros soupirant soit allé se coucher dans un coin sans lui dire un seul mot. — Pardine, se dit-elle, si c'est pour ça qu'il m'a fait venir.... c'était pas la peine de me déranger !

Pendant que ces dames se dépitaient chacune de leur côté, le Gascon sortait en chemise de sa chambre pour effectuer son évasion. Il allait entrer dans la cour, lorsqu'il se sent tirer par le pan de sa chemise. Tremblant, il croit qu'on l'a guetté, qu'on connaît son projet ; il n'ose ouvrir la bouche... — C'est toi, poulette ? dit une voix rauque, j'allais à l'endroit indiqué..... Et notre militaire (car c'était lui-même) pince vigoureusement la fesse du Gascon ; celui-ci se rassure en voyant la méprise et déguise sa voix. — Suis-moi, je vais te conduire. Le militaire ne se le fait pas répéter, et le voilà à la piste de celui qu'il prend pour l'objet de ses feux.

Le Gascon court de toutes ses forces. Le militaire, quoique étonné de la légèreté de sa belle, ne veut pas rester en arrière ; mais il ne s'était pas ménagé au souper, et n'était pas fort solide sur ses jambes ; il se cogne rudement contre des arbres plantés dans la cour ; mais le désir d'atteindre sa belle lui donne des ailes, il va toujours... il croit la tenir ; mais ses pieds heurtent quelque chose... il chancelle, perd l'équilibre, tombe, et va noyer au fond d'un puits sa joyeuse ivresse et sa brûlante ardeur.

Pendant que notre amoureux se débattait au fond de l'eau, nos deux belles se mouraient d'impatience dans la remise : chacune était blottie dans un coin et pestait contre son amant. — Est-ce la timidité qui l'empêche de m'approcher ? disait la nourrice. — Il n'avait cependant pas l'air craintif, disait Fanchette. — Ses manières annonçaient de l'expérience. — Allons, il faut l'encourager, car la nuit pourrait s'écouler ainsi, et cela serait fort désagréable !

Tout en faisant ces réflexions, ces dames s'approchent.... et l'explication allait avoir lieu, lorsque le bruit que l'on fit à la porte les força à se blottir sous la paille.

Nous avons vu comment tout se passa ; quelle fut la réception du marchand, qui se sauva dans la chambre de la vieille, laquelle jeta les hauts cris, croyant qu'on venait la violer (ce dont le cher homme n'avait nulle envie) ; nous avons tiré notre militaire du fond du puits ; nous avons vu comment le Gascon fut surpris dans son accès de somnambulisme... Ma foi ! lecteur, quand on a vu tant de choses dans une nuit, il est bien permis de se reposer après.

CHAPITRE VII. — Départ. — Arrivée.

Jean et notre héroïne furent peut-être les seuls qui, durant cette nuit mémorable, ne quittèrent point leur lit et continuèrent tranquillement de dormir, sans se douter de ce qui se passait dans l'auberge ; aussi furent-ils les premiers levés et habillés.

Jean descend dans la salle basse ; il est fort surpris de ne voir personne ; il va remonter à sa chambre, lorsqu'il rencontre le chevalier, descendant très-doucement de l'endroit où il avait couché (cette fois il est dans un costume plus décent). Le Gascon s'arrête, mécontent de trouver là le fermier ; mais, se remettant bientôt, il lui propose de venir prendre l'air avec lui dans la campagne. — Parbleu ! ce serait avec plaisir, répond Jean, mais on est si paresseux ici que personne dans l'auberge n'est levé, de sorte que la porte d'entrée est encore fermée. — Nous pourrions peut-être sortir par le jardin ? — Pas davantage : la grille, qui était ouverte hier, est fermée maintenant, je ne sais pourquoi.

A cette nouvelle, la figure du chevalier s'allonge de deux pouces : il reste un moment immobile ; puis, comme par réflexion, il salue Jean en disant qu'il va dans sa chambre attendre le réveil des voyageurs.

Le bon fermier s'impatientait de la lenteur de ses compagnons de route ; enfin les gens de l'auberge parurent ; bientôt tout le monde fut sur pied. Georgette accourut demander si l'on allait remonter en voi-

ture. Les voyageurs se questionnaient à l'oreille sur les aventures de la nuit ; chacun riait et regardait son voisin en souriant malignement.

La petite servante ne descendit pas ; le marchand entra dans la grande salle en s'appuyant sur sa canne ; il paraissait vieilli de dix ans depuis la veille ; le militaire fumait dans un coin sans dire un mot ; la vieille regardait attentivement chaque voyageur, cherchant à deviner quel était le mortel épris de ses charmes ; la nourrice n'ôtait pas les yeux de dessus son nourrisson, qui ce fut avec un grand plaisir que ces différents personnages entendirent le conducteur les avertir qu'il était l'heure de se remettre en route.

Charles de Merville montait à cheval au moment où Georgette s'éloignait. — Adieu, ma petite amie, lui dit-il de loin. — Adieu. Viens me voir à la ferme, ou je ne t'aimerai plus..... En disant cela, notre héroïne monta en voiture, et Charles s'éloigna au grand galop.

Tout le monde était dans la voiture. Le postillon allait fouetter ses chevaux, lorsque le conducteur s'aperçut que le chevalier lui manquait. Il jure, crie.... on appelle le voyageur ; on cherche dans l'auberge. L'hôte, qui n'était pas payé, conçoit de vives inquiétudes et se rappelant l'escapade de la nuit. On cherche inutilement M. le chevalier ; enfin, en furetant dans sa chambre, on remarque le désordre qui règne dans la cheminée : l'âtre et les chenets sont couverts de suie ; on monte aux greniers, on regarde sur les toits, et l'on trouve la grande épée du vainqueur des Maures accrochée à une gouttière ! plus de doute , le somnambule s'est sauvé par les toits !.... L'aubergiste rit de l'aventure, le conducteur ne peut s'empêcher d'en faire autant, et les voyageurs s'éloignent en faisant leurs réflexions sur cette manière de voyager à peu de frais.

Laissons rouler la diligence ; l'entretien des voyageurs pourrait à la longue fatiguer nos lecteurs ; hâtons-nous d'arriver avec le fermier et Georgette à Bondy, où ils saluèrent leurs compagnons de route , qui continuèrent de galoper vers Paris. Suivons les personnages auxquels nous nous intéressons dans la demeure champêtre qui va devenir le théâtre des premières folies de Georgette, et voyons, avant tout, quel effet produisit son arrivée inattendue sous le toit rustique du bon fermier.

CHAPITRE VIII. — Tableaux champêtres.

Rien ne délasse l'esprit, ne rafraîchit les sens et ne calme l'âme comme le spectacle d'une campagne riante et animée ; chacun est à même de goûter ce bonheur : la vue du lever du soleil ne coûte rien ; aussi les pauvres gens se procurent souvent ce plaisir, que les riches ne savent pas apprécier ! Il est des êtres qui voient tout avec indifférence, même le spectacle de la nature... ceux-là ont un sens de moins. D'autres, trop mélancoliques, ne voient aux champs que des sujets de tristesse : leur imagination rembrunit tous les objets. Sans doute je ne conseillerai pas à une mère privée de son enfant de promener sa douleur dans une sombre forêt ! je ne mènerai pas un infortuné dans une vallée solitaire ! Mais ces sites pittoresques, ces vallées émaillées de fleurs, ces champs dans lesquels l'œil découvre à la fois la maison du berger, le parc des moutons, la fabrique nourricière, la chaumière du laboureur, tous ces tableaux ne sauraient attrister une âme tranquille ; on éprouve au contraire un sentiment de bonheur en les admirant.

Ces réflexions nous viennent tout naturellement en approchant de la ferme de Jean, bâtie à quelque distance du village, dans une vallée charmante, bordée d'un côté par une forêt majestueuse, et de l'autre par un riant paysage.

Son aspect tranquille, son toit modeste annonçaient des habitants simples et aisés ; espérons que Georgette ne troublera pas le repos de ces bonnes gens.

Le fermier sent son cœur battre en apercevant sa demeure. — Tiens, mon enfant, vois-tu là-bas c'te maison entourée de châtaigniers? ... c'est là que nous allons ; c'est là que, depuis cinquante ans, je vis heureux et content. — Quoi? Cette ferme isolée... est-ce que vous ne vous y ennuyez pas ? — Ah ben oui ! de l'ennui !... J'suis marié, ma p'tite ; j'ons une bonne femme, et tout not' plaisir est d'être ensemble... ça nous suffit ; et, vois-tu, quand on s'aime ben, on n'a pas besoin de compagnie. — Ah !... Georgette n'en dit pas davantage, et se contenta de faire ses réflexions tout bas.

— Mais nous voilà arrivés, s'écrie Jean en approchant de la maison. Viens, Georgette... cours donc comme moi... Le bon villageois entraîne la petite ; ils sont dans la ferme. Un chien fidèle aperçoit son maître ; il saute après lui, et ses aboiements semblent exprimer sa joie. La bonne Thérèse, qui était occupée dans la maison, entend les japements de César ; elle sort pour en connaître la cause, et se jette dans les bras de son mari. Bientôt l'arrivée du maître est sue de toute la maison : trois garçons de ferme et une vieille servante, qui, avec le fermier et sa femme, sont tous les habitants de cette demeure, viennent embrasser leur maître, et se livrent à la joie que leur inspire son retour. Heureux celui qui, comme Jean, ne trouve que des amis dans ceux qui l'environnent !

Quand les premiers transports de joie furent calmés, Thérèse aperçut Georgette. — Quelle est c'te petite ? — Tiens, not' femme, c'est un enfant que n'ous allons avoir ; tu sais que j'v'ous beau faire tous les deux notre possible, il ne nous en vient pas !... ma foi, j'ons trouvé c'te p'tite sur not' chemin ; elle était sans parents, sans ressource... je l'ons emmenée en lui promettant de lui servir de père... Tiens, embrasse-la, Thérèse, et regardons-la comme not' fille, ça nous portera bonheur.

Thérèse embrasse Georgette avec tendresse ; celle-ci se prête d'assez bonne grâce aux caresses de la fermière. — J'avais cherché un enfant dans ce pays, dit Thérèse ; mais, quoique les habitants soient pauvres, aucun n'a voulu me céder le sien !...

La fermière n'avait qu'à aller jusqu'à Paris !... car si les paysans, souvent pauvres, tiennent à leurs enfants, c'est pour les habitants de la ville qu'on a établi l'hospice des Enfants trouvés.

Jean est enchanté de voir sa femme approuver sa conduite... — Tu verras comme c'te p'tite est drôle... elle a de l'esprit comme un démon !...

— Hum !... marmotte entre ses dents la vieille domestique de la ferme ; elle a l'air fièrement décidée... Je me trompe fort... ou c'te p'tite fille-là... enfin, suffit ; et Ursule s'éloigne en secouant la tête.

M. Rudemar avance son fauteuil devant la cheminée, et Gertrude s'occupe du feu.

Le repas frugal préparé, on se met à table ; la gaieté y préside. Georgette, qui est fêtée par chacun, est plus aimable qu'elle n'a jamais été, et les villageois en raffolent. Georgette a de l'esprit !... beaucoup d'esprit !... puisse-t-il pas lui devenir funeste ! Un aimable auteur a dit : *L'esprit de la plupart des femmes sert plutôt à fortifier leur folie que leur raison !...* cette maxime s'est souvent vérifiée.

Le repas fini, pendant que Jean causait avec sa femme du résultat de son voyage et de la manière dont ils emploieraient leurs fonds, Georgette faisait des boulettes avec le reste du souper et les jetait à César, qui prenait goût à ce jeu et les recevait avec une adresse admirable. Ursule aperçut ce manège et se mit à crier : — Eh ben, mamzelle ! quoi que vous faites donc ?... y pensez-vous ?... jeter des boulettes à ce chien... et puis nous serons joliment gardés !... c'te animal passera la nuit à dormir, au lieu de faire le guet !... Ces enfants ne savent que s'ingérer !... Jean ordonna à la vieille de se taire ; ce qu'elle fit à regret, mais non sans avoir répété : — C't'enfant-là..., enfin, suffit !...

Jean, fatigué du voyage, avait besoin de repos, on conduisit Georgette dans une jolie petite chambre d'une extrême propreté, et dont la vue donnait sur la campagne, qui offrait de ce côté un paysage charmant ; on l'installa dans son nouveau domicile, on la laissa se livrer au repos.

Voilà donc Georgette établie chez le fermier. Voyons comment elle y passe son temps : dès que le jour paraît, elle descend au jardin

court visiter chaque partie de la ferme, monte sur les mules et les ânes, revient bien fatiguée, déjeune avec appétit, et recommence ensuite ses courses, qu'elle pousse quelquefois jusque dans la forêt ; là, elle se repose à l'abri des rayons du soleil, elle écoute le ramage des oiseaux qui ont fait leur nid sur l'arbre au pied duquel elle est assise ; puis enfin elle s'endort jusqu'à ce que l'appétit la réveille et la ramène de nouveau à la ferme, où tout le monde est rassemblé pour le repas du soir. Elle reçoit les caresses de Jean et de Thérèse, elle joue avec César, fait enrager Ursule, et va se coucher pour retrouver le lendemain les plaisirs de la veille.

Plusieurs mois s'écoulèrent ainsi. Quelle différence entre cette existence et la vie que l'on menait chez le tabellion, entre les caresses des villageois et les tapes de Gertrude !... et cependant, il faut le dire à la honte de la pauvre espèce humaine, on s'ennuie d'un bonheur trop uniforme ; être heureux tous les jours, n'avoir rien à désirer... c'est charmant, mais cela n'a rien de piquant pour l'esprit, de stimulant pour l'imagination !... les plaisirs défendus, parlez-moi de cela !... et ces plaisirs datent de loin, comme vous savez. Pour en revenir à Georgette, notre héroïne ne pouvait goûter des plaisirs défendus, puisqu'on ne lui défendait rien, et c'est justement pour cela qu'elle s'ennuyait de tout. Les prairies émaillées de fleurs, les bocages touffus, le ruisseau limpide, la forêt majestueuse, la musette du berger, le gazouillement des oiseaux, tout cela fut regardé avec indifférence par la jeune fille, trop jeune encore pour sentir son cœur ému par ce sentiment qui embellit tout !

> Ombrages enchanteurs, bois touffus, frais bocages,
> De l'amant fortuné vous servez les plaisirs ;
> Et l'amour malheureux, sous vos épais feuillages,
> Aime à verser des pleurs, à pousser des soupirs ;
> Mais l'être indifférent, insensible au mystère,
> D'un œil tranquille et froid voit ce riant séjour ;
> Rien n'agite ses sens... vous n'êtes, sans l'amour,
> Que des feuilles, du bois, de l'herbe et de la terre.

Georgette se rendait quelquefois sur une éminence d'où l'on découvrait très-loin ; elle regardait la route qui conduisait à la grande ville (c'est ainsi qu'on lui désignait Paris) ; elle soupirait, puis elle revenait tristement à la ferme... Georgette n'était pas née pour la vie champêtre.

Georgette déclara un jour à Jean qu'elle voulait aller à l'école du village, afin de savoir toutes les belles choses qu'on y apprenait aux jeunes filles. Le bon fermier pensait qu'elle en savait bien assez pour vivre aux champs ; mais comme on n'avait rien à refuser à Georgette, il fut décidé qu'elle irait, non pas à l'école du village, mais dans une maison d'éducation qui était située à Bondy, et qu'elle en apprendrait tout autant que les belles demoiselles de la ville.

Jean était riche, et l'or est un passe-partout universel. Il lui fut donc facile de mettre la petite Georgette avec les filles des citadins. Notre héroïne, dégoûtée de l'oisiveté, apprit sans peine tout ce qu'on lui enseigna ; mais la musique et la danse obtinrent particulièrement la préférence ; elle devint fameuse dans ces deux arts. Les villageois admiraient leur protégée, ils l'écoutaient comme un oracle, et la regardaient comme un être extraordinaire lorsqu'elle voulait bien chanter et danser devant eux. La vieille Ursule, seule, n'approuvait pas leur joie ; elle blâmait ses maîtres et répétait tout bas : — A quoi bon tous ces talents dans une ferme !... et ils croient que c'te Georgette passera sa vie ici !... qu'elle mettra si bien ses pieds en dehors pour courir les champs !... qu'elle chantera tous ces morceaux d'roulades pour amuser César !... ne valait-il pas mieux lui apprendre à filer, à tricoter, à traire les vaches, à faire le beurre... que sais-je !... mais non... on en fait une dame !... Ah ! mes pauvres maîtres !... vous verrez ?... c'te petite fille-là... enfin, suffit !...

CHAPITRE IX. — L'Amour entre en scène, l'Innocence y restera-t-elle ?

Georgette étudie, c'est fort bien ; laissons-la se rendre chaque jour à la maison d'éducation (où elle ne couche pas, parce que les villageois ne veulent pas se séparer d'elle entièrement). Laissons-la s'enivrer des louanges que l'on prodigue à ses talents, et prendre des manières peu conformes aux lieux qu'elle habite. Le temps s'écoule tout doucement ; nous pouvons quitter un moment notre héroïne, qui n'est pas encore d'âge à faire des siennes, et revenir à un jeune homme fort intéressant, excessivement honnête !... comme vous le prouvera la suite de cette véridique histoire.

Charles de Merville venait d'atteindre sa dix-huitième année ; il avait fini ses études et dit un dernier adieu à son collége pour retourner au château de ses parents.

Charles n'avait pas oublié cette petite Georgette dont il avait fait la rencontre dans l'auberge de Metz. S'il ne tint pas la promesse qu'il lui avait faite d'aller à la ferme, ce ne fut pas par oubli, l'occasion seule lui manqua. D'ailleurs, Charles était encore un enfant dont l'attachement ne pouvait tirer à conséquence ; cependant, loin de perdre en grandissant le souvenir de sa petite amie, il sentit augmenter son désir de la revoir. Pour un adolescent, les premiers attachements sont si doux ! il semble toujours que ce soit l'amour ! les cœurs neufs ne demandent qu'à s'épancher.... un adolescent aime toutes les femmes, et je connais des hommes qui sont toute leur vie comme des adolescents.

Charles eût sans doute été voir sa petite connaissance, sans le vieux Dumont, domestique de confiance de ses parents, qui l'accompagnait toujours dans ses petits voyages. Charles ne voulait pas que l'on sût au château qu'il connaissait une jeune paysanne. Ce n'était pas son père qu'il craignait ; M. de Merville laissait à son fils la liberté la plus absolue ; mais c'était sa mère que Charles redoutait de fâcher. Elle l'aimait si tendrement, elle lui donnait de ses lettres de si sages conseils, que le jeune homme eût été bien peiné de lui causer le moindre chagrin ; et quoiqu'une visite chez les fermiers ne fût pas une action blâmable, Charles éprouvait, sans savoir pourquoi, le désir de cacher sa liaison avec Georgette.

Le chevalier gascon.

Enfin Charles vient d'avoir dix-huit ans ; il reçoit l'ordre de quitter son collège, et de se rendre au château. Comme c'est un homme maintenant, on ne lui envoie pas le vieux Dumont pour le guider, mais un petit bonhomme de dix-huit ans, qui doit être son jockey, se présente pour l'accompagner. Charles est enchanté, il ne redoute pas les remontrances de ce nouveau compagnon de voyage ; l'occasion lui semble favorable pour revoir la petite villageoise, et il prend avec son jockey la route qui mène à Bondy.

On était au milieu du mois de juin, Charles arrive avec Baptiste, il s'arrête au village, et s'informe de la petite Georgette : personne ne connaît cette demoiselle. Charles est de fort mauvaise humeur ; enfin, après bien des questions inutiles auprès des paysans qui ne savent pas ce qu'il veut dire, Charles sort du village. Le petit Baptiste le suit tristement, parce que le petit jockey avait pris l'habitude d'être triste ou gai, suivant l'humeur de son maître ; le front de Charles était le thermomètre sur lequel il réglait sa physionomie : ce petit garçon avait des dispositions à parvenir.

Charles laissait aller son cheval dans la campagne. Il aperçoit une ferme. — Entre là, dit-il à Baptiste, et vois si l'on veut nous donner des rafraîchissements ; je serais bien aise de me reposer sous cet ombrage.

Baptiste galope vers la ferme. Charles descend de cheval et le suit lentement. La voix d'une jeune fille le frappe agréablement : que cette voix est douce et flexible ! Ce ne sont pas, à coup sûr, les grosses paysannes qu'il a vues sur la route qui savent chanter ainsi ! Il s'arrête et cherche des yeux la chanteuse... elle vient de son côté, il l'attend ; elle passe près de lui : c'est une jeune fille de seize ans au plus, vêtue d'une robe blanche que le Zéphyr semble agiter afin que l'on puisse

entrevoir des formes séduisantes ; un chapeau de paille, attaché sous le menton, cache une partie de sa figure ; mais ce que l'on aperçoit annonce combien l'ensemble doit être joli !... un œil vif et malin, une bouche charmante, des dents blanches comme la neige. — Et puis !... — Et puis c'est tout, lecteur. — Comment ! elle n'a pas un teint de lis et de rose, une peau de satin, un front virginal, un nez bien proportionné, une taille de nymphe, et un sein dont les contours semblent formés par les Amours !... — Non, lecteur, non ; mon héroïne a bien tout cela fort agréable, mais ce n'est pas aussi parfait que vous semblez le croire... enfin, je vous parle d'une femme jolie, comme nous en voyons assez souvent dans la société, et non d'une beauté parfaite depuis la racine des cheveux jusqu'à la plante des pieds, et comme on en rencontre tant !... dans les romans.

Charles admire la jeune fille ; sa démarche distinguée ajoute aux charmes de sa personne ; le voyageur adolescent, qui sent son cœur battre avec force, ne se doute pas qu'il voit cette petite Georgette qui occupait sa pensée quelques minutes auparavant.

La jeune fille revenait à la ferme après avoir pris ses leçons journalières, lorsqu'elle fit la rencontre de Charles. Le trouble et le plaisir que sa vue causait au jeune voyageur ne lui échappèrent point ; un petit sourire de satisfaction vint embellir encore son visage, Georgette jouissait de l'effet que produisaient ses charmes ; la femme la moins coquette est toujours bien aise de plaire... et quand elle est coquette, elle ne s'occupe que de cela !... Ce n'est pas que je vous blâme, mesdames !... à quoi serions-nous réduits, nous autres garçons et amateurs, si les dames n'avaient nulle envie de faire des conquêtes ?... si les jeunes filles marchaient les yeux baissés ?... si les grisettes ne s'occupaient que de leur ouvrage et ne mettaient point de papillotes ?... si les modistes étaient cruelles, insensibles et désintéressées ? si les petites marchandes n'allaient point au bal le dimanche pour faire une connaissance honnête ?... si les danseuses ne faisaient point de faux pas ?... si les femmes ne s'occupaient que de leurs maris ?... Je frémis rien que d'y penser.

Arrivée de Georgette à la ferme.

Cependant Georgette allait continuer son chemin ; les jeunes gens ne se reconnaissaient ni l'un ni l'autre ; quatre ans les avaient bien changés tous deux. Charles ne put se résoudre à laisser passer la jolie fille sans lui adresser la parole ; il cherche un prétexte... un souvenir se présente à son esprit : — Mademoiselle ! et il se place devant la jeune chanteuse. — Monsieur ! répond Georgette en souriant de nouveau. — Je cherche dans ce pays une jeune fille dont personne, jusqu'à présent, n'a pu me donner de nouvelles, peut-être serai-je plus heureux auprès de vous. — Je le désire, monsieur. Comment la nommez-vous ? — Je ne la connais que sous le nom de la petite Georgette... Ici notre héroïne regarde Charles plus attentivement ; le souvenir de sa rencontre à l'auberge se retrace à sa mémoire ; elle est flattée de voir que le jeune voyageur ne l'a point oubliée, et lui dit en souriant : — Il me paraît que cette demoiselle vous intéresse ?... — Oui... il n'y a qu'un instant... mais à présent je sens qu'une autre m'intéresse bien davantage !... — C'est donc pour cela que vous ne me reconnaissez pas ?... — Se pourrait-il !... vous seriez !... — La petite Georgette, oui, monsieur Charles.

Charles ne put revenir de sa surprise. — Il me paraît, lui dit Georgette en riant, que vous comptiez me retrouver telle que vous m'avez laissée il y a quatre ans? — Ah ! pardonnez à ma surprise : vous promettiez d'être fort bien, il est vrai; mais pouvais je deviner que vous réuniriez tant de charmes, de grâces... de fraîcheur... — Je vois avec plaisir que vous avez tenu votre parole. — Vous vous souvenez donc de notre rencontre ? — Sans doute, et je ne puis que vous reprocher d'avoir tardé à remplir l'engagement que vous aviez pris.—Ah ! croyez bien que ce n'est pas ma faute : si cela était, j'en serais assez puni par le regret que j'éprouve de ne pas vous avoir revue plus tôt.

— Monsieur, monsieur !... vous pouvez venir; le fermier veut bien vous recevoir... C'était Baptiste qui accourait vers son maître. Jamais il n'avait pris plus mal son temps. — C'est bon, dit Charles avec humeur, tu peux y retourner. — Vous allez à la ferme? dit aussitôt Georgette ; j'en suis chagrinée, et j'allais vous y engager; c'est là que j'habite. — Se pourrait-il !... ah ! combien je rends grâces au hasard... Charles s'arrête ; puis, regardant la jeune fille avec attention, il reprend : — Non, ce n'est pas possible, vous me trompez. — Comment cela ? — Vous n'habitez pas une ferme. — Eh ! pourquoi ? — Ces manières... ce langage... tout cela me prouve... — Tout cela vous abuse au contraire : oui, j'habite cette ferme et je ne suis toujours que la petite Georgette : est-ce que cela vous chagrine ? — Ah ! fussiez-vous sous le chaume le plus modeste !... l'endroit que vous habiterez sera pour moi un séjour délicieux !... — En ce cas, donnez-moi le bras et allons à la ferme.

Charles ne se le fait pas dire deux fois ; il prend le bras de Georgette et le passe sous le sien. Baptiste court devant avec les chevaux. Charles conduit lentement sa compagne, afin de jouir plus longtemps du bonheur d'être près d'elle. Charles avait une imagination ardente, un cœur aimant, des sens tout neufs : avec tout cela on ne doit pas être étonné si déjà Georgette est maîtresse absolue de ses sentiments. La jeune fille s'apercevait de son triomphe, et cherchait à augmenter encore le délire de Charles en s'appuyant tendrement sur son bras lorsqu'un caillou ou une ronce sauvage se trouvait sous ses pas; elle remerciait avec un sourire son jeune conducteur... Celui-ci, déjà brûlant d'amour, était dans le ravissement lorsque les beaux yeux de Georgette rencontraient les siens ! Le pauvre garçon était bien excusable : les regards de Cléopâtre tournèrent la tête à Antoine, les œillades de Georgette pouvaient bien tourner celle d'un adolescent.

Nos jeunes gens arrivent à la ferme. Jean et sa femme allaient se mettre à table ; ils sont un peu surpris de voir entrer une jeune homme donnant le bras à Georgette ; celle-ci court à eux, les embrasse, et en deux mots les met au fait de tout.

— Ah, ah ! dit Jean, c'est là ce monsieur avec qui tu avais fait connaissance à Metz ?... morguienne ! qu'il soit le bienvenu ! En disant cela, le fermier tend la main à Charles; celui-ci la lui serre avec force, puis il embrasse Jean, il embrasse Thérèse... il aurait même embrassé la vieille Ursule... On cherche toujours à plaire à ceux dont on se doute qu'on aura besoin. Les villageois trouvèrent Charles fort à leur gré; car il n'avait aucune de ces manières que les riches conservent ordinairement avec leurs inférieurs, et qui tiennent ceux-ci dans une gêne qui exclut la gaieté; la vieille Ursule même le trouva de son goût; et il n'était pas facile de lui plaire.

Le repas fut très-gai ; chacun y fit honneur. On dit que l'amour empêche de manger; cependant le plaisir donne de l'appétit, et c'est un grand plaisir d'être à table près de celle qu'on aime; de pouvoir, sous une nappe discrète, toucher doucement un genou, presser un pied..., frôler un vêtement... Tout est jouissance pour des amants.

Charles ne pouvait se lasser d'entendre Georgette; jamais celle-ci n'avait été aussi aimable; elle voulait enlacer fortement son esclave, et cela ne lui était que trop facile. Le pauvre garçon n'était plus à lui; il ne voyait au monde que Georgette.

La soirée était avancée. — Vous resterez ici, dit Jean à Charles, vous accepterez un gîte dans cette ferme; et, si vous voulez nous faire plaisir, vous passerez quelques jours avec nous... La proposition était fort du goût du jeune homme; il regarda Georgette, dont les yeux semblaient dire : Restez, je le veux. — Si je ne craignais de vous gêner, dit-il en balbutiant. — Nous gêner !... nous ne connaissons pas cela ici... nous vous engageons parce que vous paraissez un aimable jeune homme, et que vous nous plaisez... — En ce cas, monsieur Jean, j'accepte avec reconnaissance !... — Il ne faut pas de reconnaissance pour ça. Touchez là, vous êtes un brave garçon.

Tout le monde était satisfait. Pendant que les villageois s'occupaient de loger leur hôte, Baptiste s'approcha doucement de son maître :

— Monsi ur, est-ce que nous restions ? — Tu le vois bien. — Est-ce que l'on ne nous attend pas au château? — Tais-toi, cela ne te regarde pas. Baptiste se tut.

Georgette, s'étant aperçue de la vivacité avec laquelle Charles avait renvoyé son jockey, s'approcha de lui dès que Baptiste fut éloigné. — Je crains, monsieur Charles (le jeune homme ne s'était donné que ce nom chez les villageois), je crains que cela ne vous contrarie de rester en ces lieux... peut-être ne le faites-vous que par complaisance... — Vous ne le pensez pas, aimable Georgette. — Si quelques affaires pressantes vous appelaient ailleurs... — Je sacrifierais tout pour rester près de vous ! — Cette ferme ne vous amusera pas longtemps. — Tant que vous y serez j'y trouverai le bonheur. — Le séjour de la campagne vous deviendra ennuyeux... monotone... — Avec vous il sera toujours charmant. — Votre rang, votre fortune vous mettent au-dessus de ces bons villageois... — Votre présence fait disparaître toutes les distances... — Vous n'êtes pas fait pour vivre sous le chaume... — Je suis né pour aimer... la vie me serait à charge s'il me fallait la passer loin de vous.

Georgette baisse les yeux et rougit de plaisir... Est-ce l'amour ou la coquetterie qui cause sa joie? Voir un jeune homme riche et d'un rang élevé lui offrir son cœur, cela peut flatter sa vanité; mais ce jeune homme est aimable, doué d'un extérieur charmant, et bien digne d'inspirer de l'amour ; il faudrait que Georgette fût bien insensible pour ne pas éprouver pour lui quelque attachement. Pauvre Charles, si Georgette ne partage pas ta vive ardeur, tu seras bien à plaindre !...

Jean vient annoncer à Charles que sa chambre est prête. — Allons, Ursule, conduis monsieur, dit Thérèse... A demain, et songez que vous êtes ici comme chez vous. Charles les remercie; il jette un coup d'œil à Georgette et suit Ursule, qui prend une lumière et le conduit dans une chambre donnant sur le jardin. Charles voudrait bien savoir de quel côté repose Georgette, ne fût-ce que pour contempler ses fenêtres; mais la vieille servante n'a pas l'air causeur : il n'ose la questionner, et lui souhaite le bonsoir.

Charles s'endormit en pensant à celle qu'il aimait, en formant mille projets tous plus fous les uns que les autres, et des rêves agréables lui rappelèrent encore sa maîtresse. Quant à Georgette, elle dormit peu. Quelle fut la cause de son insomnie ?... Ma foi, lecteur, je serais bien embarrassé de vous le dire; il est si difficile de bien connaître le cœur d'une femme, que je ne sais pas moi-même quels étaient les sentiments de notre héroïne; je crois cependant qu'il y avait un peu d'amour, beaucoup de coquetterie, une secrète ambition et un peu de sensibilité. La suite nous apprendra quel sentiment devait l'emporter.

Le soleil éclaire à peine l'horizon, et déjà Charles est à sa croisée. Il jouit du réveil de la nature; l'air pur de la campagne lui fait du bien, et calme sa tête encore remplie des songes de la nuit. Le souvenir de sa famille, qui l'attend avec impatience, se présente à son esprit : — Que pensera mon père? quelle sera l'inquiétude de ma mère! Quelques jours... passe encore !... mais je ne puis rester éternellement ici, ce serait les livrer à des angoisses cruelles... Il faudra partir... Partir !... quitter Georgette!... en avoir-je jamais le courage?... Allons ! je partirai puisqu'il le faut ; mais ce ne sera pas pour longtemps. Je dirai à mon père que j'ai trouvé celle qui doit faire le bonheur de ma vie ; je reviendrai chercher Georgette; je la présenterai à ma mère, elle l'aimera en la voyant... Qui pourrait ne pas l'aimer !... et je serai le plus heureux des hommes...

Pauvre garçon !... entends-je dire à mes lectrices, comme il est neuf !... se prendre de belle passion pour une villageoise, et songer à en faire sa femme ! Souvenez-vous, mesdames, que Charles sort du collége, et qu'il ne s'est pas encore formé à l'école du monde, qui est aussi celle de la galanterie, et où l'on se forme si vite maintenant, qu'à quinze ans une jeune personne bien élevée ne rougit plus, parce qu'elle n'a plus rien à apprendre; et qu'à vingt-cinq ans un jeune homme est cassé comme un vieillard et obligé de porter un faux toupet, malgré les huiles merveilleuses de Macassar, les pommades d'auteur, les essences conservatrices, etc., qui ont la vertu de faire croître les cheveux comme les baumes de dentiste savent conserver les dents.

Mais revenons à Charles, qui a de beaux cheveux et toutes ses dents, parce qu'il n'a pas encore eu affaire à messieurs les empiriques, qui ont le talent de guérir en quinze jours de toutes les galanteries passées, présentes et futures, par le moyen de *mercurii sublimati terantur et solvantur accuratissimè in aquâ vitæ, addentur syropi absinthii et syropi diacodii*... dont Dieu vous garde, lecteur !

Charles aperçoit une femme traversant le jardin ; il la reconnaît... en deux sauts il descend de sa chambre et il est à côté d'elle. — Vous voilà, monsieur; vous n'êtes guère matinal !... Depuis une heure que je me promène seule. — Ah ! si vous saviez, aimable Georgette, à quoi je réfléchissais !... — Moi, monsieur, je ne réfléchis jamais. Venez, je vais vous faire voir les jardins.

Chemin faisant, Georgette apprend à Charles la manière dont elle p sse sa vie, et tout ce qu'on fait dans la maison d'éducation où elle se rend ordinairement chaque jour. — Combien vous devez aimer ce bon fermier et sa femme! lui dit Charles, ce sont eux qui ont pris soin de votre jeunesse! — Sans doute je les aime, et pourtant je quitterais avec plaisir ce séjour ! — Mais où désireriez-vous donc aller? — N'importe! partout où l'on trouve des plaisirs! Charles soupire, et pense que Georgette n'est pas aussi parfaite au moral qu'au physique.

Nos jeunes gens rentrent à la ferme, où le déjeuner les att n ait. Jean cause avec Charles, dont il aime la fran hise et la gaieté. Depuis le séjour du jeune homme à la ferme, Georgette était plus aimable que d'ordinaire, et les villageois jouissaient doublement du plaisir qu'ils éprouvaient, et de celui qu'elle paraissait goûter.

Après le repas les jeunes gens vont se promener dans les environs, et Jean retourne vaquer à ses travaux. La vieille Ursule reste seule avec sa maîtresse; elle cherchait cet instant pour lui parler : — Madame, il me semble qu'il est imprudent de laisser ainsi ces jeunes gens courir tout seuls dans les champs?... — Pourquoi cela, Ursule? — Pourquoi !... pourquoi !... parce qu'ils sont d'un âge où l'on ne sait pas ce que l'on fait... et enfin... suffit !... — Ce jeune homme est honnête, Ursule, je ne le croyons pas capable d'abuser de l'innocence de Georgette ! — Oui, c'est vrai, il a l'air honnête !... mais l'amour va son train, et si vous aviez vu de queux yeux il regardait mamzelle... et puis elle, comme elle souriait en lui parlant !... Ah! je crois ben que... — Ursule, vous voyez tout en mal, vous savez cependant que je n'aimons pas ça ! Ursu'e se tut, mais se dit à elle-même : Ils verront peut-être un jour que je n'avions pas si tort.

Pendant qu'Ursule fait ses réflexions, Georgette conduit Charles dans la campagne : ils visitent les bocages, courent dans la prairie, s'arrêtent sous l'ombrage. Charles tient la main de son amie ; sans s'être rien dit de positif, ils s'entendent déjà fort bien. Lorsque, fatigué de la marche, ils se reposent contre un chêne touffu, Charles presse la taille de Georgette, il couvre sa main de baisers brûlants... Elle le repousse... mais si doucement et en lui souriant si tendrement... qu'il fallait vraiment sortir du collége pour ne pas aller plus loin.

Deux semaines s'étaient écoulées; Charles, toujours plus épris, ne pouvait se résoudre à partir; cependant le souvenir de ses parents et l'idée qu'il les plongeait volontairement dans la douleur troublaient le bonheur qu'il goûtait près de Georgette. Quelquefois Baptiste s'arrêtait devant son maître... son air semblait lui dire : Quand partirons-nous?.. Charles le comprenait; il formait le projet de quitter la ferme... Mais Georgette paraissait... elle le regardait tendrement... et le départ était remis.

Un jour que la chaleur était excessive, Charles et Georgette, sortis selon son usage pour se promener, furent obligés de chercher un abri contre les rayons du soleil, alors dans toute sa force; ils dirigèrent leurs pas vers la forêt, dont la fraîcheur leur promettait une promenade agréable; Charles était plus rêveur que de coutume. Ils marchaient en silence. Georgette, piquée de la préoccupation de son compagnon, attendait avec humeur qu'il lui adressât la parole. Impatientée de voir qu'il ne fait pas attention à elle, Georgette s'assied au pied d'un arbre en refusant d'aller plus loin. Charles sort alors de ses tristes pensées; il aperçoit le petit air boudeur de son amie, et vole auprès d'elle. Georgette lui tourne le dos, et ne répond pas d'abord à ses prières; mais deux amants de l'âge de ceux-ci ne peuvent longtemps résister à leur cœur. Charles redouble de caresses... pour la première fois il cueille un baiser sur la bouche de Georgette !... Qu'ils sont doux les premiers baisers de l'amour !... Déjà vingt autres lui succédé... ce baiser a eu des amants, ivres de plaisir, ne peuvent se lasser de s'en donner encore! Tout à l'amour, ils vont oublier l'univers... Mais quel bruit se fait entendre?... Un chien aboie... il est près d'eux... ils ont reconnu César; peut-être Jean le suit... En un moment Charles et Georgette se lèvent, se séparent, s'éloignent l'un de l'autre... mais ils se regardent et soupirent!...

Cependant le chien est seul, Jean n'est pas avec lui; nouveau soupir de Georgette!... mais Charles est plus calme; il réfléchit, et frémit en pensant qu'un moment plus tard il allait oublier l'hospitalité du fermier, et abuser de l'innocence de sa fille adoptive; il se promet bien de ne plus s'exposer à une épreuve si dangereuse, de ne plus aller dans la forêt avec Georgette!... Il est vrai que, sans César, la vertu de la jeune fille courait de grands périls!...

Georgette s'était assise de nouveau sur le gazon (j'aime à croire que c'était bien innocemment); elle regardait Charles, son sein se gonflait, ses yeux étaient bien éloquents ! Sa bouche semblait attendre de nouveaux baisers... et il fallait vraiment un grand effort de vertu pour résister à tant de charmes... Charles résista cependant : la suite nous fera voir s'il eut tort ou raison. L'austère sagesse ne me point cela en doute; mais, quant à moi, lectrice, je vous prie de croire que je n'aurais pas résisté.

Charles prend dans le bras de Georgette, il l'aide à se lever et l'entraîne vers la ferme. La jeune fille se laisse conduire, étonnée de l'empressement de son compagnon à sortir de la forêt; empressement qu'elle ne semblait pas partager.

Chemin faisant, Charles a fait ses réflexions : — Il faut partir, se dit-il; je n'aurais peut-être pas deux fois le même courage, et l'occasion d'être coupable peut se présenter à chaque instant. Je partirai demain, mais cette absence ne sera pas longue; bientôt je me réunirai à Georgette pour ne plus m'en séparer.

Charles, de retour à la ferme, avertit Baptiste de se tenir prêt à partir le lendemain matin. Puis il entre dans la grande salle où les villageois se rassemblaient chaque soir; tout le monde était réuni : Jean lisait dans son gros livre, Thérèse filait, Georgette était rêveuse. Charles s'arrête pour contempler ce tableau qu'il craint de ne pas revoir de longtemps; jamais Georgette ne lui avait paru si intéressante : la scène de la forêt avait répandu sur tous ses traits une douce langueur

qui ajoutait à ses charmes. Cependant le jeune homme se décide : — Je pars demain! dit-il en soupirant. — Vous partez! répètent les villageois étonnés. — Vous nous quittez! s'écrie Georgette. Charles annonce que son voyage est indispensable; mais il promet de revenir avant un mois. Cette promesse calme la tristesse des fermiers; mais Georgette ne paraît pas satisfaite. — Je ne croyais pas, dit-elle à demi-voix, que vous nous quitteriez si promptement. Charles s'approche de son amie; il s'excuse sur ses devoirs, renouvelle la promesse de revenir dans un mois, et jure d'être constant et de n'aimer jamais que Georgette. Celle-ci allait faire le même serment... lorsque Jean vint se mettre entre eux pour faire ses adieux à Charles, qu'il aimait beaucoup. — Allons, enfants, dit le bon homme, pas de chagrin, nous nous reverrons bientôt; mais embrassons-nous ce soir, et, demain, en route dès le matin !

Charles remercie les villageois de l'accueil qu'ils lui ont fait; il les embrasse, il presse la main de Georgette, et l'on se sépare à regret. Le lendemain, au point du jour, Charles monte à cheval ; il jette un coup d'œil sur la fenêtre de Georgette; son amie y est déjà; et, en lui faisant de la main un dernier adieu, elle laisse tomber son mouchoir, que Charles s'empresse de ramasser et de cacher dans son sein, comme un gage de la fidélité de sa belle. Ainsi des paladins d'autrefois emportaient aux combats les écharpes de leur mie !... Mais le temps des chevaliers n'est plus!... et, maintenant, les gages d'amour de nos belles équivalent au billet de Ninon.

CHAPITRE X. — L'orage. — Nouveaux personnages.

« L'absence est à l'amour ce qu'est au feu le vent :
» Il éteint le petit, il allume le grand. »

Ces vers sont d'un poëte qui connaissait le cœur humain, et surtout les cœurs amoureux. Nous verrons si celui de Georgette est bien épris, et s'il pourra supporter l'épreuve terrible de l'absence.

Les premiers jours qui suivirent l'absence de Charles furent tristes et silencieux; depuis longtemps, d'ailleurs, la demeure de Jean n'offrait plus à Georgette les plaisirs que son imagination se créait. La jeune fille essaya de reprendre ses occupations, mais elle n'y trouvait plus de charmes. Seule, dans la campagne, elle s'arrêtait dans les endroits où Charles s'était promené avec elle; son cœur palpitait en voyant ces prairies, ce bocage, et cette forêt!... cette forêt sombre, où tout lui rappelait ses amours. Elle entrait à la ferme triste et rêveuse; les villageois s'apercevaient de sa mélancolie; mais ils essayaient en vain de ramener la gaieté dans son âme.

Trois semaines étaient écoulées depuis le départ de Charles. Les habitants de la ferme étaient tous rassemblés sous son toit rustique; la nuit couvrait la terre de ses ombres, mais sa présence n'avait pas amené la fraîcheur qui suit ordinairement un beau jour d'été. Une chaleur insupportable régnait dans l'atmosphère; la terre, fendue et desséchée par un soleil brûlant, semblait appeler dans son sein la nuée bienfaisante; des coups de tonnerre éloignés annonçaient que les vœux du laboureur seraient bientôt exaucés.

— Morgué! j'crois qu'il va faire un furieux orage, dit Jean en regardant dans la campagne. Tiens, Georgette, vois-tu ces gros nuages noirs, que les éclairs font distinguer du côté de la forêt?... Je plains celui qui est en route de ce temps-ci !

Un violent coup de tonnerre interrompit Jean, Ursule jette un cri en se signant, et descend dans la cave, son refuge ordinaire pendant l'orage. Thérèse et Jean vont se coucher; Georgette remonte dans sa chambre; toutes les portes et les fenêtres sont fermées; et suivant le système de M. Azaïs, celui qui couchait sous les toits eut le doux plaisir d'entendre, en s'endormant, la pluie tomber par torrents sur les pauvres diables qui n'avaient point d'abri.

Dans cette nuit terrible, les éléments semblaient se combattre; le tonnerre, la pluie, les éclairs épouvantaient le malheureux voyageur; car, telle heure qu'il soit, tel temps qu'il fasse, il y a toujours dans le monde quelqu'un qui voyage; de même à chaque minute, à chaque seconde, on a calculé qu'on devait faire... mais ceci n'a plus de rapport à l'orage.

On frappe à coups redoublés à la grande porte de la ferme. — Grand Dieu! qui peut se trouver dehors par un temps si affreux! dit Jean en se levant. Il ouvre la fenêtre : — Qui est là? — Ouvrez, par grâce, à deux voyageurs qui périront à votre porte si vous ne daignez pas les recevoir. — J'y vais, j'y vais, répond Jean. Le brave homme n'avait jamais refusé l'hospitalité; les gens honnêtes ne sont pas défiants.

Il était temps que les voyageurs fussent secourus; la pluie et les mauvais chemins avaient abîmé leurs vêtements; ils étaient dans un état fait pour inspirer la pitié. Le fermier fit promptement entrer dans la salle basse, où un bon feu fut allumé pour sécher leurs habits. Un garçon de la ferme alla prendre les chevaux; les pauvres coursiers étaient, comme leurs maîtres, dans un piteux état. Thérèse appela Ursule, qui était encore à la cave, pour qu'elle vînt l'aider à préparer ce qu'il fallait aux deux étrangers.

Ces deux personnages étaient faciles à distinguer l'un de l'autre : le plus jeune, qui était le maître, était grand et d'un physique assez bien ; sa tournure était distinguée, et il aurait été aimable sans le ton de suffisance et de fierté qui régnait constamment dans ses actions et dans ses discours. Tout en lui annonçait un jeune homme comblé des faveurs de la fortune, de la naissance, se croyant tout permis, ne connaissant point d'obstacles à ses désirs, mais blasé sur tout, ennuyé de lui-même, insupportable aux autres, et ne sachant de quelle manière employer son temps et sa fortune. De tels gens ne sont malheureusement que trop communs dans la société.

Nous pouvons ajouter au portrait du jeune marquis de Saint-Ange qu'il avait de l'esprit (ce qui est rare chez les fats), et même le cœur assez bon ; mais il aurait rougi de paraître sensible, cela lui eût donné un ridicule parmi les belles connaissances, et le ridicule est ce qu'un Français redoute le plus.

Le valet qui accompagnait le marquis était un coquin adroit, rusé, intrigant, capable de tout entreprendre pour satisfaire les désirs de son maître ; souple et rampant, insolent et audacieux, suivant les circonstances : tel était Lafleur, qui suivait son maître à la chasse, lorsque, surpris par la nuit et l'orage, ils s'égarèrent dans la forêt de Bondy, et furent demander un gîte chez des villageois.

— Bon homme, dit Saint-Ange au fermier en se jetant sur une chaise devant la cheminée, savez-vous nous étions morts, en vérité. — Il est vrai, monsieur, que vous étiez en route par un bien mauvais temps ! — C'est cette maudite chasse !... cette bête que j'ai poursuivie !... Je me suis égaré, et puis la nuit, l'orage, le diable !... tout s'en est mêlé ! — Monsieur mangera bien un morceau ? — Ma foi ! oui, cette course m'a donné un appétit d'enfer !... — Vous allez voir tout ce que nous pouvons vous offrir... Holà ! Thérèse... Ursule !...

— Allons, la vieille, dit Lafleur à Ursule qui entrait, remuez-vous et apprêtez-nous à souper. — La vieille ! la vieille ! ces gens-là sont bien sans façon !... — Où donc est Georgette ? dit Jean à sa femme ; il faut lui dire de descendre ; elle tiendra compagnie à ces messieurs pendant qu'on préparera des chambres... — Cela est inutile, bon homme, je n'ai pas besoin de société !... ne dérangez pas mademoiselle Georgette.

Le marquis ne se souciait pas de causer avec une paysanne bien gauche, bien niaise ; c'est ainsi qu'il pensait que devait être la fille du fermier ; mais à peine eut-il achevé de parler que la porte s'ouvrit, et Georgette entra dans la salle. Elle s'était habillée à la hâte ; un mouchoir couvrait sa tête, mais ne cachait qu'à demi ses beaux cheveux ; le fichu jeté sur son sein en laissait apercevoir la blancheur ; le désordre de sa toilette donnait encore plus de piquant à ses charmes. Saint-Ange resta muet en la contemplant.

— Tu peux te retirer, mon enfant, messieurs les voyageurs ne veulent point de compagnie. — Pardon, dit le marquis en arrêtant le fermier, qui renvoyait Georgette, vous ne nous avez pas dit, mon cher hôte, que c'était une divinité que vous possédiez chez vous. — Une divinité !... morguienne ! je n'en savions rien nous-même !... mais c'est égal... reste, mon enfant, puisque maintenant monsieur le désire.

— Hom !... que ces gens-là sont capricieux ! marmottait Ursule en tournant autour de ses maîtres. Ceux-ci pensaient comme elle ; le ton de M. de Saint-Ange, les regards insolents de Lafleur ne leur plaisaient nullement ; mais ils étaient humains, et ne pouvaient pas mettre les étrangers à la porte.

Les villageois étaient allés préparer les chambres ; Georgette resta ; Saint-Ange tenait sa main, qu'il pressait fortement : le marquis allait très-vite près des femmes, et déjà il éprouvait pour Georgette une passion violente... comme toutes celles qu'il avait éprouvées ; mais, en amour, le dernier sentiment semble toujours devoir être le plus fort et le plus durable. Le marquis jeta un coup d'œil à Lafleur : le valet, qui savait ce que cela voulait dire, sortit de la salle, et, pour bien employer son temps, descendit dans la cour, une lumière à la main ; là, tout en tuant à coups de cravache quelques poulets pour le souper du marquis, il regarda partout s'il ne découvrirait pas quelque fille de basse-cour assez fraîche, assez rondelette, pour lui faire passer le temps dans une ferme où il prévoyait que son maître reviendrait souvent.

Georgette n'était pas timide ; elle fit avec grâce les honneurs du logis. Le marquis, étonné de trouver de l'usage, de l'esprit et des grâces au fond d'une ferme, écouta quelque temps la jeune fille, sans savoir quel ton il devait prendre avec elle ; cependant le désir de paraître aimable le rendit à lui-même. Saint-Ange avait ce qu'il faut pour séduire : il était galant, empressé ; il prodiguait les louanges avec cette délicatesse qui sait ménager la modestie. Georgette était femme, et femme très-coquette : elle jouissait de voir un homme du haut rang (elle avait entendu Lafleur le nommer M. le marquis) admirer ses attraits, vanter son esprit ; les sensations sont vives à seize ans, et la vanité a tourné la tête à plus d'une jeune fille... Saint-Ange aperçut le côté faible de celle qu'il voulait vaincre, et il se promit d'en profiter pour assurer sa victoire.

Lafleur revint suivi des villageois, Saint-Ange soupa de bon appétit. La vue de Georgette avait un peu changé ses manières avec ses hôtes ; en homme adroit, il vit que, pour réussir auprès de la jeune fille, il ne fallait pas se mettre mal dans l'esprit des villageois ; mais il eut beau faire, avec Jean la première impression faisait tout ; il ne put

donc se rendre agréable à ses yeux. Quant à Lafleur, Ursule ne lui pardonnait pas de l'avoir appelée la vieille, et Thérèse trouva fort mauvais qu'il eût tué ses poulets sans demander permission.

N'ayant aucun motif pour prolonger la veillée, Saint-Ange se laissa conduire à sa chambre, s'éloignant à regret de Georgette, mais se promettant d'employer avec Lafleur une partie de la nuit à chercher par quel moyen il se procurerait la possession de la jeune fille.

Chapitre XI. — Le premier pas.

La fatigue l'emporte souvent sur l'amour : dans cette occasion elle eut encore le dessus, le marquis et son valet s'endormirent avant d'avoir dressé leur plan ; mais, au point du jour, Saint-Ange éveilla Lafleur. — Allons, coquin, tu as assez dormi lorsque je me casse la tête à former mille projets !... — Je m'en doutais, monsieur... — Lafleur, je suis amoureux... — Je m'en doutais encore. — Mais amoureux fou !... — Oui, comme à l'ordinaire... — Tu as vu Georgette ? — Oui, monsieur. — N'est-elle pas adorable ? — Elle n'est pas mal... — Il faut, à quelque prix que ce soit, que je possède cette femme-là. — Ça ne sera pas difficile... une petite paysanne... — Tu te trompes, ce n'est pas une simple villageoise... — N'importe, nous venons à bout de tout !... — Cela ne sera peut-être pas si aisé que tu crois... Georgette a de l'esprit !... — Tant mieux ! monsieur, c'est toujours par là qu'on les prend... Une femme d'esprit !... eh ! mon Dieu, monsieur, rien n'est si facile à séduire !... Celles-là ont toujours les passions plus fortes, l'imagination plus exaltée !... elles comptent sur leurs propres forces, et voilà ce qui les perd ! D'ailleurs, monsieur sait bien que l'esprit est le chemin du cœur, que l'esprit se rend maître de la raison, que l'esprit tourne les têtes !... Oui, monsieur, avec une femme d'esprit, il y a toujours de la ressource, tandis qu'auprès d'une sotte, quand on ne plaît pas à la première vue, ou lorsqu'elle a en tête des principes de sagesse et de vertu, c'est fini !... on perd son temps à vouloir la séduire, et l'homme le plus aimable échoue comme un sot ! Mais revenons à votre belle ; le plus difficile à séduire dans tout ceci, ce sera le fermier et sa femme... je les ai jugés de suite : ces rustres ne vous aiment pas avec plaisir... — Que m'importe, si je plais à Georgette ! le fermier n'est pas son père, elle me l'a dit hier en causant. — C'est égal, monsieur, ne brusquons pas les choses !... si l'on pouvait enjôler la petite sans que ces manants se doutassent de rien... — En obtenant de Georgette un rendez-vous... mais si elle refuse ?... — Alors, si cela est nécessaire, nous emploierons les grands moyens... en attendant, je vais adroitement m'informer de ce qu'on fait journellement dans la ferme et des habitudes de mademoiselle Georgette.

Saint-Ange descendit au jardin : avant de se rendre près des villageois, il cherchait à parler à Georgette : le hasard le servit ; la jeune fille se promenait, pensant à ce que monsieur le marquis lui avait dit la veille. Saint-Ange ne laisse pas échapper une si belle occasion ; il reprend sa conversation de la veille ; il est plus vif, plus pressant, plus séduisant que jamais... Ah ! quelle différence de Saint-Ange à Charles ! en une heure, le marquis avait plus avancé ses affaires que le pauvre Charles en un mois.

Saint-Ange, aux pieds de Georgette, sollicitait un rendez-vous ; celle-ci, craignant que les villageois ne vinssent, cherchait un moyen pour échapper au marquis ; elle n'en trouva pas de meilleur que de lui dire qu'elle se rendait tous les jours seule à Bondy. Le jeune homme n'en demandait pas davantage ; il laissa Georgette se sauver, et retourna à la ferme par un autre sentier.

Après avoir déjeuné, le marquis remercia les villageois, et annonça qu'il allait se remettre en route. On ne l'engagea pas à rester davantage. Le ton du maître et du valet ne convenait pas aux habitants de la ferme ; les chevaux attendaient leur maître ; le marquis monta en selle et s'éloigna en jetant un tendre regard à Georgette.

— Ma foi ! dit Jean, je suis bien aise qu'il ne soit pas resté davantage ; quelle différence de ce biau monsieur avec cet aimable Charles !

Au nom de Charles, Georgette baisse les yeux et balbutie : — Il y a longtemps qu'il est parti, il nous a peut-être oubliés... — Oh ! que non, mon enfant, je gage qu'il reviendra. — Georgette soupire, et va rêver dans sa chambre... Est-ce à Charles ? est-ce au marquis ?... c'est ce que je n'ose décider, mais je présume qu'elle pensait à tous deux.

Lafleur faisait trotter son cheval près de celui de son maître, et, tout en cheminant, on s'entretenait de la jeune fille : — Mon cher Lafleur, tout va bien, j'ai obtenu un rendez-vous de la petite !... — Eh bien ! vous le voyez, monsieur, je suis un garçon de bon conseil ; sans moi, vous restiez à la ferme, comptant le parfait amour !... entouré de butors qui ne savent pas respecter les fantaisies d'un homme comme il faut !... — Vraiment, Lafleur, tu as de l'esprit, tu raisonnes sagement !... — Ah ! monsieur, j'ai quelque expérience, je sais comment il faut s'y prendre pour réussir dans le monde. — Dis plutôt pour faire des dupes, coquin !... — Faire des dupes, eh, monsieur !... n'est-ce pas la science universelle ; avec ce talent on ne meurt jamais de faim !... — Non, mais on vit aux dépens des autres. — Qu'importe !... il faut être philosophe. — Ta philosophie ressemble beaucoup à la friponnerie. — C'est donc cela, monsieur, qu'il y a tant de philosophes maintenant.

Arrivé à sa maison de campagne, Saint-Ange prend un habit plus simple, et, le fusil sur l'épaule, la carnassière au côté, il se remet en route. — Bonne chasse, monsieur! dit Lafleur en riant. Saint-Ange est déjà dans les champs et bientôt à l'endroit où il espère rencontrer Georgette.

Il n'y fut pas longtemps sans apercevoir la jeune fil e qui se rendait en chantant à Bondy. Georgette regarde de côté si elle n'apercevra pas ce jeune homme si aimable, si galant, qui lui a dit de si jolies choses, qui lui a baisé la main avec tant d'ardeur!... à qui elle a tourné la tête enfin!... et qui peut-être lui a troublé la raison. Ce jeune homme était là, tout près d'elle; il s'était glissé le long d'une haie, et s'était approché sans qu'elle le vît; elle se sent pressée dans les bras de quelqu'un, elle se retourne... un petit cri lui échappe...

— Ah! c'est vous, monsieur? — Oui, belle Georgette. — Déjà en train de chasser... c'est donc une passion que vous avez pour cet exercice? — Ah! Georgette, vous savez bien que c'est pour vous seule que je suis ici! Pourquoi feindre d'ignorer les sentiments que je vous ai déjà fait connaître? croyez-vous que l'impression que vous avez faite sur mon cœur puisse être effacée?... Ah! Georgette votre image est pour toujours au fond de mon âme!...

Georgette rougissait et se troublait; Saint-Ange était pressant; notre amoureux voulut profiter du trouble de la jeune fille pour obtenir un aveu; mais Georgette était coquette, elle voulait jouir des craintes, des soupirs du marquis, peut-être même ne voulait elle que s'en amuser!... elle ne voyait aucun mal à écouter ses discours flatteurs, elle ignorait que les plaisirs de la coquetterie coûtent toujours quelque chose à l'innocence.

Tout ce que Saint-Ange put obtenir à cette première entrevue fut que Georgette serait exacte à passer tous les jours par le même chemin, et qu'elle ne dirait rien à la ferme de sa nouvelle connaissance. Elle le promit et continua sa route. Saint-Ange la quitta le cœur rempli d'espérance et peut-être d'amour, car on aime vraiment tant qu'on ne possède pas : pourquoi faut-il qu'après cela aille en diminuant?... Mais je m'explique, mesdames; ceci n'est que pour les hommes blasés comme le marquis.

Le temps que Charles avait fixé pour son retour était écoulé, le jeune homme ne revenait plus. Les villageois s'affligeaient de ne pas le voir; mais Georgette, qui avait pu éprouver quelques remords de son inconstance, n'était point fâchée que Charles, par son oubli, justifiât sa légèreté.

Tous les jours Georgette voyait Saint-Ange. Le marquis faisait de rapides progrès dans l'esprit de la jeune fille : en séducteur adroit, il ne brusquait point une intrigue dont il espérait recueillir de si doux fruits; il voulait que Georgette, dont la tête était exaltée par la peinture qu'il lui faisait des plaisirs de Paris, du bonheur qu'y goûtaient deux jeunes amants, de la vie délicieuse que l'on y menait; il voulait qu'elle s'abandonnât entièrement à lui. Depuis longtemps le séjour de la ferme n'inspirait à Georgette que de l'ennui; vingt fois elle avait pensé céder aux sollicitations de Saint-Ange, qui la conjurait de le suivre dans la capitale; elle brûlait au fond du cœur de quitter son champêtre asile; mais la vue de Jean, les bontés de Thérèse, les souvenirs des bienfaits dont ces bons villageois l'avaient comblée arrêtaient encore notre héroïne et livraient son âme aux plus violents combats.

Lafleur s'étonnait de voir son maître ne pas aller plus vite en besogne.—Eh quoi! monsieur, vous n'en finissez pas avec cette petite fille!... depuis que vous l'honorez de vos hommages, elle ne s'est pas rendue à vos désirs!... Je ne vous reconnais plus!... vous qui avez trompé tant de belles, dupé tant de tuteurs, abusé des novices, des innocentes, des coquettes même!... vous qui promettiez de devenir un modèle à suivre!... vous filez le parfait amour dans les champs!... vous poussez des soupirs près d'une campagnarde!... Allons, monsieur le marquis, revenez à vous; cette conduite est indigne d'un galant homme... et d'un jeune homme que j'ai formé!

Saint-Ange ne répond pas à Lafleur; mais, excité par les conseils de ce coquin subalterne, il vole au lieu du rendez-vous. Depuis longtemps le marquis avait tellement captivé Georgette, que celle-ci, au lieu de se rendre à Bondy, comme elle le disait à la ferme, passait la journée auprès de son amant. Ce jour-là, cependant, elle vint plus tard que de coutume, et la tristesse se peignait dans ses traits.—Qu'avez-vous, ma chère Georgette? d'où peut naître la mélancolie que je remarque en vous? qui peut vous causer du chagrin? — Ah, monsieur le marquis!... — Vous m'avez promis de ne m'appeler que Saint-Ange... — Eh bien, Saint-Ange, j'ai fait des réflexions; le tableau que vous me faites des plaisirs de Paris séduit, je l'avoue, mon imagination; mais, comme j'ai pensé que je ne pouvais quitter la ferme sans motif... je crois que je ferai bien de cesser de vous voir!...

Saint-Ange, atterré par ce discours, jura tout bas de la faire changer de résolution. Prenant le bras de la jeune fille, il l'entraîne au fond d'un épais bocage, ils s'asseyent tous deux sur le gazon, et Saint-Ange s'empresse de combattre la résolution de Georgette en lui parlant de son amour, qui doit durer toute sa vie!...Jamais il n'avait été si amoureux, si pressant, si éloquent dans ses discours; la crainte de perdre

Georgette le rend entreprenant... elle tremble, elle se trouble... L'amour, la pudeur combattent encore; Saint-Ange ose tout! Et César ne vient pas arrêter son entreprise!

— Ah! Saint-Ange!... qu'avez-vous fait!.... — Chère Georgette, pardonne à ton amant... sèche ces larmes... l'amour seul m'a rendu coupable!... — Hélas! je n'avais pour tout bien que mon innocence!... Que me reste-t-il maintenant?.....—Eloigne ces tristes pensées, livre-toi au doux plaisir d'aimer. Tu ne peux rester en ces lieux; cette ferme n'est plus faite pour toi; cette triste campagne ne nous offre qu'un séjour monotone où nous ne pourrions nous livrer sans réserve au bonheur d'être ensemble... Consens donc à me suivre à Paris. — Ah! je suis à toi!... Tu peux maintenant disposer de mon sort!...

Saint-Ange, au comble de ses vœux, emmène Georgette loin du bocage... elle jette un dernier regard sur le gazon... son sein se gonfle, elle verse des larmes... c'est le dernier adieu à l'innocence.

Le marquis ne veut pas laisser à Georgette le temps de la réflexion : il lui fait promettre de se rendre à minuit à l'entrée d'une petite avenue qui n'est qu'à une portée de fusil de la ferme; c'est là qu'il doit l'attendre avec une chaise de poste préparée pour leur départ. Georgette, ne sachant plus ce qu'elle fait, promet tout, et Saint-Ange la quitte pour ordonner les apprêts de l'enlèvement.

Georgette, le cœur serré, l'œil morne, regagne la ferme; ses pas sont incertains, sa démarche chancelante, elle entre sans avoir levé les yeux sur cet asile hospitalier où l'on a pris soin de sa jeunesse. Les paroles du marquis se retracent à sa mémoire : Cette ferme n'est plus faite pour toi!... — Oh, non, dit elle, elle n'est plus faite pour moi!... je ne suis plus digne d'habiter avec mes respectables bienfaiteurs!..

La voix de Jean la fait sortir de ses rêveries. — Pourquoi reviens tu si tard, mon enfant? tu sais que nous t'attendons toujours pour souper, ma femme et moi. Dame! c'est ben naturel, nous commençons à devenir vieux, nous autres; nous sommes accoutumés à t'avoir près de nous..... nous t'aimons tant! et, à notre âge, on tient à ses habitudes...

Georgette s'excuse comme elle peut... mais les villageois n'étaient que trop confiants! on se met à table; Georgette souffre en recevant les caresses de Thérèse, les amitiés de Jean; cependant elle s'efforce de surmonter son agitation. Le repas finit enfin; jamais elle ne l'avait trouvé si long : elle se lève, prend sa lumière, et va embrasser la fermière et son mari... Quelques larmes mouillent ses paupières... mais les villageois n'ont pas le temps de s'en apercevoir; elle court s'enfermer dans sa chambre pour leur dérober cette première marque de son repentir.

Seule, elle donne un libre cours à ses larmes : l'idée que c'est la dernière nuit qu'elle passe à la ferme, le sentiment de son ingratitude envers Jean et Thérèse accablent Georgette; elle se fait les plus vifs reproches. Abandonner ses bienfaiteurs lorsqu'ils touchent à la vieillesse, les livrer au chagrin lorsqu'ils comptent sur elle pour embellir leurs derniers jours!..... ah! c'est bien mal!...., notre héroïne le sent, elle ne se cache point ses torts; mais le souvenir de son amour, de sa faiblesse, l'emporte, elle ne se croit plus digne d'habiter la ferme... le premier pas était fait... et celui-là entraîne bien vite les autres.

Saint-Ange, enchanté de son triomphe, le cœur rempli de l'image de Georgette, dont alors il était peut-être véritablement amoureux, arrive à sa maison de campagne. Lafleur, en voyant son maître si joyeux, devine ce qui s'est passé. — Eh bien! monsieur, vous avez suivi mes conseils, vous avez réussi? — Oui, Lafleur, je suis le plus heureux des hommes!... Georgette est à moi!... elle partage mon amour! mes transports! Je! jamais femme ne m'a fait connaître d'aussi doux plaisirs!... une ivresse plus pure!... — Monsieur, vous disiez toujours cela avec votre dernière maîtresse... — Ah! quelle différence!... — Soit!... d'ailleurs, il est aussi difficile de persuader à un amant qu'il n'aimera plus que de prouver à une coquette qu'elle a vieilli. Mais à quoi vous décidez-vous, monsieur? — Je pars, j'emmène Georgette à Paris. — A Paris!... prenez garde... — Que veux-tu dire? — Vous feriez peut-être mieux de garder votre jeune conquête dans cette maison de plaisance. — Pourquoi cela? — Parbleu! monsieur, ne le devinez-vous pas?... Vous avez eu une peine diabolique avec cette petite fille; et, lorsque vous pourriez goûter en paix le fruit de votre triomphe, vous voulez l'emmener à Paris, où l'innoce ce va un train!... Ah! on se l'arrache enfin! — Laisse là tes balivernes; Georgette est faite pour briller à Paris, pour éclipser ce que l'on a vu jusqu'ici de plus aimable, de plus enchanteur!... et tu voudrais que je la laissasse végéter au fond de cette retraite! moi, cacher un pareil trésor!... priver le monde de son plus bel ornement!... — Oh! je vois que monsieur a dessein de la produire! — Tu verras, Georgette me fera honneur!... je veux qu'elle devienne la femme à la mode!... — Soyez tranquille, monsieur, quand les femmes veulent s'en donner la peine... nous ne sommes, en fait de folies, que des enfants auprès d'elles!... — Nous partons ce soir; prépare pour minuit une chaise avec de bons chevaux; le trajet n'est pas long; demain, au lever de l'aurore, nous serons installés dans mon hôtel de la rue du Mont-Blanc; et après-demain je défie que l'on reconnaisse dans Georgette la simple villageoise de Bondy!..... — Où faudra-t-il vous attendre avec la voiture? — Devant la petite avenue qui est à gauche de la ferme.—Pourvu que le fermier ne lâche pas ses chiens après nous!...

Vous auriez aussi bien pu l'emmener ce matin, pendant que vous la teniez!... — Eh! imbécile, des paysans pouvaient nous rencontrer, voir Georgette partir avec moi!... En vérité, Lafleur, pour un drôle qui est aussi habitué à ces sortes d'aventures, on dirait que tu as peur! - -Moi, pour! non, monsieur; mais je vous avoue que je préfère enlever six demoiselles de qualité à une seule villageoise; ces paysans sont d'une brutalité!... et je me connais en coups de bâton! mais, au reste, cela ne m'effraie nullement.

Tout est prêt à l'heure convenue. Lafleur, qui sert de postillon, se rend dans l'avenue; Saint-Ange est au rendez-vous et attend impatiemment l'arrivée de Georgette.

Le temps était sombre et menaçait d'un violent orage. — En vérité, dit Lafleur en faisant le guet dans l'avenue, cette campagne nous est fatale! je crois qu'il fera cette nuit un orage semblable à celui qui nous a conduits pour la première fois dans cette ferme. Vous en souvenez-vous, monsieur?... nous étions dans un triste état!...

Saint-Ange ne peut se défendre d'éprouver un sentiment pénible en se rappelant l'hospitalité du fermier; il s'éloigne de Lafleur sans lui répondre, et s'approche de la ferme, espérant voir paraître Georgette, dont la lenteur commence à l'inquiéter.

Notre héroïne était encore dans sa chambre : absorbée dans ses réflexions, elle ne s'apercevait pas que le temps s'écoulait. Cependant douze heures sonnent à la vieille horloge de la ferme. Elle se lève, éteint sa lumière, et descend légèrement les marches de l'escalier.

Georgette connaissait parfaitement les détours de la maison, elle savait qu'elle ne trouverait pas d'obstacles à sa sortie de la ferme. Les paysans, bien loin de se douter de son projet, ne pensaient point à prendre des précautions qu'ils jugeaient inutiles, et de l'intérieur de la maison on pouvait ouvrir toutes les portes qui donnaient dans la campagne.

Georgette est obligée de passer devant la chambre où couchent ses bienfaiteurs; son cœur est oppressé, elle s'arrête devant leur porte... — Adieu donc, vous qui m'avez servi de parents... adieu pour jamais!... s'écrie-t-elle en sanglotant. Elle descend l'escalier en tremblant, elle est dans la cour, et bientôt à la porte de la ferme, qu'elle ouvre sans difficulté; elle s'arrête encore... ses forces l'abandonnent... Elle jette un dernier regard autour d'elle et reconnaît la place où Charles, en lui disant adieu, a ramassé et posé sur son cœur le mouchoir qu'elle lui a jeté... elle s'appuie contre le mur et se sent incapable d'aller plus loin.

— Georgette!... dit une voix que la jeune fille reconnaît aussitôt, — qui peut vous retenir? Je tremblais qu'il ne vous fût arrivé quelque chose.

La voix de Saint-Ange, sa présence raniment le courage de Georgette; le marquis lui prend le bras et l'entraîne loin de la ferme. Le tonnerre grondait déjà avec force; le bruit de la foudre redouble l'émotion de la jeune fille; Saint-Ange est obligé de la porter dans la voiture, il se place près d'elle; Lafleur fouette les chevaux, et les voilà sûr la route de Paris.

Chapitre XII. — La récompense d'un bienfait.

Avant de suivre Georgette à Paris, restons encore un moment à la ferme, ces pauvres villageois méritent bien que nous nous occupions d'eux, et c'est peut-être la dernière fois que nous le pourrons, car je prévois que Georgette nous donnera de l'occupation.

Les premiers rayons du jour avaient vu fuir l'orage, le temps était calme, l'air pur et rafraîchi. Jean se rendit comme à son ordinaire à ses travaux; le fermier n'avait pas l'habitude de rencontrer Georgette de si bon matin : il ne put donc remarquer son absence, mais en revenant à l'heure du repas, il la chercha des yeux et s'aperçut de l'inquiétude de Thérèse.

— Où donc est Georgette? — Je n'en sais rien, mon ami, nous ne l'avons pas vue de toute la journée! Je ne conçois pas ce qu'elle peut être devenue... — Elle sera restée à Bondy plus tard que de coutume!... — Ce qui m'étonne, c'est qu'Ursule assure avoir trouvé ce matin la porte de la ferme ouverte... — Eh! pardienne!... pour sortir il fallait ben qu'elle l'ouvre... — Hom!... dit Ursule, je vous dis, moi, qu'il faut qu'elle soit sortie c'te nuit; sans ça je l'aurions vue passer comme à l'ordinaire, quand elle va soi-disant à l'école... — Comment soi-disant?... que veux-tu dire toi-même? — Dam', not' maître, j'nons pas osé vous le dire plus tôt... et puis, vous m'auriez traitée de folle... comme c'est votre usage quand je vous parle de mamzelle Georgette... Ce qu'il y a de sûr, c'est que ben souvent, au lieu d'aller au village, elle passe sa journée à se promener avec ce jeune milflor que vous avez logé le jour de ce fameux orage. Oh ! je les ont vus moi-même une fois, sans qu'ils s'en doutent.

Le front du fermier se rembrunit : malgré le désir qu'il a de ne pas trouver Georgette coupable, il sent qu'elle n'aurait pas dû lui cacher ses rencontres et ses promenades avec monsieur le marquis. Thérèse, qui aimait la jeune fille comme une mère, attendait avec impatience qu'elle vînt se justifier et dissiper les soupçons que l'on craignait même de former. Mais les bonnes gens attendaient en vain !... Georgette ne venait pas.

De moment en moment l'inquiétude prenait une nouvelle force. Il faisait nuit depuis longtemps... Thérèse pleurait sa fille, Jean se promenait de long en large dans la cour; il allait vers la porte, cherchait à distinguer dans la campagne... frappait du pied avec impatience et formait les plus tristes conjectures. La vieille Ursule ne disait mot; la douleur de ses maîtres l'affectait trop vivement pour qu'elle se permît de faire encore des réflexions; elle désirait bien que Georgette ne fût pas aussi coupable qu'elle le pensait.

Minuit a sonné. Jean prend son chapeau, son bâton. — Que vas-tu faire? dit Thérèse. — Je n'y tiens plus !... Je vais à Bondy; il faut absolument que nous sachions ce qui en est. — Y pensez-vous, not' maître, à c'te heure, dans ces campagnes !... Ne savez -vous pas que la forêt voisine n'est pas sûre?... vous pourriez faire de mauvaises rencontres. — Je ne crains rien; avec ce bâton, je défions qui que ce soit!... — Mon cher Jean, ne t'expose point... demain, il sera assez temps... — Demain!.. et tu veux que nous passions la nuit dans cet état!... non, il faut savoir ce qu'elle est devenue. Hélas!... elle nous a abandonnés!... — Non, cela est impossible!... peut-être est-elle malade... et a-t-elle besoin de nos secours... je vais à Bondy. — Au moins, not' maître, emmenez César; c'est qu'à lui seul il vaut ben deux hommes! — Soit! je l'emmène, quoique je n'ajoute pas foi à tes récits de voleurs?...

Le fermier embrasse sa femme, lui promettant de lui rapporter de bonnes nouvelles. Thérèse sent son cœur se serrer en pressant son mari dans ses bras; Jean détache son chien fidèle, et sort avec lui de la ferme au milieu de la nuit.

Le bon fermier marchait à grands pas, tout occupé de Georgette et cherchant toujours à éloigner les soupçons qui s'élevaient contre elle. La nuit était tellement noire que l'on voyait à peine devant soi; César suivait silencieusement son maître, et semblait, en tournant autour de lui, vouloir demander l'explication d'un voyage commencé aussi tard.

Livré à ses pensées, Jean se s'aperçoit pas qu'au lieu de prendre le chemin qui mène à Bondy, il a suivi celui qui conduit à la forêt; ce n'est qu'après avoir marché longtemps que, voulant s'assurer s'il approche du village, il s'arrête, examine l'endroit où il est, autant que l'obscurité peut le lui permettre, et s'aperçoit qu'il s'est trompé et qu'il côtoie la lisière de la forêt.

Désespéré de ce contre-temps, le fermier s'apprête à retourner sur ses pas, lorsqu'en se retournant pour voir si son chien est toujours près de lui, il croit apercevoir quelqu'un se glisser derrière les arbres. Malgré son courage, Jean éprouve un sentiment pénible... il écoute... on a remué le feuillage... il va se remettre en marche... César aboie avec fureur... les jappements du chien ne laissent plus douter que quelqu'un ne soit caché dans cet endroit... Jean double le pas pour s'éloigner de la forêt .. mais il est trop tard : quatre hommes sortent d'un taillis et se jettent sur lui avant qu'il ait le temps de se reconnaître.

Jean veut se défendre; César saute sur les voleurs, tandis que son maître, qui a dégagé une de ses mains, frappe de son bâton noueux les misérables qui l'entourent; mais, malgré les efforts du chien, malgré le courage du fermier, il faut céder au nombre!... Les voleurs, furieux de sa résistance, le percent de mille coups, le dépouillent de tout ce qu'il possède, et puis s'éloignant de leur témoin de leur forfait, laissant l'infortuné Jean baigné dans son sang, et n'ayant pour tout secours que le pauvre César, qui, blessé lui-même, oublie ses souffrances pour lécher les plaies de son maître.

L'aurore a succédé à cette nuit fatale. La pauvre Thérèse attend sa fille et son époux. La tristesse, l'inquiétude, les larmes règnent dans cet asile jadis séjour de la paix et du bonheur. Des hurlements lugubres se font entendre dans la campagne... — C'est César! s'écrie Thérèse. — C'est César! répètent les gens de la ferme, qui, tous attachés à leur maître, attendaient impatiemment son retour. On court, on vole à la porte de la ferme... Le pauvre chien s'avance lentement, mais dans quel état!... couvert de sang, de blessures, et jetant par intervalles de ces plaintifs gémissements qui semblent présager quelque malheur.

— Grand Dieu!... mon mari est assassiné!... s'écrie Thérèse. La fermière perd connaissance; pendant qu'Ursule cherche à la rappeler à la vie, le chien s'approche du garçon de ferme, se retourne vers la porte, et semble les inviter à le suivre. — Allez, dit Ursule, allez, et puissiez-vous arriver assez à temps!...

Les villageois suivent leur fidèle conducteur, qui, malgré ses blessures, se traîne jusqu'à l'endroit où gît son infortuné maître. On acquiert la conviction du crime... et l'on ne peut rappeler à la vie le malheureux Jean.

Les paysans reprennent le chemin de la ferme, chargés du triste fardeau. Le désespoir de Thérèse ne peut se décrire; elle perd à la fois tout ce qu'elle aimait; il ne lui reste aucune consolation. La ferme devient pour jamais l'asile des larmes et de la douleur.

Le temps n'apporta que peu de soulagement aux peines de Thérèse; il est des chagrins qui lui résistent; il les engourdit, mais ne les guérit pas.

CHAPITRE XIII. — L'amant comme il y en a peu.

Jean était mort depuis un mois, lorsqu'un matin Ursule aperçut deux hommes à cheval entrer dans la cour de la ferme. — Eh! ma chère maîtresse, je ne me trompe pas.... c'est lui.... oh! mon Dieu, que j'en sommes aise... il vous consolera, celui-là... — Qui donc? demanda la triste Thérèse. — Pardi! ce jeune homme si doux, si aimable, ce jeune Charles enfin; le v'là qui met pied à terre avec son domestique... il ne pouvait arriver plus à propos!... Hélas! quel changement il va trouver ici!...

Il y a longtemps que nous avons quitté Charles, sachons d'abord par quel motif il n'est pas revenu plus tôt à la ferme malgré la promesse qu'il avait faite à Georgette de n'être qu'un mois absent.

En quittant les villageois, le jeune homme se rendit de suite au château de ses parents; il y trouva tout le monde dans la plus grande inquiétude sur son sort. M. de Merville était malade, et l'absence de son fils ajoutait à ses souffrances. L'arrivée de Charles calma les esprits des tendres parents; on lui fit mille questions, et, pour se tirer d'embarras, il prétexta une chute de cheval, un pied foulé, etc., événements qui sont d'une grande ressource pour les fils de famille que l'on envoie faire dans Paris leur cours de géographie.

La maladie de M. de Merville prit une tournure moins grave qu'on ne l'avait craint d'abord; mais la convalescence fut longue, et le cher fils ne pouvait s'éloigner de son père. Déjà le terme qu'il avait fixé pour son retour à la ferme était passé; notre amoureux soupirait en songeant à sa chère Georgette. — Que va-t-elle penser de moi?... elle croira que je l'ai oubliée!... Telles étaient les réflexions du pauvre Charles, qui, pour calmer sa douleur, allait le matin, pendant que son père sommeillait, promener ses rêveries dans le parc du château; là, sous un bosquet bien sombre, il sortait de son sein le mouchoir de Georgette, et couvrait de baisers ce gage de la fidélité de sa belle.

Les mamans sont clairvoyantes: madame de Merville s'aperçut de la mélancolie de son fils; elle essaya de le faire parler, mais le jeune homme n'osait avouer qu'il aimait une villageoise; à la vérité, cette villageoise n'est point une femme ordinaire, c'est une jeune fille charmante, douée de toutes les qualités du cœur et de l'esprit, un modèle de sagesse, de vertus, de constance, enfin un être accompli!... mais ces diables de parents ont une manière d'envisager les choses qui fait beaucoup de tort aux portraits des objets aimés; ils ne voient point avec le prisme de l'amour! bien au contraire, ils découvrent toujours quelques défauts, quelques taches qui font ombre au tableau, et un amant n'aime pas à entendre dire du mal de sa belle.

Enfin M. de Merville se rétablit et reprit ses habitudes, qui étaient de passer une partie de son temps avec un ami dont le château, situé près de Rambervilliers, était voisin du sien... La promenade, la chasse et la pêche remplissaient les moments de ces messieurs. M. de Merville offrit à son fils de partager ses plaisirs, mais celui-ci s'y refusa. Madame de Merville fit alors remarquer à son mari la tristesse de Charles. — Corbleu, madame, dit notre gentilhomme, ce garçon-là tient de moi; il a déjà voyagé, vu le monde, et il n'a pas trouvé de femme qui pût sympathiser avec lui!... voilà ce qui l'attriste! — Moi, monsieur, je crois que c'est le contraire... Je soupçonne qu'il regrette... quelque maîtresse... — Vous croyez cela, madame, vous vous imaginez que votre fils a rencontré tout de suite ce que j'ai vainement cherché toute ma vie!... cela n'est pas possible!... Au reste, si cela était, il serait bien sot de ne s'être pas assuré de sa belle!...

Madame de Merville ne pensait pas comme son époux, elle craignait que Charles n'eût mal placé ses sentiments; mais, décidée à suivre le projet qu'elle avait conçu, elle se rendit auprès de son fils, qu'elle trouva, selon sa coutume, assis dans l'endroit le plus solitaire du parc.

— Tu aimes bien la solitude, Charles?... — Il est vrai, ma mère, je réfléchissais... — A quelque chose qui t'occupe beaucoup, à ce qu'il paraît. Tiens, Charles, avoue franchement que tu as grande envie de quitter ces lieux?... — Si cela était, il faudrait que le motif fût bien puissant pour que je voulusse m'éloigner de vous! — C'est aussi ce que nous pensons, M. de Merville et moi. — Comment?.... — Mon ami, puisque tu ne veux pas confier à tes parents les secrets de ton cœur, nous agirons plus franchement que toi. Tu as quelque chose qui t'appelle loin de nous, ce serait pour bien des parents un motif pour te retenir près d'eux; nous ne pensons pas ainsi : la contrainte ne sert qu'à aigrir les cœurs; elle fortifie les passions au lieu de les calmer. Pars, mon cher Charles, va revoir celle que tu aimes, va surtout t'assurer de sa constance!... mais prends bien garde de te laisser abuser par les apparences!... Nous t'aimons trop, ton père et moi, pour nous opposer à ton bonheur, et tu dois nous aimer assez pour ne pas placer tes affections dans un objet qui en serait indigne.

Charles, enchanté de la bonté de sa mère, se jette dans ses bras en lui promettant de se rendre digne de ses vœux; il part dès le lendemain, emmenant son fidèle Baptiste, mais ne se doutant pas que le vieux Dumont le suit de très-près; car ses parents, en lui laissant sa liberté, s'étaient réservé celle de surveiller ses actions.

Charles a hâté sa course pour revoir plus tôt celle qu'il adore. Enfin, cette ferme si désirée est aperçue... on presse les flancs du coursier, on arrive, on met pied à terre. Baptiste regarde avec étonnement autour de lui. — Quel silence règne en ces lieux, dit-il, on croirait que cette ferme a changé de maître!...

Charles, le cœur serré, entre précipitamment dans la maison... Personne dans la grande salle.... il monte, ouvre une porte, et se trouve en face de Thérèse et d'Ursule.... mais quel changement dans leurs traits : la fermière, pâle, abattue, essuie les larmes qui coulent de ses yeux. Ursule sourit en voyant le jeune homme; mais ce sourire même exprime la douleur. Toutes deux semblent craindre de parler.

— Qu'est-il donc arrivé? s'écrie Charles, pourquoi cette tristesse!... Bonne Thérèse, où est donc votre mari? — Il n'est plus, dit la fermière en fondant en larmes. Charles, anéanti, n'ose plus interroger, il craint d'apprendre un nouveau malheur... Cependant le nom de Georgette sort de ses lèvres... — Elle est partie, dit Thérèse, elle m'a abandonnée!

Cette nouvelle achève d'accabler le pauvre Charles, il est pendant quelques moments immobile... La douleur a glacé ses sens; mais bientôt la jalousie, le désespoir brillent dans ses yeux. Elle est partie! dit-il, quand? comment? avec qui?...

Ursule lui raconte ce qui s'est passé pendant son absence; les promenades de Georgette avec le jeune seigneur sont détaillées et conjecturées par la vieille. Chaque mot est un coup de poignard pour Charles. Georgette infidèle!... Georgette dans les bras d'un autre!... ce supplice pour le cœur d'un amant! Thérèse, qui voit son désespoir, essaie à le calmer, en faisant entendre que peut-être la jeune fille n'est pas aussi coupable qu'on le pense, et qu'il est possible que ce soit contre son gré qu'on l'ait enlevée de la ferme.

Charles accueille cette espérance... mais comment savoir la vérité?... — Je crois, dit Ursule, que c'est à Paris que vous rencontrerez mam'zelle Georgette... car elle avait une furieuse démangeaison de voir cte ville-là. — C'est assez, dit Charles, je pars à l'instant pour Paris. Point de repos pour moi que je n'aie retrouvé Georgette. Si elle est innocente, je dois me hâter de l'arracher aux pièges qu'on veut lui tendre. Si elle est coupable, je n'aurai plus qu'à la mépriser. — Ah! dit Thérèse, si elle se repent, ramenez-la près de moi... que je puisse lui pardonner... sa présence me consolera de la perte de ce pauvre Jean!... mais surtout ne lui dites pas que c'est pour elle qu'il a perdu la vie! cela l'affligerait trop.

Charles presse la main de Thérèse contre son cœur. Il remonte à cheval, et, suivi de Baptiste, s'éloigne de la ferme...

Pour chercher en tous lieux cette ingrate maîtresse,
Dont les charmes piquants commandaient la tendresse;
Il pourra la trouver... mais, efforts superflus!
Le trésor qu'elle avait ne se trouvera plus!

CHAPITRE XIV. — Séjour à Paris.

La chaise de poste qui renfermait Georgette et le marquis s'arrêta, au point du jour, devant un magnifique hôtel de la Chaussée-d'Antin. Lafleur fait un tapage d'enfer à la porte, en un moment tous les habitants de l'hôtel sont sur pied; les voisins mêmes sont éveillés, et donnent au diable M. le marquis. Les laquais, surpris, ne se sont jamais levés de si bonne heure; l'intendant descend en robe de chambre; le portier passe un caleçon; on ouvre à monsieur le marquis; la voiture entre. Lafleur, comme confident du maître, est l'objet des salutations générales. Enfin monsieur descend de la chaise, et donne la main à Georgette, qui, intimidée à la vue des personnes qui l'entourent, n'ose ni lever les yeux, ni faire un pas. Tous les valets s'inclinent sans laisser paraître le moindre étonnement à l'aspect de la jeune paysanne. Les gens de bonne maison sont habitués à ces sortes d'aventures. Saint-Ange prend Georgette par la main, la conduit dans un appartement superbe, et la laisse se livrer au repos.

Le lendemain, ou, pour mieux dire, le jour même, à son réveil, Georgette, qui n'a pas encore eu le temps de réfléchir depuis qu'elle a quitté la ferme, jette autour d'elle des regards surpris : le luxe, l'éclat qui l'environnent charment sa vanité et chassent les souvenirs de la vie des champs. Deux femmes s'avancent vers elle, lorsqu'elles s'aperçoivent qu'elle ne dort plus. — Que me voulez-vous? demande Georgette. — Quand madame voudra se lever, nous sommes à ses ordres.

Madame!... ce mot résonne agréablement à l'oreille de notre héroïne, et le ton de respect avec lequel il a été prononcé la flatte au moins autant. Georgette voudrait bien se lever, mais une chose la retient : ces deux dames qui lui offrent leurs services ont une mise tellement au-dessus de la sienne, que son amour-propre souffre de paraître à leurs yeux dans son costume de la veille; mais elle est bientôt délivrée de cette crainte : une de ses femmes de chambre étale sur son lit plusieurs robes en lui demandant laquelle elle désire mettre pour se lever.

Georgette examine avec ivresse les parures charmantes qui surpassent tout ce que son imagination s'était créé de plus beau. Elle choisit enfin, se laisse habiller par ses femmes, et se fait servir avec un plaisir!... il lui semble déjà qu'elle a été marquise toute sa vie.

Saint-Ange est enchanté en voyant Georgette entrer dans le salon où il l'attendait pour déjeuner; son maintien, ses grâces, l'aisance avec laquelle elle porte son nouveau costume rendent Saint-Ange encore plus amoureux; il la conduit devant une psyché; Georgette veut baisser les yeux; mais elle ne peut résister au désir de se voir si belle; un coup d'œil est lancé sur la glace... et l'on est enchantée de ce qu'on n'est plus reconnaissable.

Georgette regardait la route qui conduisait à la grande ville et soupirait.

Nos amants déjeunent, puis le marquis emmène Georgette au bois de Boulogne, dans un char élégant qui va si vite, que la tête tourne à la nouvelle beauté qu'il entraîne; mais on s'y fait enfin, Georgette sera comme les autres.

Un essaim de jeunes élégants entoure le wisky de Georgette. — Eh! mais!... c'est Saint-Ange!... C'est ce cher ami... Que diable étais-tu donc devenu?... — Depuis un siècle on te cherche inutilement dans le monde.

Tout en parlant au marquis, ces messieurs lançaient des œillades à Georgette et chuchotaient entre eux : — Comment donc!... mais elle est fort bien!... délicieuse... charmant sourire... un œil très-fin!... dents blanches... le maintien un peu roide... mais cela se fera... En vérité, ce Saint-Ange a un bonheur désespérant pour découvrir des nouveautés... Elle me plaît beaucoup... — Moi, je la retiens; Saint-Ange est mon ami, il me la cédera.

Pendant que Saint-Ange répond à ses chers amis, Georgette minaude déjà fort agréablement avec ces messieurs. La demoiselle avait toujours eu un grand fonds de coquetterie; c'est un art qui s'apprend au village comme à la ville; il ne faut trouver que le moment d'en faire usage; et telle femme semble simple et modeste, à laquelle il ne manque qu'une occasion de montrer son savoir-faire.

On quitte le bois de Boulogne, on revient à la ville; le soir, Georgette va au spectacle, et, par l'éclat de sa parure, attire sur elle tous les regards. Pendant un mois entier, ce ne sont que fêtes, bals, promenades, courses à cheval, plaisirs de toute espèce. Georgette a des bijoux, des diamants, des laquais à ses ordres!... Dans le torrent de jouissances qui l'entraîne, elle ne peut garder un moment pour réfléchir; quelquefois cependant, lorsque par hasard elle trouve l'instant de penser, elle se rappelle la ferme où elle fut élevée; le souvenir de Jean et de Thérèse se retrace confusément à sa mémoire, Charles lui-même n'est pas entièrement oublié; mais ces idées passagères, semblables à un rêve, n'occupent un moment son esprit que pour faire bientôt place à la réalité.

La possession de Georgette n'avait pas encore diminué l'amour du marquis, Lafleur n'en revenait pas : — Quoi, monsieur, depuis un mois la même maîtresse! — J'en suis étonné moi-même; mais cette femme-là

réunit tant de charmes! ses grâces villageoises, sa gaieté piquante, son esprit, enfin, je ne sais!... mais je trouve en elle tout ce qui séduit... et, ma foi, je ne suis pas fâché d'être un peu constant, ne fût-ce que pour la rareté du fait.

Lafleur n'est pas fort satisfait de voir son maître devenir sage, cela diminuerait ses profits; mais il faut bien se résoudre et attendre les événements : le hasard en ménageait un à Georgette.

Après une partie de campagne délicieuse, faite avec les chers amis, on s'était rendu à l'Opéra. Le spectacle était commencé, mais tous les regards se portent vers la loge d'où part un bruit infernal; car il est du bon ton, en entrant dans sa loge, de pousser la porte avec violence, de laisser tomber les banquettes avec fracas, enfin de faire esclandre. Ce tapage donne bien un peu d'humeur à quelques bonnes gens du parterre, qui demandent qu'on fasse silence... mais les gens comme il faut en rient : ce n'est pas pour entendre la pièce qu'ils vont au spectacle; et ce n'est que pendant le ballet qu'il est d'usage de se taire, de crainte de perdre la fin d'une pirouette ou d'un entrechat.

Georgette, en regardant de côté et d'autre pour recueillir les œillades des hommes et les regards envieux des femmes, aperçoit, dans une loge en face de la sienne, une personne qui ne lui semble pas inconnue; c'est un jeune homme qui, les yeux fixés sur elle, ne cesse pas un moment de la regarder. Georgette éprouve une violente agitation, son cœur se serre, elle rougit, n'ose plus lever les yeux, de crainte de rencontrer ceux de Charles... car c'est bien Charles, elle l'a reconnu, et elle voudrait bien ne pas être à l'Opéra !

Charles était à Paris depuis huit-jours, il n'avait rien appris sur le sort de sa jeune fugitive, et, en se rendant au spectacle pour se distraire un moment, il ne croyait pas y rencontrer l'objet de son voyage.

Le pauvre garçon n'ose en croire ses yeux; il regarde... examine avec attention... Plus de doute!... c'est bien elle!... c'est Georgette!... il l'a retrouvée, mais quelle différence!...

La colère, le dépit, la jalousie agitent ses sens; Charles, la tête exaltée, quitte sa place et se fait ouvrir la loge qui touche à celle de Georgette : au lieu de regarder le spectacle, il s'est tourné du côté de notre héroïne, et, la tête appuyée sur une de ses mains, il ne voit que l'ingrate qu'il adore encore, et ne songe pas à la singularité de sa contenance, qui fait le sujet de la conversation des oisifs de la salle.

Le premier pas

Saint-Ange a remarqué le trouble de Georgette et l'affectation de son voisin à la regarder. Le marquis est vif, emporté; il va demander raison de cette étrange conduite, lorsque Charles, s'approchant davantage de Georgette, lui parle bas à l'oreille. Saint-Ange, outré, perd patience; il s'approche de Charles, et lui demande avec colère de quel droit il parle bas à une dame qui est avec lui. Charles, enchanté d'avoir fait naître cette querelle, répond avec ironie qu'il connaît cette dame depuis longtemps, et qu'il n'a pas besoin de permission pour lui parler. La fureur de Saint-Ange est à son comble; il s'emporte, Charles cherche à l'irriter davantage... on s'insulte, on se provoque, on se donne rendez-vous pour se battre le lendemain à cinq heures au bois de Boulogne, et, calmés par l'espoir d'une vengeance prochaine, ces messieurs se remettent à leur place plus tranquilles qu'auparavant.

Pendant la querelle, la situation de Georgette était pénible; elle ne savait quelle contenance garder, car tous les voisins, qui avaient entendu l'altercation survenue dans sa loge, ne cessaient point de la regarder, et augmentaient son embarras par les propos qu'ils tenaient entre eux : — Avez-vous entendu la dispute? — Non... qu'est-ce que c'est?... — De quoi s'agit-il?... — Ce sont deux jeunes gens qui veulent avoir chacun cette dame que vous voyez... c'est une querelle de jalousie... — Bah! vous croyez?... — Messieurs, vous vous trompez, dit un petit homme à lorgnon, c'est tout simplement parce que ce monsieur pâle s'avançait trop et empêchait cette dame de voir qu'ils se sont querellés. — Mais, permettez, j'ai bien entendu ce qu'ils disaient, ainsi je suis sûr... — De rien du tout! car, moi, j'ai fort bien vu, et je dis... — Vous ne savez ce que vous dites, vous êtes un entêté! — Insolent!... je vous apprendrai à qui vous parlez!

Les voisins s'échauffent, le parterre demande du silence, les jeunes rient, et le spectacle finit au milieu de ce tapage, fort désagréable pour le bon habitant du Marais, qui ne va à l'Opéra qu'une fois chaque année et qui rentre chez lui très-mécontent de n'avoir entendu que du bruit pour ses trois livres douze sous.

Le marquis a donné la main à Georgette pour quitter la salle; on arrive à l'hôtel : il la conduit à son appartement et la quitte sans lui avoir adressé une parole.

Le jour paraît à peine, et déjà Saint-Ange a sonné Lafleur.

— Monsieur est éveillé de bon matin... — Habille-moi vite, Lafleur, et prépare-toi à me suivre. — Comment, monsieur va sortir? il ne fait pas encore jour. — Prépare aussi mes pistolets. — Ah! je vois ce que c'est maintenant!...

— La perfide!... dit Saint-Ange en s'habillant. — Quoi, monsieur, est-ce que mademoiselle Georgette est cause de cette affaire? — Oui, Lafleur; le jeune homme contre qui je vais me battre paraît la connaître depuis longtemps. — Voyez donc! à qui se fier maintenant!... On se donnera la peine d'aller chercher une innocente au milieu des champs, et elle ne vaudra pas mieux qu'une autre!... c'est terrible, en vérité... mais êtes-vous bien sûr... — Je ne sais trop, au fait, que penser de ce que j'ai vu hier!... Si ce jeune homme eût été jadis l'amant de Georgette, je m'en serais aperçu!... — Eh! monsieur est trop connaisseur pour se tromper!... Tenez!... c'est, je gage, un amant évincé, un homme qu'elle vous aura sacrifié... D'ailleurs, que vous a-t-elle dit, monsieur? — Je ne lui ai fait aucune question. Tu sais bien, Lafleur, que je n'ajoute pas foi aux serments des femmes touchant leur fidélité. — Oui, monsieur, cela vient de ce que vous leur faites toujours de faux serments et ne leur êtes jamais fidèle. — Lafleur, je n'ai qu'une crainte, c'est que Georgette ne retombe entre les mains de mon rival si je viens à mourir. Promets-moi, si je suis vaincu, de ne point perdre Georgette de vue, et surtout ne la laisse pas au pouvoir de l'insolent qui ose me la disputer. — Soyez tranquille, monsieur; si par malheur vous succombez, ce qui j'espère n'arrivera point, je prends mademoiselle Georgette sous ma protection, je la pousse dans le monde, et... elle ira loin, car je lui crois de grandes dispositions.

Saint-Ange achève bien vite sa toilette et sort de l'hôtel, à pied, suivi de Lafleur. (Ils étaient convenus avec Charles de n'avoir d'autre témoin que leur domestique.) — Le marquis arriva au lieu du rendez-

vous. Charles y était déjà. Animé par la jalousie et le désir de la vengeance, il attendait avec impatience son adversaire. Derrière lui était le petit Baptiste; le pauvre garçon ne s'était jamais trouvé à pareille fête, et il avait grande envie de pleurer en voyant son maître se promener dans le bois avec des pistolets à la main.

Les deux champions sont en présence. Charles engage Saint-Ange à tirer, il le fait et le manque. Charles tire à son tour et Saint-Ange tombe frappé d'un coup mortel.

Pendant que Lafleur court à son maître, Charles s'éloigne avec précipitation. — Suis-moi, Baptiste... suis-moi; rendons-nous à l'endroit où je t'ai ordonné de faire venir une chaise de poste.

Baptiste suit son maître en pleurant, la vue d'un homme mourant le suffoque; il ne conçoit pas qu'on puisse se tuer ailleurs qu'à la guerre. Charles, sombre, agité, ne prononce pas un mot; il pense à son crime, à Georgette et à sa mère.

Arrivé à l'entrée d'une avenue où une chaise de poste était préparée, il ordonne à Baptiste de l'attendre près de la voiture, et continue sa marche se dirigeant vers les Champs-Elysées.

CHAPITRE XV. — L'entrevue.

On doit se rappeler qu'à l'Opéra Charles avait parlé bas à Georgette; il ne lui avait dit que deux mots, lui donnant rendez-vous pour le lendemain aux Champs-Elysées; Georgette émue, troublée, avait promis de s'y rendre; peut-être aussi n'était-elle pas fâchée de savoir si son premier amant l'aimait encore.

Charles marchait depuis longtemps sans apercevoir celle qu'il cherchait; déjà il pensait s'être trop flatté en espérant que Georgette serait fidèle à sa promesse. Les plus tristes réflexions vinrent alors l'accabler : son cœur était encore trop sensible pour une femme qu'il sentait bien ne plus devoir aimer.

Ce qui désolait le plus Charles, c'était d'avoir tué un homme qui n'avait d'autres torts que d'être aimé de Georgette. Il se repentait de cette action... mais le repentir vient trop tard, puisqu'il n'est que la conséquence de la faute!... C'est pour cela, sans doute, que tant de gens ne se repentent point ou se consolent si vite.

Le bruit des pas de quel qu'un qu'on fait sortir Charles de ses réflexions. Il lève les yeux... c'est une femme... elle approche... c'est Georgette.

Elle est vêtue d'une simple robe blanche; un grand chapeau cache une partie de ses traits; cependant Charles s'aperçoit qu'elle est pâle, défaite; ses beaux yeux ont versé des larmes... elle ne marche qu'en tremblant; cet état la rend encore plus intéressante. Charles est troublé... ses réflexions sont oubliées, son cœur bat avec force... au lieu de faire des reproches à Georgette, il est prêt à tomber à genoux.... oh! la maudite passion!...

Cependant Charles se contient; il conduit Georgette sur un banc, s'assied près d'elle et soupire avant de parler. C'est Georgette qui rompt le silence :

— Vous avez désiré me parler, monsieur?... — Oui, mademoiselle. — Je me suis rendue à vos désirs, que voulez-vous me dire? — Vous me le demandez, Georgette!... — Ah! pardon, mademoiselle, ce nom n'est sans doute plus le vôtre; lorsqu'on change de conduite et de sentiments, le nom que l'on a porté au village ne peut que rappeler des souvenirs désagréables, et l'on doit se hâter de le quitter. — Non, monsieur, je n'ai pas changé de nom. — Je ne croyais pas, lorsque je vous ai laissée à la ferme de vos bienfaiteurs, vous retrouver à Paris si différente de ce que vous étiez alors... Ah! Georgette! il est donc vrai que vous avez oublié... je ne dirai pas notre amour, jamais je n'ai eu le bonheur de vous en inspirer, mais ceux qui ont élevé votre en-

Georgette se laisse habiller par ses femmes et se fait servir avec un plaisir!...

fance, ces bons villageois que la reconnaissance vous faisait un devoir de ne point abandonner. Ah! Georgette!... si vous connaissiez les suites funestes de votre fuite!... — Que voulez-vous dire?... serait-il arrivé quelque malheur à Jean, à sa femme?... — Jean n'est plus, il a été assassiné en voulant courir sur vos traces, la nuit même qui suivit votre arrivée à Paris. — Oh! mon Dieu!... et c'est moi qui suis la cause de sa mort!...

Georgette répand des larmes en abondance; son cœur n'était pas insensible; d'ailleurs depuis trop peu de temps elle habitait la ville; elle ne pouvait avoir déjà perdu le souvenir de ses bienfaiteurs. Charles, ému lui-même par les larmes qu'il fait verser, cherche à ramener entièrement au repentir celle qu'il voudrait trouver encore digne de son amour. Il lui fait le tableau de la douleur de Thérèse, privée de son mari, et abandonnée par celle qui aurait dû la consoler dans son malheur; il rappelle ses serments, son amour... cet amour dont il s'était promis de ne plus parler, et qui, malgré lui, se déclare de nouveau, et le rend plus éloquent, plus tendre, plus persuasif. Georgette était redevenue la jeune villageoise; son cœur, attendri au récit des chagrins de Thérèse, et touché de la constance de Charles, était prêt à se rendre... Notre héroïne avait le cœur sensible, nous nous en sommes déjà aperçus, et il lui sera nous en convaincra sans doute entièrement.

Charles s'aperçoit de sa victoire; en homme habile et qui connaît le cœur des femmes, il ne veut pas laisser à Georgette le temps de la réflexion. Il la presse de fuir un séjour dangereux, où l'attendent la honte, la misère et le déshonneur. — Mais où irai-je? dit Georgette, Thérèse voudra-t-elle encore me recevoir lorsque je l'ai abandonnée!... — Vous connaissez la bonté de son cœur; elle n'a pu vous croire coupable; elle vous recevra.... elle vous pardonnera... — Ah! Charles, mais vous-même... Charles ne peut répondre, mais il presse sur son cœur la main de Georgette, et ses yeux disent assez ce qu'il sent.

— Je suis prête à vous suivre, dit la jeune fille en soupirant... Mais si l'on venait m'arracher à... — Ne craignez rien, le marquis ne s'occupera plus de vous.

Charles n'en dit pas davantage, il ne voulait pas faire connaître son duel avec Saint-Ange; prenant le bras de Georgette, il la conduit à l'endroit où attendait la voiture, il se place auprès d'elle, et la chaise s'éloigne de Paris.

Voilà donc Georgette redevenue sage... est-ce l'effet d'un véritable repentir, ou la suite d'un moment d'attendrissement?... c'est ce que nous verrons par la suite de cette véridique histoire; mais en vain Charle prêchera la jeune fille! si ses passions l'entraînent vers les plaisirs, elle ne pourra longtemps résister : la femme trompée par son amant se promet de renoncer à l'amour; le libertin malade de ses excès fait serment d'être sage; le joueur qui vient de perdre son or jure qu'il n'ira plus au jeu; l'auteur qu'on a sifflé ne veut plus écrire; l'ivrogne meurtri d'une chute promet de ne plus boire; mais ces gens-là sont-ils sincères!...

Chassez le naturel, il revient au galop.

CHAPITRE XVI. — Retour à la ferme.

Après une route assez triste, Georgette poussant continuellement des soupirs causés par le repentir ou peut-être les regrets; Charles poursuivi par l'image du marquis, et incertain sur la conduite qu'il devait tenir, on arriva devant la ferme.

La vue de ce séjour paisible tira nos voyageurs de leurs rêveries : Georgette fut émue en remarquant le changement survenu dans ces lieux depuis le peu de temps qu'elle s'en était éloignée. Charles pensait au plaisir qu'il allait causer à Thérèse.

On descend de voiture, Georgette, tremblante, conjure Charles d'entrer le premier dans la maison, et de prévenir la fermière de son retour; Charles y consent. Georgette, restée seule, jette les yeux sur ces champs qui lui rappellent tant de souvenirs! A quelques pas d'elle, Georgette aperçoit le chien fidèle qu'elle aimait tant. Le pauvre César semble partager les chagrins de ses maîtres, il évite la compagnie; Georgette veut le caresser, il s'éloigne avec effroi... elle le suit... César marche longtemps, il s'arrête enfin dans un endroit sombre, près d'un tertre ombragé de cyprès. L'aspect de ce lieu solitaire frappe le cœur de Georgette d'un secret effroi. Troublée sans en savoir la cause, elle jette autour d'elle des regards craintifs. Le chien s'est arrêté devant une pierre sur laquelle il se couche.... Georgette se baisse pour regarder... c'est le tombeau de Jean! ses genoux fléchissent, et se prosterne involontairement devant ce simple monument élevé par l'amour conjugal.

Charles a pénétré dans l'intérieur de la ferme, il trouve Thérèse et Ursule, il leur apprend le retour de Georgette... il plaide sa cause avec chaleur... mais il n'était pas besoin qu'il implorât la bonté de Thérèse, la fermière ne demandait qu'à pardonner. — Où est-elle, cette chère enfant?... que peut-elle craindre?... qu'elle vienne, que je l'embrasse encore!...

Charles, enchanté, court chercher Georgette. Thérèse se livre à la joie, et Ursule marmotte entre ses dents : — Hom! nous verrons si ce repentir est bon sincère!... nous verrons!...

Charles, étonné de ne pas trouver son amie où il l'a laissée, parcour les environs de la ferme avec inquiétude; enfin le hasard le conduit près du tombeau de Jean, il aperçoit Georgette prosternée devant la pierre tumulaire... il s'arrête pour la contempler : — Ah! s'écrie Charles, Georgette ne fut qu'égarée! cet hommage qu'elle s'est empressée de rendre aux mânes de son bienfaiteur prouve que l'ingratitude n'a pas flétri son âme!...

Charles ignorait que c'était César qui avait conduit Georgette au tombeau de son maître.

Le jeune homme prend la main de notre héroïne et la ramène vers la ferme. Thérèse ouvre ses bras à Georgette, lui prodigue les plus tendres caresses; celle-ci, émue déjà par la scène du tombeau, verse des larmes dans le sein de sa bienfaitrice. Charles éprouve une douce émotion en voyant ce tableau; Ursule ne dit rien, elle examine Georgette.

La jeune fille repentante est donc de nouveau installée dans la ferme. Elle reprend ses anciennes habitudes, et Charles l'accompagne dans ses promenades champêtres. Ces plaisirs ne sont pas aussi piquants que ceux de Paris, mais ils ont du moins le charme de la nouveauté; d'ailleurs Charles est aimable, il est amoureux, et le cœur de Georgette n'est pas muet auprès de lui.

Cependant notre amoureux n'était pas tranquille : inquiet, irrésolu, il ne savait à quel parti s'arrêter... Georgette a été coupable... il ne peut plus la présenter à ses parents; cependant elle se repent, elle a changé de conduite... Pourquoi ne pas lui pardonner? Les hommes auront-ils seuls le droit de commettre des fautes sans redouter le blâme? lorsqu'un sexe faible et sensible s'égare une fois, faudra-t-il tr i er avec mépris et rejeter de la société celle dont les remords ont effacé la faute?

Dieu fit du repentir la vertu des mortels.

D'après cela, Georgette est très-vertueuse... et le préjugé n'a pas le sens commun.

Un jour que Charles faisait ces réflexions (et il y en avait déjà quinze qu'on était revenu à la ferme), Baptiste accourt vers son maître d'un air tout effaré : — Ah! monsieur, j'ai quelque chose de fâcheux à vous apprendre! — Qu'est-ce donc? — Il faut vous hâter de quitter ces lieux si vous ne voulez point être arrêté. — Arrêté? pourquoi? — Parbleu, monsieur, pour avoir tué le marquis de Saint-Ange; sa famille a fait des démarches : depuis longtemps on vous cherche; enfin on a découvert votre retraite, et demain, ce soir peut-être, on viendra vous arrêter. — Mais qui t'a appris tout cela? — Un bon paysan de Bondy que je quitte à l'instant. Tenez, m'a-t-il dit, je suis un bon diable, j'aime à rendre service; vous êtes le valet de ce jeune monsieur qui habite la ferme; avertissez votre maître qu'il n'a que le temps de se sauver; les gendarmes sont venus dans notre chaumière : ils nous ont questionnés sur ce jeune homme, j'avons bonnement dit ce que j'savions; mais quand nous avons vu que c'était pour l'arrêter, j'nous sommes ben promis, ma femme et moi, d' faire ce que je pourrions pour le sauver. Ils sont allés montrer leur ordre chez M. le maire et chercher du renfort; pendant ce temps je sommes accouru vous prévenir; maintenant prévenez vot' maître, adieu. Voilà, monsieur, ce qu'on m'a dit, vous voyez que nous n'avons pas de temps à perdre.

Charles se décide à profiter de l'avis du bon paysan. — Partons, dit-il, quittons Georgette puisqu'il le faut. Une absence de quelques mois suffira pour apaiser les recherches; on ne sait ni mon nom, ni le lieu de ma naissance, on abandonnera des poursuites inutiles; alors je pourrai revenir en ces lieux, et je jugerai si le repentir de Georgette est sincère. Allons, Baptiste, prépare nos chevaux.

Le fidèle serviteur ne tarde pas répéter cet ordre, car il tremble de voir arriver les gens qui poursuivent son cher maître. Pendant qu'il se hâte, Charles se rend dans la salle où travaillent Thérèse et Georgette. — Je viens vous faire mes adieux, leur dit-il en r ntrant. La ferm ère le regarde avec surprise; Georgette lève sur lui des yeux bien expressifs : — Quoi!... vous me... vous nous quittez encore? — Il le faut; mais j'espère qu'à mon retour rien ne pourra plus nous séparer. — Mais pour quel motif ce départ précipité?... — Les moments sont précieux, je ne puis vous apprendre ce qui me force à m'éloigner; mais vous le saurez bientôt après mon départ..., ne me jugez pas alors plus coupable que je ne le suis! — Que voulez-vous dire?... — Adieu, chère Georgette, adieu, bonne Thérèse...; vous approuverez, j'en suis certain, le parti que j'ai pris.

Georgette, interdite par ce prompt départ, ne sait plus que penser, Charles l'embrasse; d'un regard il la recommande à la fermière, et, faisant un effort sur lui-même, il s'éloigne, se hâte de monter à cheval, et, suivi de Baptiste, fuit cette ferme où il laisse toujours son bonheur.

CHAPITRE XVII. — Le diable s'en mêle!

Georgette et Thérèse ne savaient que penser d'un aussi brusque départ. — Il nous a dit que nous en saurions bientôt la cause, répétait Ursule; attendons et nous verrons.

Mais en vain elles attendirent; huit jours se passèrent sans qu'elles en apprissent davantage. On ne vint pas, ainsi que l'avait cru Charles, faire des recherches à la ferme, parce qu'on ne songeait pas à l'arrêter.

Georgette finit par se persuader que Charles ne l'aimait plus, et que c'était là le véritable motif de son départ. Notre héroïne soupirait; les jours s'écoulaient tristement : la présence de Charles avait fait supporter à Georgette la monotonie de la ferme; mais son départ avait tout changé. La saison des beaux jours tirait à sa fin : déjà le triste octobre approchait, la verdure perdait ses vives couleurs; la teinte jaunâtre de l'automne remplaçait dans les bocages celle de l'espérance, et bientôt l'habitant des campagnes devait fouler sous ses pieds ce dernier ombrage de l'arrière-saison.

Georgette voyait avec effroi s'approcher le moment où, renfermée dans son modeste asile, il faudrait vivre sans aucune distraction. Pour celui qui chérit la ville, qu'elles sont tristes, les veillées villageoises!.. Chaque journée se ressemble... celle de demain sera comme aujourd'hui!... C'est ainsi que pensait Georgette; le souvenir des plaisirs qu'elle avait goûtés tourmentait son esprit, l'image de Saint-Ange se mêlait à ses pensées; cependant elle était piquée de la facilité avec laquelle il l'avait laissée s'éloigner, et de ce qu'il n'avait fait aucune tentative pour l'arracher à son rival. Peut-être, en retournant à la ferme, Georgette espérait-elle que le marquis ne l'y laisserait pas longtemps.

— Que les hommes sont perfides! répétait notre jeune fille en regardant tristement à sa fenêtre : ce Saint-Ange me fait mille serments de m'aimer toute la vie; il me jure que je fais son bonheur... et il ne fait aucune démarche pour me revoir. Ce Charles, qui a l'air de m'adorer et d'être au désespoir d'une petite infidélité que je lui ai faite bien innocemment; à peine m'a-t-il ramenée en ces lieux, où je lui donne par mon retour la plus grande preuve d'amour, eh bien! il s'en va, il me quitte sans donner même une seule raison!... Fiez-vous donc aux serments des hommes!... non, oh, je n'y croirai jamais... Ils nous donnent l'exemple de l'inconstance!... mais je le leur rendrai bien quand j'en trouverai l'occasion...

Un mois après le départ de Charles, Georgette devint encore plus chagrine, plus rêveuse... le temps ne faisait qu'augmenter sa tristesse en lui faisant pressentir un cruel événement!...

Notre héroïne acquit la certitude qu'elle serait bientôt mère; c'était jouer de malheur! Georgette, en proie à la plus vive inquiétude, fuyait les habitants de la ferme; elle tremblait que l'on ne s'aperçût de sa situation. Au lieu d'avouer son état à Thérèse, elle évitait ses regards et s'enfermait dans sa chambre pour se livrer à ses réflexions. Elle craignait maintenant le retour de Charles, et n'aurait pu se résoudre à le rendre témoin de sa honte; persuadée d'ailleurs qu'il ne l'aimait plus, elle ne doutait pas que son déshonneur n'élevât une barrière insurmontable entre elle et lui.

La fermière, qui s'apercevait de la tristesse de Georgette, l'attribuait à l'absence de Charles; Ursule seule hochait la tête : elle pensait que la jeune fille méditait quelque nouvelle escapade.

Un soir que tout le monde était rassemblé devant la ferme pour goûter les plaisirs d'une belle soirée d'automne, deux hommes passèrent plusieurs fois devant l'habitation, mais assez loin pour qu'on ne pût distinguer leurs traits. — Vraiment! dit Ursule, je ne sais pas ce que ces hommes-là manigancent entre eux, mais ce qu'il y a d'sûr, c'est que depuis plusieurs jours je les aperçois qui rôdent autour de la ferme; ils regardent, ils examinent; cela se sauvent dès qu'ils voient du monde!... — Serait-ce des voleurs? dit la fermière effrayée. — Je ne le croyons pas... malgré leur adresse à se déguiser, il y en a un que je crois ben reconnaître!... je me doute de ce qu'ils cherchent!... — Qu'est-ce donc, Ursule? — Suffit!... je me trompe peut-être!... mais nous verrons!...

Ursule ne voulut point en dire plus. Georgette n'avait pas fait beaucoup attention à son discours; mais le lendemain, au point du jour, en se mettant à sa fenêtre, elle aperçut deux hommes se diriger du côté de la ferme. Le souvenir des inconnus dont Ursule parlait la veille se retrace à sa mémoire : curieuse de savoir quels peuvent être ces hommes, elle reste à sa fenêtre et attend qu'ils approchent pour tâcher de distinguer leurs traits.

Les étrangers avancent en regardant autour d'eux si personne ne les voit, l'un des deux fait des signes à Georgette... Oui, c'est bien à elle qu'il s'adresse... il approche de la fenêtre, et sous son habit de paysan Georgette reconnaît Lafleur.

— Eh quoi! c'est vous, Lafleur? — Oui, mademoiselle; parbleu, il y a longtemps que je rôde autour de cette ferme pour tâcher de vous parler; mais je vais mettre à profit ce moment, et, pour nous mettre à l'abri de surprises, mon camarade va faire le guet.

Lafleur retourne à son camarade, le place en sentinelle, et revient à Georgette, qui attend avec impatience que Lafleur lui fasse connaître le motif qui l'amène près d'elle.

— Ce n'est pas sans peine, mademoiselle, que je parviens à vous parler!... il y a ici une vieille servante maudite qui se trouve toujours devant moi. Enfin hâtons-nous, je viens vous chercher pour vous conduire à Paris. — A Paris, Lafleur? vous ne pouviez me faire un plus grand plaisir dans ce moment-ci. — Vraiment! mademoiselle, je suis

enchanté de vous voir si bien disposée. — Et Saint-Ange, Lafleur? — M. Saint-Ange! mademoiselle, j'ai bien des choses à vous dire de sa part. — Pourquoi n'est-il pas venu avec vous? — Ah!... pour une raison... que je vous apprendrai en chemin;... mais nous n'avons pas le temps de parler de cela, il faut songer d'abord...

(Ici le compagnon de Lafleur toussa pour avertir que quelqu'un venait.)

— Au diable les importuns! je parie que c'est encore la vieille. Tenez, mademoiselle, lisez ce billet dont je m'étais pourvu d'avance; demain, à la même heure, je viendrai chercher la réponse.

Lafleur jette dans la chambre de Georgette un billet enveloppé autour d'une pierre, puis se sauve avec son camarade; il était temps, déjà Ursule était sur la porte de la ferme.

CHAPITRE XVIII. — Portrait d'un homme du jour.

Mais il me semble que nous avions laissé Lafleur près du marquis, lorsque celui-ci tomba frappé d'un coup mortel : avant d'aller plus loin, voyons ce que fit alors mons Lafleur.

Notre valet avait toujours dans sa poche un flacon renfermant un cordial nécessaire en pareille circonstance. Il fait avaler à Saint-Ange quelques gouttes de la liqueur; le marquis ouvre les yeux; mais ses regards sont mourants; sa voix est tellement affaiblie qu'il peut à peine prononcer ces mots : — Je sens, Lafleur, que je n'ai que peu d'instants à vivre... mais promets-moi... avant que j'expire...

— Oui, monsieur, s'écrie Lafleur, qui croit avoir compris ce que son maître veut dire, je vous renouvelle la promesse que je vous ai faite ce matin, de ne point laisser mademoiselle Georgette au pouvoir de votre rival !

Saint-Ange remue la tête, sa voix éteinte prononce quelques paroles que Lafleur ne peut distinguer; il expire sans s'être fait comprendre, car le valet s'était trompé : l'approche de la mort avait changé la manière de penser du marquis. Ce jeune homme, qui au fond n'était pas méchant, et n'avait que les travers communs à ses pareils, éprouvait alors des regrets de sa conduite avec la jeune villageoise, et c'était pour engager Lafleur à la reconduire à la ferme qu'il avait essayé, mais en vain, de se faire entendre de lui. Lafleur ayant été chercher du monde, on porta le corps du marquis à son hôtel. Saint-Ange était orphelin, personne ne pleura sa mort et ne songea à la venger. — C'est dommage, dirent quelques femmes qui avaient été ses maîtresses, ce jeune homme-là promettait beaucoup!... — Vraiment oui, dirent les fidèles amis qui l'aidaient à se ruiner, c'était un fort bon enfant, qui vivait très-bien!...

Ces messieurs firent une pirouette, ces dames allèrent à leur miroir, et Saint-Ange fut oublié, parce que ces messieurs et ces dames étaient d'une complexion tellement délicate que cela leur eût donné des vapeurs de parler plus longtemps d'un mort.

Lafleur, en rentrant à l'hôtel, y apprit que madame (c'est ainsi qu'on nommait Georgette) était sortie depuis le matin, sans que l'on sût où elle était allée. — Parbleu, je le saurai bien, moi, dit en lui-même notre fripon. Ensuite, s'étant muni d'une grosse somme d'argent, fruit de ses honnêtes épargnes, il laissa l'intendant et les autres domestiques se disputer avec la justice le reste de la fortune de Saint-Ange, et quitta l'hôtel pour se loger provisoirement dans une chambre garnie jusqu'à ce qu'il eût trouvé une condition digne de ses nombreux talents.

Lafleur réfléchissait depuis deux jours à la manière dont il pourrait s'y prendre pour remplir la promesse qu'il avait faite à son maître. Quoique mauvais sujet, mons Lafleur tenait à ses engagements, et puis celui-ci avait quelque chose de piquant qui flattait son amour-propre et son goût pour l'intrigue; faire une femme à son amant, tâcher de lui faire commettre sottise sur sottise, et cela pour complaire à son maître mort! c'était un trait nouveau et original.

Lafleur avait cherché Georgette dans tout Paris; le second jour de ses perquisitions, comme il rentrait à sa demeure, bien persuadé que Georgette, n'étant pas dans la ville, ne pouvait être qu'à la ferme, son portier l'avertit qu'un monsieur était venu la demander, et qu'il le priait de passer chez lui le lendemain dans la matinée.

Lafleur regarde l'adresse que l'on a remise au portier : — M. de Lacaille, rue de Vendôme au Marais... Oh! oh! que peut me vouloir cet original?... n'importe, je ne manquerai pas au rendez-vous.

Ce M. de Lacaille était un jeune homme de cinquante à soixante ans, encore garçon parce qu'il se trouvait trop étourdi pour se marier, et que d'ailleurs son caractère volage s'accordait mal avec les lois de l'hymen.

M. de Lacaille, qui avait toujours été un petit-maître, voulait encore le paraître, quoiqu'il commençât à devenir un peu lourd; mais quarante mille livres de rente le faisaient supporter et trouver charmant dans les sociétés où ses ridicules l'auraient rendu fatigant, si leurs excès n'eussent été vraiment comiques. Il était d'une taille au-dessous de la moyenne, mais en revanche d'une grosseur qui le désolait; car, malgré son corset élastique, ses peaux de lapin pour comprimer son ventre, et ses bretelles qui faisaient monter ses culottes jusqu'aux aisselles, il ne pouvait parvenir à se faire une taille éfiancée,

2.

et sa manière de s'habiller lui gênait continuellement la respiration.

La nature lui avait donné de fortes couleurs, ce qui ne s'accordait pas avec son désir de paraître intéressant ; mais il se frottait le visage avec une pommade qui le rendait blême, ce qui formait contraste avec son gros ventre. Joignez à cela une perruque blonde bouclée à l'enfant, la mise d'un Adonis, un front ridé et une voix mignarde, et vous aurez le portrait de M. de Lacaille.

Depuis qu'il avait passé la quarantaine, Lacaille ne se plaisait que dans la société des jeunes gens ; il s'y croyait rajeuni. Au milieu des étourdis de la Chaussée-d'Antin, il avait fait la connaissance de Saint-Ange, avec lequel, pendant quelques mois, il fut inséparable.

Les jeunes gens se moquaient de Lacaille, qui ne s'en doutait pas, et aurait continué le même train de vie, s'il ne se fût aperçu qu'à force de prêter de l'argent, de monter à cheval et de souper avec les danseuses de théâtre, ses rentes diminuaient considérablement.

Lacaille tenait à ses rentes, il résolut de faire une réforme, et, sans renoncer au désir d'être un homme à la mode, il quitta la Chaussée-d'Antin, et choisit le Marais pour théâtre de nouveaux triomphes qui devaient être moins dispendieux.

Là, il prit simplement une demi-fortune, monta sa maison, mit un suisse à sa porte, et fit peindre en marbre sa porte cochère. Au bout de quelques semaines de séjour au Marais, on ne parlait depuis la rue Chapon jusqu'à celle de l'Oseille que du petit bel homme de la rue de Vendôme.

On est charmant au Marais avec une demi-fortune. Bientôt Lacaille devint le dieu de toutes les réunions, l'âme de toutes les soirées amusantes ; on ne pouvait se passer de lui. Seul il donnait de la gaieté aux petits jeux innocents ; il savait trouver un mot propre à faire une charade en action ; il jouait les proverbes à ravir, et, de plus, soufflait dans un flageolet assez bien pour faire danser la jeunesse.

Un homme qui possède d'aussi rares talents est un être précieux dans la société ; aussi, dès qu'il paraissait, les demoiselles souriaient, les mamans lui tendaient la main, les hommes l'entouraient, et attendaient avec impatience qu'il ouvrît la bouche pour recueillir une de ces aimables saillies qui abondent dans la conversation d'un homme qui a quarante mille livres de rente.

Les choses en étaient là lorsqu'un soir, au spectacle, où Lacaille se rendait quelquefois, afin de juger en dernier ressort la pièce ou les acteurs, notre vieux petit-maître aperçut Saint-Ange, qui était alors avec Georgette. Lacaille s'empresse d'aller parler au marquis ; il entre dans sa loge, et la vue de Georgette lui tourne la tête ; tout en causant avec Saint-Ange, il n'est occupé que de la femme charmante qui est devant lui. Georgette rit de la figure et de la tournure de son admirateur, mais Lacaille ne s'aperçoit pas de l'effet qu'il produit ; son cœur est pris, et il sort de la loge aussi amoureux qu'on peut l'être à soixante ans.

Depuis ce moment, plus de plaisirs, de soirées, de petits jeux! Triste et mélancolique, il se renferme chez son hôtel, il se consume en soupirs, et meurt d'amour !... Si du moins cette fatale passion pouvait diminuer son embonpoint et faire disparaître son ventre... Mais non!... il n'a pas même cette dernière consolation...

Mais un matin une grande nouvelle parvient de la Chaussée-d'Antin à la rue de Vendôme. Le jeune marquis de Saint-Ange vient d'être tué en duel. Lacaille sort de son apathie, il réfléchit que la femme adorable est peut-être sans engagement, et il faut, à quelque prix que ce soit, qu'il satisfasse son amour.

Lacaille connaît Lafleur, dont la réputation brillante a percé dans tous les quartiers de la capitale, c'est l'homme qu'il lui faut. Lafleur est un garçon unique dans son genre, et un séducteur qui ne peut plus séduire par lui-même est fort aise d'avoir un valet de chambre qui invente pour son maître, car d'ordinaire les maîtres sont fort peu inventifs, du moins c'est ce que nous voyons par nos comédies, où les valets conduisent toute l'intrigue sans que les amoureux aient même à se rendre utiles, ce qui ferait croire que l'amour rend fort bête ; car ce sont toujours ceux qui n'en ont point qui conduisent les autres.

M. de Lacaille fait mettre le cheval à la voiture, il se rend à l'hôtel de Saint-Ange, apprend la demeure de Lafleur, se fait conduire, et donne sa carte au portier avec l'instruction dont celui-ci nous a déjà fait part.

Midi sonne ; Lafleur prend le chemin de la rue de Vendôme. Il sait que la matinée d'un homme du bon genre ne commence pas avant.

Il arrive, il entre dans la cour de l'hôtel, un suisse lui barre le passage. — Je demande M. de Lacaille. — Monsur il être bas visiple. — Qu'est-ce que vous dites ? — Monsur il être bas visiple encore un fois !... — Que le diable m'emporte si je comprends ton baragouin!... Je te dis que je veux entrer. — C'est chistement ce qui faut bas. — J'entrerai ; il faut que je parle à M. de Lacaille. — On basse bas!... — Eh ! va-t'en au diable!...

Lafleur repousse le suisse et veut pénétrer dans l'intérieur de l'hôtel ; mais le concierge court sa hallebarde en main et lui barre le passage ; Lafleur, qui est un garçon vigoureux, fait faire une pirouette à son antagoniste ; celui-ci, entêté comme les enfants de l'Helvétie, revient sur le valet et fait mine de vouloir lui passer sa hallebarde à travers le corps. Lafleur ne perd pas la tête ; il aperçoit dans un coin de la

cour un balai, il s'en saisit et s'en sert pour parer les coups que l'on veut lui porter. Les deux champions s'escriment avec ardeur ; les domestiques accourent au bruit ; on ouvre une fenêtre au premier étage... C'est Lacaille lui-même à moitié habillé, et qui du fond de son boudoir a entendu le bruit des armes.

— Eh ! mon Dieu !... Que vois-je !... Un combat à la lance dans ma cour!... Séparez-les !... Mais je ne me trompe pas... C'est Lafleur!... — Eh ! oui, monsieur, c'est moi-même qui demande à vous parler depuis deux heures, et que cet imbécile veut empêcher d'entrer... — Ce nigaud de Luderliche n'en fait jamais d'autres ! je lui avais cependant bien dit que l'on viendrait ce matin... Mais ces suisses allemands ne comprennent rien... Je veux avoir un suisse français. — Mais, monsur, je sais que vous aime bas qu'on voye vous le matin, quand vous être bas lacé... serré... coiffé... — Taisez-vous, Luderliche, vous êtes un butor. Monte, mon cher Lafleur.

Lafleur jette un regard fier sur le pauvre concierge confondu de sa mésaventure, et monte d'un pas rapide à l'appartement de monsieur.

Avant d'arriver à M. de Lacaille, il faut traverser une longue suite de pièces artistement décorées : dans la première, un beau chien danois est couché sur une ottomane ; dans la seconde, un singe, dont les gentillesses sont admirables, s'amuse à déranger les meubles et les draperies ; dans la troisième est un perroquet, animal favori de monsieur, et qui parle presque aussi bien que son maître ; dans la quatrième enfin, on trouve le maître du logis.

M. de Lacaille est dans un aimable désordre : sa toilette n'est qu'é bauchée ; il n'a qu'une joue de pâle, le corset est d'un côté, la perruque de l'autre ; mais comme les valets de chambre sont toujours initiés aux mystères de la toilette, Lacaille fait de suite entrer Lafleur, il interrompt son rajeunissement, et ordonne qu'on ne trouble point l'entretien qu'il veut avoir avec le rusé valet.

— Oh ! mon cher Lafleur, s'écrie Lacaille en se jetant dans une bergère, tu vois un jeune homme au désespoir ! — Se pourrait-il, monsieur ? — Oui, mon ami, je suis dans une situation excessivement pénible ; je souffre... je brûle... je me consume... En vérité, monsieur, vous m'effrayez !... Qui peut vous mettre dans cet état?... vous, jeune, aimable, riche, fait pour plaire... — Je sais tout cela!... — Personne ne doit vous résister... — Oui, je suis chéri, fêté, caressé, dans toutes les sociétés on veut m'avoir, me posséder... les femmes surtout ; c'est au point que je ne puis pas y suffire... — Je le crois, monsieur. — Eh bien, mon ami, tout cela glisse sur mon âme !.... Un seul objet m'attache à la vie, et c'est de toi que j'attends mon bonheur. — De noi, monsieur? — Oui, Lafleur, de toi seul : écoute-moi : J'ai appris que ce pauvre Saint-Ange était mort... — Hélas ! oui, monsieur... J'en suis affecté ; c'était un charmant garçon. Mais te voilà sans place maintenant? — C'est vrai, monsieur. — Tu es un valet adroit, rusé, un peu fripon même... — Vous me flattez, monsieur. — Tu me conviens sous tous les rapports. Je te prends à mon service et te donne confiance entière ; cela te plaît-il? — Assurément, monsieur, et beaucoup!... — Je te réponds de tes gages, tu ne manqueras pas de profits ; tu sais que, nous autres étourdis, nous ne nous mêlons pas de divers détails domestiques, et je te donne plein pouvoir dans la maison. Ainsi voilà qui est terminé : dès ce moment tu es mon confident, le messager fidèle de mes bonnes fortunes.... et je veux que dès ce soir tu sois installé chez moi ; mais je t'avoue que je mets un prix à tout cela. — Parlez, monsieur, il n'est rien dont je ne sois capable pour vous prouver mon zèle. — Voici l'instant de t'apprendre ma faiblesse, Lafleur, et la cause de ma sombre mélancolie... Je suis amoureux fou... — Pas possible, monsieur! — Si, mon ami, et c'est d'une femme adorable que j'ai vue avec feu ton maître. — En vérité? — Oui, c'est une brune piquante, cette beauté enchanteresse... Tu dois savoir qui je veux dire ? — Certainement monsieur!... Et je ne m'étonne plus, elle est assez jolie pour faire tourner les têtes!... — Il n'est donc pas étonnant que j'en raffole ! Quel est son nom, Lafleur? — Georgette, monsieur. — Georgette!... Ce nom est un peu bourgeois... N'importe, nous lui en donnerons un autre. Il faut, Lafleur, que tu me rendes l'heureux amant de cette femme-là. — Monsieur, je vous la promets. — Quoi!... vraiment?... — Oui, monsieur... Mais je vous préviens que l'entreprise est difficile, cela me demande du temps... de l'adresse, et... — N'épargne rien, voilà ma bourse, je te laisse maître de tout.... — En ce cas, je garantis le succès. — Mais où donc est-elle? — Je crois, monsieur, qu'elle n'est plus à Paris ; elle sera retournée dans une ferme qu'elle habitait jadis, et d'où M. Saint-Ange l'avait enlevée, il n'y a pas longtemps ; car c'est une femme toute neuve, monsieur, vous serez le second, c'est presque comme si vous étiez le premier. — Ah ! ce n'est pas la même chose ; mais j'aime autant être le second. Cependant, si elle est dans cette ferme?... — Eh bien ! monsieur, nous l'enlèverons de nouveau ! — C'est cela !... un enlèvement c'est délicieux... Cela fera du bruit!... Mais cependant, Lafleur, j'ai une réputation à conserver dans ce quartier ; je ne puis ouvertement recevoir Georgette chez moi ; les habitants du Marais sont un peu ridicules, cela me priverait de la faculté dans le conduire dans le monde... — Eh mais, n'est-ce que cela? louez un hôtel près de vous, meublez-le élégamment ; mettez-y des domestiques, une remise, des bijoux, de l'argent... car je vous préviens que la jeune personne, quoique fille de la nature, aime beaucoup les jouissances du monde!... — C'la n'est pas étonnant, Lafleur, les jouissances sont dans la nature; mais avec moi rien ne lui manquera.... — Vous mettrez mademoiselle Georgette dans l'hôtel, vous lui donnerez un nom distingué, vous la ferez passer pour votre parente, et de cette manière vous pourrez la présenter partout. — Bravo! Lafleur, tu lèves tous les obstacles, je te charge d'exécuter ce charmant projet.

Tout étant terminé, notre rusé valet quitta son nouveau maître pour aller chercher ses effets et revenir de suite s'installer chez M. de Lacaille.

En chemin, Lafleur réfléchit sur la conduite qu'il devait tenir. Il connaissait Lacaille pour un sot facile à mener, et pensa qu'en flattant ses manies, il serait bientôt aussi maître que lui. D'ailleurs, Lacaille était riche, la condition ne pouvait être mauvaise. Quant à Georgette, dont il avait promis la possession un peu légèrement, il aimait à penser qu'il remplirait par là les derniers désirs du marquis. Une fois à Paris, que Georgette n'aime pas Lacaille, cela ne fait rien. Qu'elle le ruine, voilà l'essentiel, surtout si, comme il l'espère, une partie de l'argent du vieux fou devient le prix des folies que veut lui faire faire son très-honoré valet.

Notre fripon, ayant arrêté son plan, revient s'installer chez Lacaille. Les domestiques sont déjà prévenus qu'ils doivent regarder Lafleur comme ayant la haute main dans l'hôtel : aussi tous s'inclinent, et s'empressent de lui rendre hommage. Luderliche ouvre les deux battants de la porte cochère, et, la hallebarde en main, il attend en silence et avec respect que Lafleur prononce sur son sort: celui-ci ne peut s'empêcher de sourire de la mine allongée du concierge; mais ensuite, s'approchant de lui, il lui frappe amicalement sur l'épaule, et lui tend la main, que le pauvre suisse presse avec force, tant il est touché de la conduite noble de son ennemi.

Lafleur se tourne ensuite vers les autres domestiques, et leur donne ses ordres : le maître d'hôtel est chargé d'augmenter le menu journalier; le sommelier de lui donner les doubles clefs de la cave; le cocher de faire repeindre la voiture; enfin chacun reçoit l'ordre de prendre une livrée plus riche, plus élégante, et de faire honneur à son maître en étalant un faste nouveau. Le pauvre Lacaille, qui avait voulu réformer sa dépense en quittant la Chaussée-d'Antin, venait de faire une belle équipée en prenant Lafleur à son service; mais l'Amour, qui mène tous les humains, mène ordinairement fort mal les vieillards qui veulent encore se ranger sous sa bannière.

Deux jours après son installation dans l'hôtel, Lafleur, ne pouvant résister aux sollicitations de son maître, partit pour Bondy accompagné d'un coquin subalterne, capable de lui prêter main forte en cas urgent, et promit de ne revenir à Paris qu'avec Georgette.

Pour n'inspirer aucun soupçon, nos deux fripons prirent des costumes villageois. Lafleur sut bientôt que Georgette était à la ferme avec Charles, et que le fermier n'existait plus; mais il n'en était pas plus avancé. En rôdant autour de la ferme, il aperçut Georgette se promenant dans la campagne.... mais toujours avec Charles; ce diable de Charles était sans cesse là, cela gênait beaucoup : il fut convenu qu'il fallait l'éloigner.

Lafleur charge son compagnon d'aller trouver Baptiste : le costume de paysan devait le servir; il lui fit sa leçon, que celui-ci retint si bien, que Baptiste, dupe de cette ruse, pressa son maître de se sauver pour éviter les poursuites des gendarmes, et le pauvre Charles donna dans le piége comme son petit jockey.

Lafleur, enchanté de ce premier succès, se rapprocha de la ferme, mais Georgette ne sortait plus; il ne l'apercevait que rarement, et toujours entourée de Thérèse et d'Ursule. Les villageois concevaient des soupçons sur lui et son compagnon; la vieille Ursule le guettait, l'épiait sans cesse; le chien de la ferme aboyait après lui : tout semblait annoncer qu'on se doutait de quelque dessein hostile. Lafleur commençait à perdre patience, lorsqu'un matin, en se rendant comme de coutume avec son camarade auprès de la ferme, il aperçut Georgette à sa croisée; l'espoir renaît dans son âme, il accourt, profite de l'occasion, et, comme nous l'avons vu, parvient sans peine à mettre Georgette de moitié dans ses projets.

CHAPITRE XIX. — Lafleur fait des siennes.

La vieille Ursule, qui, depuis plusieurs jours, était aux aguets pour découvrir les projets des deux hommes qui rôdaient autour de la ferme, ouvrit la porte qui donnait sur la campagne assez à temps pour apercevoir Lafleur et son compagnon se sauvant à toutes jambes, et Georgette refermant la fenêtre de sa chambre.

— Hum !... qu'est-ce que tout cela signifie? dit la vieille en elle-même, c'te petite Georgette veut encore faire des siennes, je le parierais !... mais j'y mettrai bon ordre !... il ne sera pas dit que ce pauvre Charles trouvera toujours les oiseaux dénichés à son retour. Ces deux maraudeurs m'ont tout l'air de s'entendre avec elle... Mais il vaut mieux dire à not' maîtresse que ce sont des voleux et que mamzelle Georgette n'est pas en sûreté dans c'te chambre. Si je lui disais que sa protégée veut encore courir les champs, elle ne me croirait pas!... et cependant j'voyons ben que la jeune fille a plus envie de pêcher que de faire pénitence!...

Pendant qu'Ursule se rend près de la fermière, Georgette ouvre avec précipitation le billet de Lafleur, et lit ces mots :

« MADAME,

» Vous n'avez que dix-huit ans, vous êtes charmante, je ne vous crois pas d'humeur à passer votre vie au milieu des poulets, des oies et des canards. Je suis chargé de la part de mon maître de vous offrir un hôtel superbe, une voiture, des domestiques, des diamants et des cachemires. Vous avez trop d'esprit pour rejeter une semblable proposition. Vous n'ensevelirez pas au fond d'une campagne des appas qui doivent faire l'ornement de la ville. Venez : Paris vous appelle, les plaisirs vous attendent, les jeunes gens vous désirent, les vieux vous adorent, les femmes vous craignent : est-il un avenir plus doux?... L'amour, la volupté, l'inconstance, la coquetterie embelliront vos jours! Dites un mot, et je vous enlève en dépit des garçons de ferme et des chiens de basse-cour. »

Georgette est étonnée de ne pas trouver dans cette lettre le nom de Saint-Ange; cependant c'est Lafleur qui écrit, il parle de son maître, ce maître c'est le marquis, tout cela est clair. Mais pourquoi Saint-Ange n'est-il pas venu lui-même?... sans doute Lafleur lui en fera connaître la raison. D'ailleurs, dans l'état où elle se trouve, Georgette ne peut balancer, il faut de toute manière qu'elle quitte la ferme avant de devenir mère; et puisqu'on lui offre un hôtel, elle saura du moins où aller. Mais Charles... mais Thérèse... ah! c'est bien malgré elle qu'elle leur fait du chagrin... mais dans l'état où elle est , le parti qu'elle prend est le seul qui puisse la dérober à la honte, aux reproches, au mépris... et elle ne se sent pas la force de supporter tout cela.

C'est ainsi que raisonne Georgette, semblable à ces gens qui trouvent toujours le moyen de se mettre en paix avec leur conscience, pour n'écouter que leurs passions... Ces maudites passions, elles sont bien fortes, bien captieuses, elles entraînent toujours la tête, et souvent le cœur; on les combat, elles reviennent sans cesse à la charge : honneur à celui qui triomphe d'elles, heureux celui qui ne les connaît pas!

Georgette écrit à Lafleur cette réponse laconique : » Je consens à vous suivre, mais tâchez de n'être point reconnu, et d'éviter les regards de la vieille Ursule. »

Georgette tourne ce billet autour de la pierre qui vient de servir à Lafleur, elle attend le lendemain pour le faire parvenir à son adresse; mais les choses devaient se passer autrement.

Thérèse entre dans la chambre de Georgette, elle est suivie d'Ursule. La fermière vient signifier à notre héroïne qu'il faut qu'elle quitte bien vite cette chambre qui n'est pas sûre, pour venir habiter celle qui est de l'autre côté de la maison, au fond de la cour. — Pourquoi cela? demande Georgette. —Parce que des coquins veulent s'introduire dans la ferme; mais deux de mes garçons vont coucher ici, et de cette manière nous n'aurons rien à craindre. — Mais ce sont des contes que l'on vous a faits... — Non, ma chère Georgette, Ursule sait... — Ursule ne sait ce qu'elle dit!... — Je ne sais ce que je dis, mamzelle, oh!... que si fait... j'en savons plus long que vous ne croyez!...

L'air d'Ursule, en prononçant ces paroles, fait rougir Georgette, elle se tait et ne veut résister davantage, craignant que la vieille n'ait reconnu Lafleur. Il faut donc se loger dans la chambre qu'on lui a désignée, où il n'y a plus moyen de correspondre avec personne. Georgette s'y rend le dépit dans le cœur, et plus résolue que jamais à fuir de la ferme. Nous savons que chez les femmes une chose défendue n'en est que plus désirée; bien différentes en cela des hommes, qui ne convoitent jamais la femme de leur voisin!... qui ne touchent jamais au dépôt qu'on leur confie!... qui ne subornent jamais l'innocence!... qui ne trompent jamais leurs amis!... vraiment, nous sommes dans un siècle où les hommes sont bien parfaits!

Le lendemain, au point du jour, Lafleur est sous la fenêtre de Georgette, et son camarade est chargé de veiller aux environs. Le temps se passe...la croisée reste fermée, Lafleur s'impatiente; il se promène, regarde, chante, tousse à plusieurs reprises... rien n'y fait, personne ne paraît; il perd courage, il va s'éloigner... mais on entr'ouvre doucement la fenêtre... c'est Georgette, il n'y a point de doute. Lafleur accourt sous la croisée, il lève la tête... mais, au lieu de recevoir le billet qu'il attend en réponse au sien, il est arrosé par le contenu d'un vase que l'on vide sur sa tête, et l'odeur qui se répand lui fait deviner ce dont on s'est servi pour l'arroser. Furieux, il lève les yeux et perçoit Ursule à la fenêtre, tenant d'une main le vase que je n'ai pas besoin de nommer, et riant de sa main redoublée la colère du valet.

— Ah! ah! monsieur le galant, ce n'est pas ça que vous cherchiez, n'est-ce pas?... ça vous apprendra à tousser sous ma croisée.—Maudite vieille! tu verras à qui tu as affaire, je te payeras cher le plaisir que tu viens de prendre, je veux même sur-le-champ t'en faire repentir. Lafleur ramasse plusieurs pierres et se prépare à lancer dans la chambre de la vieille, lorsqu'en cherchant des yeux son camarade, il l'aperçoit fuyant dans la campagne, qui voit venir à lui trois garçons de ferme armés d'énormes gourdins. Lafleur ne songe plus à casser les vitres; il faut qu'il évite, par une prompte fuite, la rencontre des villageois, dont les gestes ne lui promettent rien de bon. Cependant un des paysans est sur le point de l'atteindre; le rusé valet ne perd pas la tête, il tient encore dans ses mains les pierres qu'il voulait lancer à Ursule, il les jette toutes à la fois à la tête de son adversaire. Le villageois s'arrête, étourdi par cette mitraille qui lui frappe les yeux, le nez et les oreilles. Pendant ce temps, Lafleur gagne du terrain, il est bientôt, ainsi que son compagnon, fort éloigné de la ferme et des villageois.

— Morbleu, dit Lafleur, comme les drôles nous poursuivaient ! — Et comme ils y allaient! répond son camarade en se frottant les épaules. — Il me paraît que tu es aussi heureux que moi et que tu as reçu quelque chose ? — Oui, mais ce que vous avez reçu ne vous a pas fait grand mal, tandis que moi je m'en ressens encore... — Imbécile!... Je m'en ressens bien plus que toi, et, pour un homme comme moi, cet affront est le dernier de tous ! J'aurais préféré endurer le roulement de ces redoutables gourdins à la honte de recevoir ce maudit... — Chacun son goût, moi, j'aimerais mieux cela que des coups de bâton ! — Tu n'as pas de cœur! Mais ils se repentiront de ce trait!... — Comment, vous voulez encore que nous nous frottions à ces maudits paysans? — Plus il y a d'obstacles, plus il y a de gloire!... et mon génie n'est pas fâché de trouver à s'exercer.

Georgette, toujours occupée de son projet de fuite, tremblait que Lafleur, rebuté par les obstacles, ne renonçât à son entreprise. On ne lui parla pas de l'aventure du matin ; mais il lui sembla entendre les villageois rire et chuchoter entre eux, et l'air triomphant d'Ursule la convainquit qu'il s'était passé quelque chose d'extraordinaire.

Voulant sortir de cet état pénible, Georgette saisit dans la journée le moment où elle croit tout le monde occupé pour sortir doucement de sa chambre. Elle tient dans sa main un nouveau billet qu'elle a écrit à Lafleur, et dans lequel elle lui apprend son changement de chambre.

Georgette traverse légèrement la cour, et sort comme pour aller se promener dans la campagne. Déjà elle a franchi le seuil de la porte et se félicite d'être échappée sans qu'Ursule ait rien vu, lorsqu'en tournant la tête, elle aperçoit la vieille servante qui marche derrière elle.

— Que voulez-vous, Ursule? — Vous suivre, mamzelle, parce que maintenant les promenades ne sont pas sûres. — Cela est inutile, je ne crains rien. — C'est égal, mamzelle, j'craignons pour vous.

Il n'y a pas moyen de se débarrasser de la vieille surveillante. Georgette voit qu'elle est gardée à vue, et, de colère, elle se met à courir dans la campagne, si bien qu'Ursule peut à peine la suivre ; c'est ce que notre héroïne voulait. Au détour d'un sentier, elle aperçoit Lafleur. Ursule est éloignée, mais pas assez pour ne point voir ; aussitôt Georgette fait une boule de son billet, elle le jette du côté de Lafleur, et revient bien vite sur ses pas en disant qu'elle veut rentrer à la ferme. La vieille, essoufflée par la promenade, ne demande pas mieux; mais Lafleur a ramassé le billet, il voit que Georgette n'était pas du complot formé contre lui par les paysans, et il se promet de l'enlever de la ferme dans la nuit.

L'audacieux valet retourne vers son camarade, lui enjoint de tenir une chaise de poste prête à partir et de la conduire près de la ferme, puis, sans vouloir d'autre aide que lui-même, il attend avec impatience la nuit pour mettre sa vengeance à exécution.

CHAPITRE XX. — Le feu d'artifice.

Il est minuit ; à cette heure, dans les campagnes, il n'y a que les amants, les voleurs et les chiens de garde qui soient éveillés. Lafleur ne redoutait aucun amant, il ne craignait pas les voleurs, et, quant aux chiens, il s'était muni de boulettes contre lesquelles devait échouer leur surveillance.

Lafleur avance avec assurance vers la ferme. Arrivé contre le mur de la cour, il s'arrête, regarde attentivement toutes les parties de l'habitation, il n'aperçoit aucune lumière et n'entend pas le plus léger bruit.

Persuadé que tout le monde dort, hors Georgette, il pose à terre une lanterne sourde et un petit paquet. (Nous saurons bientôt pour quel usage ce paquet figurait dans cette affaire.) La clôture de la cour était basse et dégradée, Lafleur jette une échelle de soie à laquelle sont adaptés deux crochets de fer, puis, reprenant lanterne et paquet, il monte à l'assaut... et le voilà dans la cour.

— Morbleu! disait tout bas Lafleur, mademoiselle Georgette! vous m'exposez à mille dangers... Si je suis aperçu, ces rustres me pendront !... et c'est pour vos beaux yeux que je me serai sacrifié... mais j'ai promis de vous ramener à Paris, et un honnête garçon n'a qu'une parole... en avant !

Il fait quelques pas... un chien s'avance furieux et aboyant après lui ; le valet, préparé à cette attaque, lui jette des boulettes et se retranche derrière de vieilles futailles, prêt à combattre son ennemi; mais le pauvre César ne sait pas résister à la tentation, il se jette sur les friandises dont on le régale, et passe de l'ivresse au trépas.

Lafleur sort de sa cachette; après s'être assuré de la mort du chien, il se dispose à chercher la chambre de Georgette; il craint que les jappements de César n'aient donné l'alarme, mais alors il fera usage du paquet, c'est la dernière ressource, il ne doit l'employer qu'à l'extrémité.

Mais que renfermait donc ce mystérieux paquet? rien que de très-innocent, lecteur, comme vous l'allez voir : une forte liasse de pétards et de fusées, dont l'explosion, sans être dangereuse, devait jeter le désordre dans la ferme, et, à la faveur du bruit, du tumulte et de la fumée, Lafleur comptait enlever Georgette dans le cas où il ne pourrait y parvenir par des moyens plus doux.

Déjà Lafleur a fait plusieurs fois le tour de la cour en regardant attentivement chaque croisée. Dans le fond sont, sans doute, celles de Georgette ; mais il y en a plusieurs. Deux escaliers conduisent aux chambres du premier... lequel prendre ?... il serait dangereux de frapper à une porte... Lafleur balance... enfin on ouvre une fenêtre; c'est Georgette sans doute qui l'aura entendu; cependant, de peur de se tromper encore, et, se rappelant l'aventure du matin, Lafleur s'éloigne de la fenêtre, se place en face, et attend qu'on se fasse connaître pour se montrer aussi.

C'est effectivement une femme qui paraît à la fenêtre; Lafleur écoute : — César !... César !... Eh, bon Dieu! qu'est-il donc arrivé à ce pauvre chien! je l'ons pourtant entendu japper!... César!... Oh ! oh ! ceci n'est pas clair ! Faut que je m'assurions par moi-même de ce qui en est !...

On referme la croisée. — Maudite vieille! s'écrie Lafleur, qui a reconnu Ursule, faudra-t-il donc que je te trouve partout... et que tu sois toujours là pour contre-carrer mes projets!... Mais je ne renonce pas à l'entreprise... Allons vite, une idée lumineuse... La vieille va descendre... elle trouvera le chien mort... elle jettera l'alarme dans la ferme!... Pour empêcher cela, il faut l'effrayer, et la forcer à servir mon projet.

Le valet se retranche dans un coin de la cour ; d'une main il tient sa lanterne et son artifice, de l'autre un gros gourdin qu'il vient de ramasser. La vieille descend par un des escaliers du fond, et s'avance de son côté. Ursule tient une lumière ; elle est dans un grand négligé : une simple camisole enveloppe, sans les cacher entièrement, ses chastes appas ; un petit jupon de laine dessine des formes qui ne sont plus séduisantes; et les objets que l'on aperçoit ne sont pas capables de détourner Lafleur de son projet de vengeance.

Ursule marche vers la niche du chien, elle la visite... Mais point de César. Elle cherche autour d'elle, et voit le pauvre animal étendu sur la terre. Elle pousse un cri : — Oh! mon Dieu... le pauvre César est mort... il a été empoisonné... Il y a des voleurs dans la maison... courons... — Silence ! maudite vieille, ou je t'assomme.

Ursule lève les yeux... Lafleur est près d'elle, et la menace du redoutable gourdin... Elle tombe à genoux et se jette le nez contre terre.

— Allons, morbleu! pas tant de frayeur, je ne suis pas un voleur!... — Non! vous verrez que c'est un honnête homme!... — Je n'en veux pas à votre argent. — Et il a tué not' pauvre César ! — Il faut m'obéir, ou je vous assomme, pour vous punir de m'avoir vidé un pot de chambre sur la tête.

Ursule lève les yeux, et, reconnaissant Lafleur, elle paraît moins effrayée. — Comment, c'est vous... sur qui ce matin ?... — Oui, c'est moi; vous avez cru que cela se passerait comme ça!... — Quoi, vous vous fâchez pour si peu de chose! — Peu de chose!... m'arroser de la tête aux pieds !... — Ah ! je vous assure que ce n'était que... — Taisez-vous! et conduisez-moi de suite à la chambre qu'habite Georgette. — Et pourquoi faire? — Cela ne vous regarde pas. — Mais... — Point de mais, ou je frappe... Marchez !

Ursule, n'osant résister, paraît se résigner ; elle engage Lafleur à la suivre; elle traverse la cour, monte un escalier, puis un autre, puis traverse un corridor, puis redescend... Lafleur s'impatiente.

— Quel diable de chemin me faites-vous prendre? — Ah ! c'est que, voyez-vous, nous l'avions logée dans un endroit bien retiré, c'te petite. — C'est ce qu'il me fallait. — C'était pour qu'on ne vint pas la dénicher. — Vous avez pris une peine inutile. — Dame ! vous êtes trop futé pour nous !... Mais, c'nez, nous y v'là.

Ils étaient alors devant une porte qui terminait un long corridor. Ursule frappe très-fort. En vain Lafleur l'engage à ne pas faire tant de bruit; la vieille continue, et appelle en se nommant. — Parbleu! dit Lafleur, elle ne se lèvera pas pour vous!... Et il se met à appeler de son côté, en se collant contre la serrure.

On entend enfin du bruit dans la chambre. Ursule alors veut s'éloigner, disant à Lafleur qu'il n'a plus besoin de ses services; mais celui-ci la retient par le bras, l'avertissant qu'il faudra qu'elle ait la complaisance de passer le reste de la nuit dans la chambre de Georgette, où il l'enfermera, de crainte qu'il ne lui prenne envie de s'opposer à leur fuite.

Ursule paraît contrariée, elle ne reste qu'en tremblant ; mais Lafleur ne la lâche pas... Enfin on ouvre la porte, et au lieu de Georgette, ce sont trois garçons de ferme qui paraissent devant Lafleur.

— Tombez-moi sur ce coquin-là, mes enfants! s'écrie Ursule en cherchant à se débarrasser de son ennemi; mais celui-ci, outré de fureur et honteux de s'être laissé attraper, saisit la vieille par le milieu du corps, l'enlève et la jette sur les assaillants... Ce fardeau que les paysans, deux culbutent sous la vieille, le désordre se met dans leurs rangs.

Cependant les villageois et la vieille se relèvent, on court après Lafleur; celui-ci n'a que le temps de descendre l'escalier quatre à quatre... Arrivé dans la cour, il veut escalader la muraille, mais la frayeur lui ôte les jambes, il ne retrouve plus son échelle; il entend les villageois qui approchent, il va être pris... Une porte ouverte s'offre à lui... c'est celle d'un petit bûcher... Il n'a pas le choix des moyens, il entre, et s'enferme le mieux qu'il lui est possible.

À peine est-il dans le bûcher, que les garçons de ferme sont dans la cour. On le cherche de tous côtés, dans tous les coins. — Il faut qu'il soit caché dans le bûcher, dit une voix que Lafleur reconnaît pour celle d'Ursule.

Les villageois frappent contre la porte, ils l'auront bientôt enfoncée... Le danger devient imminent... Lafleur n'a plus qu'une ressource... il va en faire usage: sans réfléchir au danger de faire son explosion dans un lieu rempli de vieux bois, il place son paquet dans un coin du bûcher, s'en éloigne le plus possible en formant une longue mèche avec de la laine dont il s'est pourvu... Avec sa lanterne, qu'il a heureusement conservée, il met le feu à la mèche, et comme le feu ne gagne que lentement, il a le temps d'ouvrir la porte du bûcher et de sortir avant que la flamme ait atteint l'artifice.

Les paysans qui voient sortir Lafleur croient qu'il se rend volontairement prisonnier; ils le saisissent au collet et se préparent à lui faire payer ses gentillesses... lorsqu'une détonation terrible se fait entendre, la ferme en est ébranlée, la porte du bûcher saute avec fracas, et se brise en éclats; les villageois se roulent par terre en poussant des cris épouvantables. Pendant qu'ils crient, se heurtent et se sauvent, Lafleur regarde à chaque croisée... il aperçoit Georgette...
— Eh vite, lui dit-il, descendez, il faut profiter du tumulte pour vous sauver. — Mais, Lafleur je suis en chemise... — Eh qu'importe! prenez vos vêtements sous votre bras, vous vous habillerez en chemin.

Georgette fait ce qu'il lui prescrit. Pendant qu'elle descend, Lafleur aperçoit avec étonnement une fumée épaisse sortir du bûcher, et des flammes gagner les autres bâtiments.

Le valet est étonné de l'effet que produisent ses pétards... il prévoit des suites fâcheuses; mais le mal est fait, il ne s'agit plus que de profiter de ses effets. Georgette arrive, elle a passé une robe; mais elle est presque suffoquée par la fumée, qui augmente à chaque instant. — Oh! mon Dieu, Lafleur, qu'est-ce que c'est que cela? — Ce n'est rien, mademoiselle, qu'une espiéglerie de ma façon. — Mais ce feu!...
— Ne craignez rien!... Ce n'est qu'un feu d'artifice, dans cinq minutes il n'y paraîtra plus. Profitons du désordre pour nous esquiver. — J'ai la clef du jardin. — Tant mieux, sortons par là, nous ne serons pas aperçus.

Les fuyards gagnent précipitamment le jardin: bientôt ils sont hors de son enceinte. Lafleur fait courir Georgette jusqu'à l'endroit où est la voiture; la jeune fille monte. Lafleur, avant d'y prendre place, tourne ses regards vers la ferme: il voit des tourbillons de flammes embraser le bâtiment. L'obscurité de la nuit rend ce spectacle encore plus effrayant.
— Diable! dit Lafleur en lui-même, mon artifice a été plus loin que je ne voulais! Ah! mademoiselle Georgette, votre personne coûte cher à bien du monde.

Craignant que la lueur extraordinaire causée par l'incendie ne découvrit à Georgette ce qui était arrivé, Lafleur ordonna à son camarade de les mener au grand galop; et bientôt il perdit de vue le théâtre de ses exploits.

CHAPITRE XXI. — Causons un peu.

— Ah çà! mademoiselle, maintenant que nous voici passablement éloignés de la ferme, et que je suis plus tranquille, je vais vous instruire de tout ce qu'il est bon que vous sachiez. — Je t'écoute, Lafleur. — D'abord, mademoiselle, je ne vous conduis pas dans les bras de Saint-Ange, par une raison fort simple, c'est qu'il est mort. — Il est mort!... Saint-Ange est mort!... — Oui, mademoiselle. Cela vous fait de la peine, je le crois; cela m'en a bien fait, à moi qui ne me plage pas de sensibilité!... — Ah! Lafleur, pourquoi ne pas m'avoir dit cela plus tôt!... Si j'avais été instruite de la mort de Saint-Ange, je n'aurai jamais consenti à... — A me suivre, peut-être! c'est justement pour cette raison que je ne vous l'ai pas dit. Je veux vous empêcher de faire une folie. Tenez, mademoiselle, M. Saint-Ange est mort, c'est un malheur; vous le regrettez, c'est fort bien! mais il ne faut pas croire qu'il n'y avait dans le monde que lui d'aimable; les jeunes gens faits pour plaire sont très-communs dans ce siècle-ci; ceux qui n'ont que leur or pour séduire, qui sont sots et ridicules ne sont point rares non plus. Les vieillards que la folie égare, que la raison fuit, qui singent les petits maîtres, et qui croient qu'on ne voit pas leurs rides parce qu'ils mettent de faux mollets, sont aussi très-communs dans la société. Eh bien! mademoiselle, une femme jeune, jolie et un peu rusée fait de ces trois classes de personnages tout ce qu'elle veut. Les premiers occupent le cœur, c'est pour eux seuls que l'on trouve, au milieu du tourbillon de la vie, le moment d'éprouver un sentiment, qui ne dure pas, mais qui a été véritable. Les seconds servent de jouets; leur fatuité, leur sottise récréent; on leur rit au nez sans qu'ils s'en aperçoivent; on leur dit ce qu'on veut. leur vanité les empêche de croire qu'on puisse se moquer d'eux. Les troisièmes enfin,

dont on a pitié, méritent cependant d'être corrigés de leurs folies: aussi ce sont eux qui payent celles des autres; et s'ils ne meurent point dans la misère, c'est que leurs excès les empêchent de prolonger longtemps leur folle carrière.

Vous êtes de ces femmes capables de mener à la lisière tous les personnages que je viens de passer en revue. Je vous ai jugée au premier coup d'œil; je n'ai pas de raison pour vous flatter, ni pour me tromper: je ne suis pas amoureux de vous; je vous dis la vérité, et je vous engage à suivre mes conseils. Parce que monsieur le marquis n'est plus, vous ne devez pas rester confinée dans une ferme. Vous êtes née pour briller, vous brillerez. Séchez vos larmes; il est permis de regretter les morts, mais non pas de leur sacrifier le bonheur de son existence.
— En vérité, Lafleur, tu prêches fort bien, où donc as-tu appris tout cela? — Eh! mademoiselle, avec des dispositions heureuses, on se forme à l'antichambre comme au salon. Je suis né avec le don de l'éloquence, je serais peut-être aujourd'hui fameux avocat... si mon père, c'est-à-dire le mari de ma mère, n'eût découvert un jour que sa moitié le faisait cocu avec son maître de dessin. Le cher homme irrité fit enfermer sa femme (cela se faisait alors pour ces peccadilles; aujourd'hui, quand un mari se plaint de sa femme, et veut plaider en adultère, on le regarde comme un sot digne des Petites-Maisons). Ma mère mourut de douleur... de ne plus apprendre le dessin; mon père se ruina avec des filles, pour oublier l'injure faite à son front. Les courtisanes lui donnèrent des galanteries qui l'envoyèrent ad patres. Je restai seul, sans secours, et fus fort heureux d'entrer au service lorsque j'aurais dû être servi moi-même!... et cette parce que ma mère voulait dessiner sur des éventails... Ô instabilité des choses humaines!... Mais revenons à vous: vous êtes maintenant consolée de m'avoir suivi? — Il le faut bien. Mais tu m'as promis... — Un hôtel superbe, un train magnifique! vous aurez tout cela. — Et ton maître? — Ah! vous le prendrez par-dessus le marché. — Comment? — Il est de la troisième classe des individus dont je vous parlais tout à l'heure. — Quoi! ton maître... — Est vieux, laid, sot et ridicule. — Je te remercie du cadeau. — C'en est un, en effet, et vous en plaignez pas! c'est un trésor pour une jeune femme, qu'un homme comme cela. Songez qu'il est riche, et que vous en ferez tout ce que vous voudrez, car il faut que vous sachiez qu'il est amoureux de vous, mais amoureux!... à en perdre la raison. — Mais, Lafleur, jamais je ne l'aimerai. — Eh! qui vous parle de l'aimer... ah! je vois que j'aurai encore bien des choses à vous apprendre: car j'ai diable à pu vous faire croire qu'il fût nécessaire d'aimer les gens avec qui on a des relations d'intérêt?. Dans le monde, les deux choses les plus rares sont l'amour fidèle et l'amitié désintéressée. Le jeune homme qui épouse une riche douairière, le libertin qui séduit une innocente, les héritiers qui pleurent un vieux parent, les écoliers qui font un compliment à celui qui leur applique la férule, la jeune épouse qui caresse son vieux mari; tous ces gens-là affectent de l'amour et de l'amitié qu'ils n'éprouvent pas! le monde est un composé de grimaces que l'on nomme politesses, et de sujétions qu'on appelle bienséances. C'est en faisant un échange continuel de compliments et de protestations, dont on ne pense pas un mot, que la société se soutient. Le sage apprécie tout à sa juste valeur: il compare les gens du monde à ces acteurs qui, après avoir joué une scène d'amour, se donnent des soufflets dans la coulisse. En effet, nous jouons tous la comédie: la différence qu'il y a, c'est que nous ne prévoyons jamais le dénoûment, qui arrive quelquefois au moment où nous l'attendons le moins.
— Ainsi, Lafleur, il ne faut jamais croire rien de ce qu'on nous dit? — Ah! mademoiselle, il y a pourtant des exceptions. Si votre marchande de modes vous dit que vous êtes mal coiffée, votre couturière que votre robe est mal faite, votre femme de chambre que vous avez le teint plombé, votre médecin qu'il ne connaît rien à votre maladie, votre avocat qu'il vous est infidèle, alors vous pourrez les croire, parce qu'ils n'auront aucun intérêt à vous tromper. L'intérêt, mademoiselle, voilà le grand mobile des actions des hommes; d'autres l'ont dit avant moi, et je me plais à le répéter: l'intérêt, qui exerce son influence au salon comme dans l'antichambre, au palais comme dans la chaumière, et qui, s'il n'était tempéré par l'amour-propre, passion presque aussi puissante, mais beaucoup moins dangereuse, nous ferait faire bien plus de sottises... quoique nous en fassions bien assez... Mais je me laisse emporter par mon penchant au bavardage; revenons. Vous allez être l'objet constant des soins et des prévenances de M. de Lacaille. — Lacaille!... Quoi! cet original... je me rappelle l'avoir vu!... Je ne pouvais le regarder sans rire... Tant mieux! riez lorsqu'il vous parlera, il croira que ce sont ses plaisanteries qui en sont cause. Vous changerez de nom; celui de Georgette ne peut plus s'accorder avec le train que vous allez avoir!... Vous vous nommez .. madame de Rosanlgou. — Madame! et pourquoi pas mademoiselle? tu sais bien, Lafleur, que je ne suis pas mariée. — Eh! les convenances donc!... En vérité M. de Saint-Ange ne vous a pas appris grand'chose... Que diable vous a-t-il montré? — A faire l'amour. — C'est un très-joli talent, sans doute, mais tout le monde sait cela. A quinze ans, aujourd'hui, une jeune fille fait l'amour avec l'expérience d'une femme de trente, et ce talent est devenu trop commun pour qu'on puisse maintenant en tirer parti. D'ailleurs, je ne crois pas que vous ayez

envie de faire l'amour avec M. de Lacaille? — Oh! non. — Vous lui laisserez le faire tout seul. Vous vous nommerez donc madame de Rosambeau, nom très-joli, et qui ne manquera pas son effet dans le Marais. Vous êtes veuve et parente de M. de Lacaille. — A quoi bon tout cela? — M. de Lacaille veut vous mener dans le monde avec lui, non comme sa maîtresse, cela ne serait pas décent, mais comme sa parente; on saura bien qu'en penser; mais les bienséances seront respectées, et voilà tout ce qu'il faut. Songez, d'ailleurs, que le vulgaire appelle femme entretenue la beauté qui, comme vous, doit ses richesses à ses appas. Au lieu de cela, avec le titre de parente de M. de Lacaille, je fais de vous une femme honnête. — En serai-je moins Georgette? — Non... pour vous, mais le décorum! — Et ce vieux fou de Lacaille sait bien aussi qui je suis. — Oui, mais que sait-on!... S'il lui prenait fantaisie de vous épouser... — M'épouser!... Ah, grand Dieu! j'en serais bien fâchée!... — Fâchée!... vous ne connaissez pas encore le monde! Combien de femmes, à votre place, s'estimeraient heureuses de trouver un vieux mari qui leur donnât, avec une fortune à dissiper, ce titre d'épouse, sous lequel elles cacheraient leurs folies passées, présentes et à venir! Mais non!.. Ce sont les femmes qui ont abusé de tous les plaisirs, qui ont fait retentir la capitale du bruit de

M. de Lacaille.

leurs extravagances; ce sont celles-là qui trouvent ces hommes sensibles, qui se croient trop heureux de posséder une beauté dont vingt autres ont eu les faveurs, et des appas qui fondent sous la main qui cherche à les palper. Tandis que des filles honnêtes attendent, en soupirant, qu'il se présente un mari, quel qu'il soit!... et voient s'écouler leur printemps et souvent leur été, sans cesser d'être demoiselles... Pauvres petites! à quoi donc servent la pudeur et la sagesse, puisque celles qui n'en ont pas trouvent des maris avant vous! Mais enfin, mademoiselle Georgette, il n'est pas dit que mon maître veuille vous épouser, vous ne l'épouserez point si cela ne vous convient pas; je vous ai mise au fait de ce que vous deviez savoir, vous ferez maintenant tout comme il vous plaira. — Oui, mon cher Lafleur; mais, puisque tu as fini de m'apprendre ce que je dois faire, il faut que je t'apprenne à mon tour une circonstance fort intéressante et pour laquelle je veux te demander des conseils. — Parlez, mademoiselle, je vous écoute. — Je crains que ce que je vais te dire ne dérange un peu tes projets... — Pas possible. — En vérité, je n'ose m'expliquer... — Ne craignez donc rien! — C'est que je ne sais comment t'avouer... — Allons, ne faites donc pas l'enfant!... — Au contraire, Lafleur. — Comment, au contraire? — C'est qu'il est fait. — Quoi? — L'enfant!... — Diable! vous seriez enceinte?... — Ah! mon Dieu oui. — Et c'est cela que vous n'osiez m'apprendre!... Mais c'est une bagatelle!... ce sont de ces choses qui arrivent tous les jours; cela ne doit pas vous chagriner!... — Ah! Lafleur, tu me rassures. — J'avoue, cependant, que cela pourra exiger quelques précautions dans notre conduite future.

D'abord, il ne faut pas que M. de Lacaille sache cela. Les libertins comptent doublement les années d'une femme d'après les enfants qu'elle a faits; et quand ils ne peuvent s'attribuer la paternité, cela ne peut que refroidir leur amour. Si votre enfant avait quelques mois de moins, nous le mettrions sur le compte de M. de Lacaille, qui le recevrait avec gloire et reconnaissance; mais il n'y a pas moyen de penser à cela, il vaut mieux lui cacher l'aventure. — Mais comment ferons-nous? — Rien de si facile! M. de Lacaille se laisse tromper si bêtement, qu'il n'y a pas de plaisir à lui en faire accroire. Vous irez passer quelque temps à la campagne... puis vous serez malade... la première chose venue. — Mais l'enfant, qu'en ferai-je? — Ah! ma foi, ce que vous voudrez; j'ai beaucoup fait faire d'enfants dans ma vie, j'en ai fait quelques-uns moi-même, mais jamais je ne me suis occupé de ce qu'ils sont devenus. Au reste, soyez tranquille, Paris est une ville fort commode: comme les demoiselles y font beaucoup d'enfants, on a établi des hospices destinés à recevoir les fruits de l'égarement des cœurs sensibles, et les femmes sont très-sensibles à Paris!... C'est ce qui fait que l'on voit tant d'enfants trouvés.

— Mais nous voici devant l'hôtel qui vous est destiné; songez que vous n'êtes plus Georgette, et que vous vous nommez madame de Rosambeau.

CHAPITRE XXII. — Pauvre Charles!

Pendant que Georgette, abandonnée aux bons conseils de M. Lafleur, fuit de nouveau la ferme et sa bienfaitrice pour se livrer sans réserve à son goût pour les plaisirs, sachons ce que faisait ce pauvre Charles, amant comme on n'en voit guère d'une femme comme on en voit trop!

Croyant avoir des gendarmes à sa poursuite, il voyagea pendant plusieurs jours et s'arrêta enfin dans un village, où il se logea dans la maison d'un paysan. La situation pittoresque de la chaumière lui plut, et il se décida à rester dans cet asile jusqu'à ce qu'il pût sans danger rejoindre sa chère Georgette.

Charles ne s'ennuyait pas dans la solitude, mais un amant n'est jamais seul! L'image de l'objet aimé le suit partout. Il n'a jamais trop de temps peur se livrer à ses pensées, pour se laisser entraîner aux rêves amoureux qui le charment; il cherche les bois les plus sombres, les promenades les moins fréquentées; il lui semble qu'en s'éloignant des êtres indifférents il se rapproche de son amie. Quelquefois cependant on aime à épancher son cœur dans le sein d'un confident discret. Baptiste était le confident de son maître. A la vérité, le petit jockey, qui n'était pas amoureux, se serait bien passé d'entendre tous les jours parler de mademoiselle Georgette. Mais il faut de la patience avec les amoureux, les auteurs, les invalides et les vieilles coquettes.

Charles était un fou de s'abandonner à une passion qui ne lui avait encore causé que du chagrin et dont l'objet ne lui paraissait pas digne de son amour. Mais Charles n'avait que vingt ans, et il était dénué d'expérience. Georgette était son premier amour, et un cœur brûlant, une imagination exaltée conduisent bien facilement une tête sans expérience.

Mais un personnage inattendu vint tirer Charles de ses rêveries amoureuses. Un jour, en se promenant dans le bois, il voit venir un homme à cheval, cet homme s'approche, c'est Dumont, l'homme de confiance de ses parents.

— Quoi! c'est toi, Dumont? — Oui, monsieur. — Par quel hasard?... Comment savais-tu que j'étais ici? — Ma foi, monsieur..... c'est madame votre mère qui m'a indiqué ce village. — Ma mère... comment savait-elle elle-même?... — Ah! je l'ignore, monsieur, mais je suis chargé de vous remettre cette lettre de madame la marquise. — Une lettre! donne-moi, Dumont.

Charles prend la lettre avec précipitation. Dumont se félicite tout bas de la manière adroite dont il a répondu aux questions de son jeune maître; on sait que Dumont avait suivi Charles; mais, comme son âge l'empêchait d'aller aussi vite en besogne que celui qu'il épiait, il n'avait pu prévenir le duel, n'en ayant été instruit que le lendemain de la mort de Saint-Ange; du reste, il avait rendu à madame de Merville un compte fidèle des actions de Charles, et ce compte-là n'était pas favorable à Georgette.

Charles fut vivement étonné du contenu de la lettre de sa mère: il vit qu'elle connaissait toute la conduite de Georgette. Madame de Merville ne faisait cependant à son fils d'autre reproche que celui d'avoir exposé ses jours et le bonheur de ses parents pour une femme indigne de son amour. Elle pensait que, corrigé de sa folle passion, il allait revenir au sein de sa famille, qui lui gardait une épouse sage, innocente, douce, bonne, point coquette, et dont les aimables qualités devaient facilement effacer de son âme l'image de celle qui l'avait séduit d'abord.

Charles s'adresse brusquement à Dumont, après avoir terminé la lecture de la lettre: — Savez-vous, Dumont, qui a pu instruire ma mère des détails que contient cette lettre?...

Dumont rougit, se trouble; la figure de son jeune maître exprime la colère et le dépit; il sent qu'il est prudent de se taire, il balbutie un: — Non, monsieur. — Il suffit: vous pouvez partir. — Est-ce que monsieur n'a pas une réponse à me donner pour mes bons maîtres? — Non. — Que leur dirai-je donc, monsieur? — Ce que vous voudrez. — Mais, monsieur... — Laissez-moi.

Dumont s'éloigne tristement; et, encore fatigué de sa route, il va remonter à cheval, lorsque Charles, se repentant de la brusquerie avec laquelle il a traité ce vieux et fidèle serviteur, court à lui et l'arrête.

— Dumont, tu es fatigué : pourquoi repartir si vite? repose-toi quelques jours dans ce village. — Monsieur est bien bon, mais madame de Merville est trop impatiente de savoir le résultat de ma démarche!... elle espérait que je ne reviendrais pas seul! — Tu lui diras que je te suis de près, et que sous peu de jours je serai au château. —

Combat de Baptiste et du barbier-docteur, qui voulait appliquer des ventouses à son maître.

Quoi! vraiment, monsieur?... cette bonne nouvelle me fait oublier mes fatigues, et je vais l'apprendre à madame. — Bon Dumont! — Ah! c'est que madame vous aime tant! elle sera si aise de vous revoir!... — Je le sais bien, mon ami. — Elle me parlait toujours de vous, monsieur : Pourvu, me disait-elle, qu'il oublie cette... — Va-t'en, Dumont. — Oui, monsieur, je pars.

Dumont remonte en selle et s'éloigne. Charles reste seul, indécis sur ce qu'il doit faire. Il tient la lettre à la main... il la relit. Il trouve que sa mère exagère les torts de Georgette : on aura trompé madame de Merville, on a calomnié Georgette : sans doute elle a commis des fautes, mais elle se repent, elle est rentrée dans le sentier de la vertu, et certes elle ne s'en écartera plus.

Ce qui empêche surtout Charles de retourner au château, c'est cette phrase de la lettre dans laquelle on lui dit qu'on lui réserve une épouse charmante. Le jeune homme, toujours épris de Georgette, trouve très-mauvais que l'on songe à disposer de lui. D'après cela, il se décide à retourner à la ferme. Sans doute on ne pense plus à l'arrêter! Il va revoir Georgette, il va juger si elle est bien corrigée, et alors... oh! ma foi! alors il arrivera ce qu'il pourra! un amoureux ne calcule pas si loin.

Baptiste, prévenu, ne demande pas mieux que de quitter un endroit où il s'ennuie, parce qu'il n'est pas amoureux. Charles paye généreusement les villageois qui lui ont donné un asile, et, suivi de son petit jockey, il prend le chemin de la ferme.

Les voyageurs, après avoir fait galoper leurs chevaux le plus qu'ils ont pu, arrivent à la nuit tombante à Bondy. De là à la ferme il n'y a pas loin. On était à la fin de l'automne, le temps était sombre, une pluie abondante avait transpercé les deux jeunes gens. Le pauvre Baptiste tremblait de froid sur son cheval, ses vêtements étaient imbibés d'eau; mais Charles n'avait voulu s'arrêter nulle part, tant il avait hâte d'arriver. Il cherche à ranimer le courage de Baptiste. — Allons

encore un moment, et tu te réchaufferas à la ferme. — Ma foi, monsieur, vous n'êtes guère en meilleur état que moi; cette maudite pluie qui gèle en tombant doit vous faire trembler aussi!... — Moi, Baptiste, je n'y pense pas. — Vous êtes bien heureux, monsieur!... Ah! mais j'oubliais que vous êtes amoureux, et que cela garantit du froid! — M. Baptiste plaisante. — Non, monsieur, oh! je ne suis pas en train de rire, je vous assure.

Tout en causant, les voyageurs sont arrivés dans la plaine où est située la ferme; mais la nuit est obscure, et la pluie continue à tomber.

— Baptiste, vois-tu de la lumière quelque part? — Ah! mon Dieu non, monsieur, je ne vois rien du tout. — C'est singulier!..... nous devons cependant être tout proche de la ferme. — Nous nous sommes peut-être perdus, monsieur..... — Oh! que non! — Il ne manquerait plus que cela pour nous achever! — Malgré l'obscurité, je reconnais ce site..... ce tronc d'arbre..... la ferme doit être en face de nous..... avançons.

Ils avançaient toujours, et ne voyaient rien, n'apercevaient aucune lumière. — C'est singulier! disait Charles. — C'est désagréable! disait Baptiste.

A force de tâtonner, Charles se trouve arrêté par un vieux pan de mur. — Baptiste, quelque chose? — Monsieur, je ne sens que la pluie qui me perce les os. — Nous sommes devant les débris d'une habitation. — Vous croyez, monsieur?... — Tiens, suis-moi.

Charles suit le mur, qui le guide; bientôt ils sont au milieu des décombres; les chevaux, arrêtés par des amas de pierres, ne peuvent aller plus avant; tout annonce qu'on est sur les débris d'une habitation. Charles est frappé d'une terrible idée : il examine avec effroi les ruines qui l'entourent. — C'est ici, s'écrie-t-il, c'est ici que s'élevait la ferme de Jean; c'est ici que j'ai laissé Georgette... O mon Dieu, a-t-elle péri victime de cet affreux désastre?

Enlèvement de Georgette par Lafleur et incendie de la ferme.

Quoi, monsieur, vous croyez que nous sommes à la ferme? — Oui, Baptiste... c'est sur ses ruines que nous marchons! — Ah! mon Dieu, monsieur, qu'est-il donc arrivé pendant notre absence? — Je l'ignore! je ne sais quelle conjecture tirer de cet événement!... je n'ose me fixer à aucune idée!... toutes sont affreuses!... Ah! Georgette! et vous, bonne Thérèse! qu'êtes-vous devenues?... Je suis anéanti, Baptiste!... — Et moi, monsieur, je suis pétrifié!

Tout entier à ses sombres pensées, craignant et désirant d'apprendre ce qui est arrivé, Charles demeure immobile au milieu des ruines; le froid, la fatigue, la pluie qui tombe par torrents, rien ne peut le tirer de ses sombres réflexions. Baptiste soupire, n'ose parler, et regarde son maître, dont l'état l'afflige. Cependant le petit bonhomme trouve fort désagréable de passer la nuit en pleine campagne par le temps qu'il fait. Les débris de muraille qui les entourent ne les garantissent pas de l'averse; leur situation devient trop pénible, Baptiste se décide à prendre un parti.

— Monsieur, est-ce que votre intention est de rester là? — Où veux-tu que nous allions maintenant, mon pauvre Baptiste?... — Ma foi, monsieur, n'importe en quel endroit, nous y serons toujours mieux qu'ici. Nous ne pouvons passer la nuit au milieu de ces décombres; d'ailleurs, mon cher maître, qu'y gagnerez-vous? Ce n'est pas en restant là que vous saurez ce que mademoiselle Georgette est devenue. Pourquoi vous abandonner à la douleur? rien ne prouve qu'elle ait été enveloppée dans ce désastre; et peut-être nous donnera-t-on des renseignements sur elle dans le premier endroit où nous nous arrêterons. — Tu as raison, mon ami, tu me rends à l'espérance. Quittons ces lieux, jadis témoins de mon bonheur, et qui n'offrent plus que l'image de la destruction!

Baptiste ne se fait pas prier pour quitter les ruines; il pousse son cheval, il trotte devant son maître, et le guide dans la campagne. Mais, au milieu de la nuit, comment trouver une asile?... Le ciel a pitié d'eux, il les dirige vers une petite lumière. Baptiste tressaille de plaisir en l'apercevant; il fait part à Charles de cette heureuse découverte. On presse les chevaux, qui n'ont plus que la force d'aller jusqu'à la petite chaumière d'où partait la lumière qui guide les voyageurs.

On frappe à la porte de la chaumière. — Qui est là? demande une voix grêle et tremblante. — Ouvrez, par grâce, répond Charles, vous rendrez la vie à deux voyageurs qui sauront vous prouver leur reconnaissance.

A peine a-t-il achevé de parler, qu'on ouvre une fenêtre : une femme paraît et s'écrie : — Il m'a semblé reconnaître cette voix... — Grand Dieu! dit Charles, — c'est Ursule!... — Eh! c'est monsieur Charles!... Attendez... attendez... je vais vous rejoindre.

Ursule descend, Baptiste se félicite d'avoir trouvé un asile, Charles est vivement agité : il va savoir ce qu'est devenue Georgette, il va la voir peut-être... Ursule paraît enfin; elle embrasse Charles; et pendant que Baptiste attache les chevaux sous un hangar, la vieille fait entrer le jeune homme dans la chaumière. — Venez, lui dit-elle, — venez voir ma pauvre maîtresse... Hélas! je n'avais plus d'espoir qu'en vous!... mais j'étais bien sûre, moi, que vous reviendriez.

Les paroles d'Ursule font pressentir à Charles une partie de son malheur : il suit la vieille en tremblant; ils entrent dans une petite chambre, où, assise auprès d'un âtre à peine échauffé, Thérèse est occupée à filer. Elle se lève, court embrasser Charles en pleurant. Le jeune homme jette autour de lui des regards inquiets, mais en vain il cherche Georgette?... — Hélas! dit la fermière, qui devine sa pensée, — elle m'a encore abandonnée.

Charles est accablé, il n'a pas la force d'en demander davantage. Tenez, monsieur, dit Ursule, — c'te demoiselle-là ne vaut pas la peine que l'on se chagrine autant pour elle que vous le faites. Si vous l'aviez toujours aussi bien jugée que moi, vous n'y auriez pas été pris deux fois. C'qui est le plus désolant dans tout ça, c'est l'incendie de la ferme, et c'est encore à mamzelle Georgette que nous devons ça, car il semble qu'elle soit née pour faire le malheur de tout ce qui l'entoure!...

Ursule fait à Charles le récit de ce qui s'est passé depuis son départ. Nous savons qu'en montant en voiture avec notre héroïne, Lafleur avait remarqué les progrès du feu, et s'était hâté de s'éloigner, en voyant les suites de son imprudence.

Son artifice avait en effet causé tout le mal; la mèche qui devait faire partir les fusées avait, sur son chemin, mis le feu au bois sec qui remplissait le bûcher; bientôt tout devint la proie des flammes. Les garçons de ferme, que le bruit de la détonation avait frappés de terreur, s'enfuyaient, croyant avoir le diable à leurs trousses, et sans remarquer l'incendie qui se communiquait à toutes les parties du bâtiment. En vain Ursule voulait les arrêter, en lui criant de venir au secours de leur pauvre maîtresse; les villageois étaient trop effrayés par l'explosion, qu'ils croyaient surnaturelle, pour écouter les cris d'Ursule. La pauvre servante retourne seule vers sa maîtresse; elle l'aide à se sauver de sa chambre, que le feu commençait à atteindre. Les deux femmes appellent, courent dans la campagne; mais à minuit, dans un endroit éloigné de toute habitation, où trouver des secours?... Leurs cris sont inutiles, déjà il n'y a plus moyen d'arrêter les progrès du feu.

Voyant que c'est en vain qu'elle implore la Providence, la malheureuse Thérèse s'assied au pied d'un arbre en face de la ferme, et de là elle contemple les ravages de l'incendie, et voit disparaître en peu de temps, et sans pouvoir s'y opposer, l'asile où elle a passé une partie de son existence, où elle espérait trouver le repos dans sa vieillesse, et dont la perte va la réduire à la mendicité.

Le temps des moissons était passé : tous les greniers de la ferme étaient remplis de grains, et tout devint la proie des flammes. Il ne resta rien à la pauvre Thérèse, que le souvenir du bien qu'elle avait fait; triste ressource dans l'indigence! car il ne faut jamais compter sur la reconnaissance de ceux qu'on a obligés.

Cependant les habitants de Bondy étaient humains : en apprenant le malheur arrivé à la fermière, ils s'empressèrent de se cotiser pour lui procurer un asile et de quoi subsister. Les villageois trouvèrent au point du jour Thérèse assise près d'Ursule, et contemplant d'un œil morne les débris de son habitation. La fermière reçut sans rougir les dons des paysans, leur conduite ne l'étonna pas : à leur place elle en eût fait autant.

Ursule ne voulut pas quitter sa pauvre maîtresse, et travailla sans relâche de l'aider. Pour Ursule la reconnaissance était un plaisir.

Charles écoute sans l'interrompre le récit de la bonne vieille; il est accablé, il perd de nouveau toutes les illusions qui ont trompé son cœur. Mais bientôt il sort de cet état de stupeur; la jalousie, le dépit, la fureur s'emparent de ses sens. Il jure de se venger de l'infidèle; il veut la poursuivre partout, lui reprocher son inconduite, les désordres, et l'abandonner ensuite pour jamais; mais il veut qu'elle sache qu'il la hait, qu'il la méprise autant qu'il l'avait aimée.

Le pauvre jeune homme n'était pas en état de supporter tant de secousses réitérées; la fatigue qu'il avait endurée, la nuit qu'il avait passée entièrement exposé à l'orage avaient enflammé son sang. Le jour même de son arrivée dans la chaumière de Thérèse, Charles, atteint d'une fièvre ardente, fut forcé de se mettre au lit, où une maladie grave, causée par la réunion des douleurs physiques et morales, ne tarda pas à mettre ses jours en danger.

Le délire le plus violent se manifesta. Thérèse et Ursule prodiguèrent au malade les plus tendres soins. Baptiste courut au village chercher un médecin.

Mais, par malheur, le petit jockey, ne sachant où s'adresser, et impatient de procurer des secours à son maître, alla chez le barbier pour savoir la demeure d'un esculape. Ce barbier était aussi médecin, à ce qu'il croyait du moins, et il en savait assez, dans le village, pour panser une blessure, faire une saignée, ordonner une tisane, arracher une dent, composer des pilules, et enterrer son malade tout comme un autre.

Le barbier, persuadé de son mérite, se garde bien d'enseigner au jockey où loge le médecin de l'endroit : il fait croire au petit bonhomme que c'est lui seul qui soigne dans tout l'arrondissement, et, s'emparant aussitôt de ses lancettes, rasoirs, grattoirs et pilules (qui guérissent toutes les maladies), il suit Baptiste en l'assurant que bientôt la situation de son maître aura changé.

On arrive à la chaumière. Le barbier examine Charles, et déclare qu'il a trop de sang, que la violence de la fièvre est causée par l'oppression des organes; que les fibres qui correspondent au cerveau sont tellement tendues, que la tête du malade est en danger de sauter; qu'il y aurait frénésie, folie, hémorragie si l'on n'y mettait ordre, et que, pour remédier à cela, il faut appliquer au malade soixante sangsues entre les cuisses et les reins.

Il faut dire que, pour le malheur de Charles, le barbier, dans son dernier voyage à Paris, avait fait provision de sangsues, qu'il croyait placer avec bénéfice dans son endroit. Mais, malgré ses ordonnances, ses discours et sa rhétorique, les villageois avaient une telle aversion pour les petites bêtes, qu'il ne put réussir à en vendre une seule. Il faut donc attribuer à cette cause l'empressement du barbier à placer sa marchandise sur le postérieur du premier étranger malade que la Providence lui envoyait.

Grâce à cet ingénieux remède, Charles n'eut bientôt plus la force de bouger; à la vérité, le délire l'avait quitté, mais le nouveau médecin faisait parade de son savoir. — Mais, disait Ursule au barbier, ce jeune homme n'a plus que le souffle. — Eh! qu'est-ce que cela fait, si ce souffle est bon, s'il ne lui reste rien d'impur? — Mais, monsieur le docteur, il a perdu toutes ses forces. — Tant mieux, c'est que la fièvre l'a quitté. — A peine s'il peut parler! — Je n'en entends sa voix!... — Bon! preuve que ses organes n'ont plus d'irritation. — Mais ses yeux sont éteints. — Bravo! c'est que la folie ne les anime plus. — Avec tout ça, il me semble qu'il n'est pas bien!... — Il est comme il doit être. — Il paraît n'avoir pas deux jours à vivre. — Je ne vous assure pas qu'il en revienne, mais s'il meurt, il mourra entièrement guéri. — V'là une belle consolation! autant vaudrait qu'il vécût malade!... — Qu'il vécût malade!... bonne femme!... que dites-vous là!... que deviendrait ma réputation!... mais, rassurez-vous, ce jeune homme n'est pas encore mort, et nous lui appliquerons ce soir trois douzaines de sangsues au bas-ventre; si cela ne réussit pas, nous ferons usage des ventouses; c'est un remède nouveau fort à la mode. Je ne sais pas de quel pays cela nous vient, mais il faut convenir que cela est bien joli!... quarante pointes de lancettes qui vous entrent au même moment dans la chair, et vous dessinent le corps de mille manières différentes! vous êtes tatoué comme un prince caraïbe! — Ah, mon Dieu! quarante blessures à la fois!... — Cela ne fait pas de mal; je viens d'ailleurs de composer moi-même l'instrument nécessaire avec tous les morceaux de rasoirs cassés que j'ai pu réunir, et je ne serai pas fâché d'en faire l'essai sur mon malade.

Pendant que Charles gisait mourant au fond d'une chaumière, sa famille se livrait à la joie : Dumont, en revenant au château, avait assuré à madame de Merville que sous peu de jours elle reverrait son fils, et que la lettre avait produit tout l'effet qu'elle en attendait.

— Que je vais être heureuse! s'écriait madame de Merville, mon fils ne me quittera plus!... Ma chère Alexandrine! tu vas voir mon Charles, tu jugeras qu'il est bien digne d'être aimé!

Mademoiselle Alexandrine souriait, parce qu'on lui avait dit que

M. Charles était fort joli garçon, et qu'à seize ans on tient à ces bagatelles-là.

Cette jeune personne était la future épouse dont madame de Merville avait parlé à son fils dans sa lettre. Alexandrine était la fille du voisin avec lequel M. de Merville passait une partie de son temps.

M. de Saint-Ursain était un bon homme ; il avait, ce que beaucoup de gens n'ont pas, la complaisance d'écouter patiemment des choses qu'on lui avait déjà racontées, et qui ne l'intéressaient pas. M. de Merville, avec sa manière de voir, faisait souvent de longs discours sur la difficulté de trouver un second soi-même ; le voisin écoutait tranquillement le bavardage du marquis, et celui-ci ne pouvait plus se passer de M. de Saint-Ursain.

Mais mademoiselle Alexandrine, que n'amusaient pas les discours de M. de Merville, s'ennuyait dans le grand château de son père. A seize ans, être seule une grande partie du jour, cela est bien triste ; heureusement pour la jeune personne, que madame de Merville, découvrant les aimables qualités d'Alexandrine, pria son père de la lui confier pour quelque temps. Bientôt l'amitié la plus sincère réunit deux cœurs faits pour s'entendre.

Alexandrine avait tout ce qu'il faut pour charmer, et joignait aux dons de la nature les qualités du cœur. Charles ne devait pas demeurer insensible près de tant d'attraits : des yeux charmants, dont l'éclat était tempéré par des cils d'ébène, une bouche gracieuse, des cheveux d'un blond cendré, qui bouclaient naturellement sur un front majestueux, une taille agréable, des formes ravissantes, voilà quelle était Alexandrine, que madame de Merville brûlait du désir de nommer sa fille.

Mais notre jeune amoureux ne songeait guère alors à se marier. Pâle et sans mouvement, il n'était plus que le fantôme de lui-même. Le fidèle Baptiste, assis à côté du lit de son maître, remarquait en silence le changement effrayant qui depuis quelques jours s'était fait dans tous les traits de Charles. — Oh, maudit médecin de barbe !... s'écriait par moment le petit jockey, c'est toi qui, avec tes maudites sangsues, as mis mon maître dans cet état !... Mais prends garde !... si M. Charles meurt, je t'assomme.

Dans ce moment, le barbier entre dans la chambre du malade. Il s'approche du lit. — Comment va votre maître ? — Mal ! — Voyons... Effectivement... le pouls a de l'irritation, le teint est enflammé... Il y a pléthore !... le sang fait hématose... Nous allons appliquer les ventouses, et cela sera fini.

Baptiste, en entendant parler de ventouses, croit qu'il ne s'agit que de donner de l'air au malade, et ne s'y oppose pas. Mais quand il voit le barbier tirer de sa poche un long instrument enrichi de lames aiguës, et avec cette machine diabolique se disposer à larder le corps de son malade, le petit jockey entre en fureur et s'élance entre son maître et le barbier.

— Je n'ai pas besoin de votre aide, jeune homme, dit tranquillement le barbier se méprenant sur l'intention de Baptiste. — Mon aide !... bien loin de vous aider, je vous défends de toucher mon pauvre maître avec votre machine infernale ! — Vous me défendez, vous !..., petit ignare !... — Oui, moi ; vous voulez tuer mon maître !... — Imbécile !... je vais le guérir, et pour cela je le ventouser. — Vous ne le ventouserez pas. — Je le ventouserai.

Le barbier s'entête, Baptiste ne quitte pas la place. Notre esculape, qui voit qu'il n'a qu'un adolescent à combattre, veut mettre le jockey à la porte ; mais Baptiste devient un lion : il pousse le barbier si rudement, qu'il l'envoie rouler contre un buffet ; la perruque du docteur s'accroche à un saladier plein d'œufs ; le saladier tombe, les œufs roulent et se cassent sur le nez, les yeux et les joues du docteur. Il se relève furieux, la tête comme un Enfant-Jésus, et le visage comme une omelette.

Baptiste l'attendait de pied ferme, armé d'une cruche et d'un manche à balai. Le docteur se jette bravement sur son ennemi ; celui-ci le rosse, le pousse, le bourre, et, en le faisant toujours reculer, le fait tomber dans le coffre où Ursule avait mis la provision de farine. Le barbier se débat, et bientôt pousse des cris de fureur ; la farine s'était collée sur les œufs, et avait formé une pâte sur le visage et les yeux de notre homme, qui ne voyait plus clair.

Baptiste, en homme généreux, retire son adversaire vaincu du coffre à la farine ; il lui met dans la poche le prix de ses visites et de ses sangsues, puis, le menant hors de la chaumière, il appelle un petit paysan, afin qu'il reconduise le barbier aveugle à sa demeure. Le pauvre barbier, honteux et confus, traverse le village avec sa crêpe sur la figure, escorté par tous les manants du pays, et jurant, mais un peu tard, qu'il ne ventousera plus personne.

Grâce à cet événement, le barbier ne revint plus à la chaumière, et abandonna son malade. La nature triompha des sangsues, et, après une longue convalescence, Charles recouvra la santé.

Charles avait passé deux mois dans la chaumière ; ce ne fut qu'au bout de ce temps que ses forces lui permirent de la quitter.

Charles avait conservé de sa maladie une secrète mélancolie qui annonçait que son cœur n'était pas aussi bien guéri que sa personne. Baptiste n'osait questionner son maître ; cependant, en lui annonçant que tout était disposé pour le départ, il lui rappela qu'on les attendait au château depuis longtemps. Charles ne répondit rien. Il fit ses adieux

à celles qui avaient eu pour lui les plus tendres soins, et força Thérèse d'accepter une bourse renfermant une somme assez forte pour la garantir de la misère pendant le reste de ses jours.

Lorsqu'ils furent en pleine campagne, Baptiste fit trotter son cheval derrière celui de son maître, attendant avec impatience qu'il prît la route de la Lorraine ; mais il fut bien désappointé en voyant Charles tourner bride, et se diriger vers Paris.

— Allons, dit tout bas le petit jockey, il n'y a plus d'espérance de le guérir, il est ensorcelé.

Lafleur change de manières avec Georgette lorsqu'ils entrent dans l'hôtel dont elle va prendre possession.

— Place, place à madame de Rosambeau ! s'écrie-t-il en faisant dans la cour un tapage d'enfer. Georgette, qui ne voit personne, ne sait pas pourquoi il crie qu'on lui fasse place ; mais bientôt les domestiques, éveillés par les cris de Lafleur, accourent présenter leurs devoirs à leur maîtresse, qui arrive à demi vêtue ; mais qu'importe ! il est présumable qu'elle vient du bal. Les subalternes ne s'inquiètent pas de ce qu'a fait madame avant d'avoir un hôtel, un carrosse et des laquais.

Georgette, qui a pris chaud (on se rappelle dans quel désordre elle a quitté la ferme), demande à voir son appartement. Lafleur conduit madame dans une enfilade de pièces, toutes fort élégantes ; on s'arrête dans un boudoir délicieux, où paraît une jeune fille de vingt ans, au minois chiffonné, au regard fripon : c'est la femme de chambre de madame.

— Je vous présente mademoiselle Rose, dit Lafleur à Georgette, c'est une fille d'un rare mérite ; elle sait tout ce qu'on peut savoir à son âge : elle coiffe fort bien, conte très-joliment l'anecdote du jour ; elle est vive, alerte, discrète ; elle sait tromper un jaloux, protéger un amant, calomnier une rivale, filer une intrigue, glisser un billet doux ; enfin, elle est propre à tout. J'espère, madame, qu'elle vous conviendra parfaitement.

Georgette sourit à mademoiselle Rose, qui lui fait une jolie petite révérence et se retire.

— Maintenant, madame, continue Lafleur, car je ne dois plus vous nommer autrement, vous êtes chez vous. Je vais aller rejoindre mon maître, qui est, j'en suis certain, bien curieux de savoir le résultat de mon voyage. Le pauvre homme va être enchanté !... Attendez-vous à le voir ce soir. — Quoi ! Lafleur, si vite que cela ? - - Mais, à son âge, on n'a pas de temps à perdre. — Eh ! que lui dirai-je ? — Ma foi, tout ce que vous voudrez ; une femme est-elle jamais embarrassée dans un galant tête à-tête ?... Vous vous en amuserez. — Pour m'en amuser, passe ; mais son amour... — Parbleu ! un amant de soixante ans n'est-il pas bien redoutable ?... Ces messieurs la font les roués en société ; ils affectent un langage libertin, des manières lestes, et veulent se faire passer pour d'aimables polissons !... mais dans le tête-à-tête, ils ne sont pas reconnaissables. — Leur opposer de la résistance, avoir l'air de les craindre, voilà tout ce qu'il leur faut, et ce serait leur jouer un mauvais tour que de leur céder. Mais les femmes sont trop de pénétration pour cela ; il faudrait être bien méchant ou bien innocente pour les mettre à l'épreuve. — Allons, tu me rassures, Lafleur ; mais cet enfant... — Nous n'en sommes pas là ! d'ailleurs je vous ai entourée de gens sur lesquels vous pouvez compter. Soyez donc sans inquiétude ; vous êtes jolie, je vous protège ; mon maître est sot, votre femme de chambre est rusée : avec tout cela on peut braver les événements.

Georgette, restée seule, admire son hôtel, ses meubles, ses parures ; forme mille projets charmants. Elle oublie le passé, et ne s'occupe pas de l'avenir : c'est ordinairement le moyen d'être heureux.

Suivons Lafleur chez son maître. Luderiche s'empresse d'ouvrir à l'homme de confiance, qui, après avoir vu le chien, le singe et le perroquet, parvient enfin près de son maître.

Un clair-obscur règne dans cet asile du mystère. Lafleur, marchant sur la pointe des pieds, approche d'un lit à estrade orné de rideaux de taffetas rose et de franges d'argent. De petits Amours, tenant des guirlandes de fleurs, sont placés au-dessus d'une glace qui termine et répète le tableau. Malheureusement, M. de Lacaille ressemble plutôt à un marmiton qu'à un Amour, et les Zéphyrs qui l'entourent forment un contraste grotesque avec lui.

Lafleur aperçoit son maître enterré sous des oreillers et des couvertures. Un ronflement non interrompu prouve à Lafleur que M. de Lacaille ne l'a pas entendu entrer ; mais, sûr du plaisir qu'il va causer à son maître, il se décide à l'éveiller. De Lacaille se vantait d'avoir le sommeil extrêmement léger ; cependant les croquignoles que Lafleur lui administre sur le nez ne peuvent le tirer de son assoupissement ; le zélé domestique se voit forcé de le bourrer de coups de poing dans le dos : enfin, de Lacaille ouvre les yeux, étend les bras, et aperçoit Lafleur ; ce qui le réveille tout à fait.

Enchanté de revoir son messager d'amour, de Lacaille se lève sur son séant. Lafleur s'excuse d'avoir troublé le repos de son maître, mais la nouvelle qu'il apporte ne devait point éprouver de retard.

Ce début comble de joie notre vieil amoureux. Lafleur lui conte comment, après bien des peines, des événements et des obstacles insurmontables pour tout autre, il est parvenu à conduire à Paris la charmante Georgette, qui, sous le nom de madame de Rosambeau, attend dans l'hôtel qui lui est destiné, que son vainqueur, le séduisant Lacaille, vienne lui jurer amour et fidélité.

De Lacaille est transporté de joie; son ivresse est à son comble. Il se roule dans son lit; il ne peut plus rester en repos, et saute en chemise dans sa chambre, ce qui laisse à Lafleur la faculté de juger que Georgette ne courra pas de grands dangers dans un tête-à-tête, à moins que l'Amour ne fasse des miracles.

M. de Lacaille veut s'habiller de suite; en vain Lafleur lui fait observer que madame de Rosambeau, ayant voyagé tout la nuit, doit avoir besoin de repos, et qu'il ne peut la voir si matin : le vieux fou n'écoute rien; mais sa toilette, devant être portée à la perfection, durera au moins toute la matinée, et cela rassure Lafleur.

Rien n'est oublié pour faire de de Lacaille le petit-maître le plus soigné. Les valets ne savent où donner de la tête, tant leur maître devient pétulant. Les peaux de lapin, les corsets, le blanc, le noir; les boucles à l'enfant vont leur train. La culotte collante est passée, mais il faut la monter encore. Lafleur travaille avec deux jockeys pour faire entrer dedans, le ventre et le derrière de son maître; déjà de Lacaille voit se dessiner des formes qu'il croit séduisantes; mais crac!... en respirant il fait peter l'étoffe; les boutons sautent, les bretelles cassent... et l'illusion est détruite.

De Lacaille s'emporte contre le tailleur, n'osant pas jurer contre la grosseur de son postérieur.

— Ces coquins-là ne savent pas coudre un bâton! — C'est vrai, monsieur!... — Lafleur, donne moi mon pantalon de tricot teton-de-Vénus; je m'en contenterai, puisqu'il le faut. — Ah! monsieur, il vous va comme un ange... il vous prend bien; vous avez l'air d'un jouteur! — Trouves-tu?... Allons, je le garderai.

Enfin la toilette est terminée, et M. de Lacaille, pouvant à peine marcher, tant son pantalon est collant, et se tenant difficilement sur des bottes à la hussarde dont les talons ont trois pouces de haut, se dirige, en faisant le joli cœur, vers la demeure de sa divinité.

Il était une heure de l'après-midi. Georgette était encore dans son lit. Rose accourt lui annoncer qu'un monsieur veut lui parler.

— Quoi! déjà? — Ah, madame! si vous saviez quelle drôle de tournure!... — Je devine qui c'est. — Je vais dire que vous êtes encore au lit et que vous ne pouvez le recevoir. — Non, Rose, il faut que je le voie tôt ou tard, j'aime autant m'en débarrasser de suite... Rose, tu te tiendras prête à paraître dès que je sonnerai. — Oui, madame. — Va dire à M. de Lacaille qu'il peut entrer.

Rose va chercher le jeune amphitryon. Pendant ce temps, Georgette, étendue sur son lit, prend la position qui dessine le mieux ses formes séduisantes; elle chiffonne avec grâce le bonnet qui serre une partie de ses cheveux. A quoi bon, dira-t-on, ces apprêts pour M. de Lacaille?... Eh, qu'importe qui ce puisse être, une femme veut toujours paraître jolie, toujours plaire, même à celui qu'elle ne veut pas aimer.

De Lacaille est introduit, Rose se retire. La vue du lit où repose sa belle cause à notre amoureux une telle émotion, qu'il reste au milieu de la chambre sans oser avancer. Georgette, qui croit qu'il n'ose faire du bruit, soulève son rideau et l'aperçoit immobile, la bouche ouverte, une jambe en l'air, et l'œil presque enflammé; elle ne peut alors retenir de longs éclats de rire. De Lacaille recouvre la parole :

— Pardon, belle dame, si... — Ah! ah! ah! — L'émotion que la vue de vos charmes dont ce demi-jour relève encore la... — Ah! ah! — Enfin, belle dame... il n'est pas étonnant que je reste court en voyant tant d'appas.

Le pauvre de Lacaille était si troublé, qu'il ne savait plus ce qu'il disait. Georgette eut pitié de son embarras, et modéra sa gaieté.

— Eh bien, monsieur, vous n'avancez pas... est-ce que je vous fais peur? — Ah, belle dame! de quoi aurait-on peur avec vous?

De Lacaille, enchanté de cette pointe, retrouve sa présence d'esprit. Il s'approche en sautillant et s'assied contre le lit de Georgette.

— Je crains, belle dame, d'avoir troublé votre repos, et de m'être présenté trop matin. — On ne saurait, monsieur, avoir un réveil plus agréable.

Ici de Lacaille se frotte le menton de plaisir, et ne voit pas qu'il enlève une partie du blanc qui couvre sa figure. Georgette se mord les lèvres pour ne pas éclater.

— Oserais-je vous demander, belle dame, comment vous avez trouvé cet hôtel? — Superbe! tout ce qu'il renferme est du dernier goût! — Je le crois bien! cela m'a coûté assez cher!... mais j'ai toujours aimé à faire des folies!... — La jeunesse n'a qu'un temps! — C'est vrai, je n'ai jamais su modérer mes passions! — On s'en aperçoit en vous voyant! — Trop bonne, en vérité. — Ce n'est pas à votre âge que l'on se corrige. — C'est ce qu'on m'a dit cent fois. — La raison est bien faible quand on a le cœur tendre! — J'ai toujours été tendre... je sens, belle dame, que je le suis davantage près de vous. Vos yeux sont les étincelles du flambeau de l'Amour!... — Ah! monsieur, vous êtes trop galant!...

De Lacaille veut respirer pour achever de prouver sa tendresse;

mais, se rappelant de l'aventure de sa culotte, il se contient, et sa poitrine oppressée ne laisse échapper qu'un gémissement sourd qui effraie Georgette.

— Ah, monsieur! seriez-vous malade? — Je ne suis malade qu'auprès de vous, belle dame, et c'est un mal... pour un bien. — Je vous avoue que je ne comprends pas ce que vous voulez dire. — Je le crois bien... vos regards bouleversent mes idées. — Si mes yeux vous font perdre la raison, je vais les fermer. — N'en faites rien, de grâce!... d'ailleurs il ne serait plus temps!... (Nouveau gémissement) — Mais, en vérité, monsieur, vous étouffez, je crois? — Du tout!... ce sont des vents que j'ai dans l'estomac. — Vous êtes peut-être gêné dans vos habits? — Nullement, belle dame, nullement!

De Lacaille, pour faire voir qu'il n'est point gêné, s'agite sur sa chaise comme un possédé; il se tourne et se retourne si souvent, que la sueur découle de son front. Georgette se retourne aussi dans son lit, peur pas lui rire au nez. Chaque mouvement de la belle rieuse fait apercevoir à de Lacaille des formes enchanteresses, cela achève de l'échauffer; il s'empare d'une main fort blanche, et rapproche sa chaise du lit.

— Prenez garde, monsieur... vous allez glisser... ne vous penchez pas tant sur votre chaise... le parquet est tellement frotté!... — Je ne pourrais que faire une chute heureuse!... Belle dame, vous avez, m'a-t-on dit, quitté sans regret la campagne que vous habitiez. — Cela est vrai, monsieur, elle n'avait pas de charmes pour moi. — Ce séjour vous plaira-t-il davantage? — Sans doute! — Les plaisirs y naîtront sous vos pas ; je veux les fixer près de vous. Je ne mets à cela que quelques petites conditions... — Des conditions? — Bien légères! Lafleur a dû vous en instruire... — Il est des choses que l'on exprime mieux soi-même que par l'intervention d'un autre!...

La méchante veut pousser à bout le pauvre de Lacaille; celui-ci voit que c'est l'instant de faire sa déclaration, il tousse, soupire, se gratte l'oreille, arrange ses boucles, tend le jarret et regarde Georgette d'un air qu'il tâche de rendre plus que malin.

— Que pourrais-je vous dire, femme adorable, que vous n'ayez déjà deviné! mon cœur n'est plus à moi, je vous adore... compatissez à mes tourments!...

Lacaille, qui se sent en verve, presse avec force la main de sa belle, qui ne répond que par un rire continuel. Femme qui rit est bientôt vaincue. Notre amoureux sait cela par souvenir, il voit que l'instant est venu de triompher de sa conquête. Un amant de vingt ans l'aurait déjà fait, mais à soixante on va moins vite en besogn. De Lacaille conjure Georgette de mettre un terme à ses rigueurs, celle-ci n'avait pas l'air trop sévère, elle sourit avec malice à son timide amant... Pour le coup, il n'y a plus moyen de reculer : de Lacaille baise avec transport la main dont il s'est emparé... mais Georgette veut la retirer, et essayant de soustraire son bras aux baisers de son amant, elle laisse apercevoir un sein de neige bien capable d'augmenter le délire de l'entreprenant de Lacaille.

En effet, la vue de deux globes d'albâtre le met hors de lui. Il quitte sa chaise, il s'élance sur la pointe du pied contre le lit qui recèle tant de charmes; dans l'ardeur qui le consume, il veut baiser ce sein qui opère en lui des miracles. Georgette le repousse, mais il est devenu téméraire, il baise tout, même la chemise de la belle... enfin il va toucher ce que ses yeux dévorent... mais, ô malheur!... ainsi que le lui avait prédit Georgette, ses bottines glissent sur le parquet... il veut s'accrocher aux rideaux; il les arrache... il tombe lourdement aux pieds du lit, et sa tête disparaît dans un pot de chambre qui se trouve là pour compléter son infortune.

Georgette rit comme une folle; cependant voyant, au bout de quelques minutes, que M. de Lacaille reste sous le lit, et craignant qu'il ne lui soit arrivé quelque accident, elle sonne de toute sa force. Rose accourt. La vue de de Lacaille étendu devant le lit et cherchant à retirer sa tête du vase nocturne met en gaieté la jeune femme de chambre; elle n'a pas la force d'aider de Lacaille à se relever, et Georgette, qui s'aperçoit alors de la situation de son séducteur, mêle ses éclats de rire à ceux de Rose.

Mais enfin de Lacaille parvient à dégager sa figure. Il se relève. Georgette veut reprendre son sérieux; mais le visage décomposé du pauvre homme n'était pas fait pour modérer sa gaieté. De Lacaille, qui a besoin de se mettre dans un état plus décent, prend son chapeau, sa badine, et, affectant de rire lui-même du petit accident qui lui est arrivé, il va baiser la main de Georgette, lui annonce qu'il viendra la chercher ce soir dans sa voiture, et s'éloigne en se félicitant de son premier succès.

En voyant revenir son maître, Lafleur craint que la première entrevue n'ait été orageuse. Mais il est bientôt rassuré par la gaieté de M. de Lacaille.

— Mon cher Lafleur! je suis le plus heureux des hommes. — donne-moi de l'eau de lavande. — Oui, monsieur... en voilà... Il paraît que vos amours sont en bon chemin? — Oui, Lafleur, j'ai vu, j'ai plu, j'ai vaincu!... — Et vous êtes tombé, à ce qu'il me paraît? — Ce n'est rien. Quelle femme, mon ami!... — Cela sent d'une force!... — Que d'appas!... — Vous ne vous êtes pas blessé, monsieur? — Non, mon ami. Tout en elle est divin! ses yeux, sa bouche, son sein, ses... — Votre perruque a aussi. — Comme je la pressais!... — Faible.

ment cependant. — Comme elle se défendait avec mollesse!... — Votre nez est tout écor.hé! — Cette femme-là me fera tourner la tête. — Il faudra prendre du vulnéraire, monsieur.

Pendant que Lafleur se donne au diable pour deviner comment son maître peut revenir aussi satisfait dans un pareil état, madame de Rosambeau s'entretient avec Rose du personnage qui les a tant fait rire.

— Il faut convenir, dit Rose, que ce monsieur prend assez bien les choses. — Ah! Rose, il a glissé bien à propos. — Ah! madame, je vous plains si vous n'avez à craindre que de semblables amoureux. — Il en est, Rose, qu'on est forcée d'écouter. — Oh! sans doute... je comprends bien, madame, mais ceux-là n'empêchent pas d'en écouter d'autres. — Tu crois, Rose! — Certainement, madame; jeune et jolie comme vous l'êtes, vous ne manquerez pas d'adorateurs. — Vraiment, Rose, tu me trouves donc... — Charmante, madame, et mille fois trop belle pour ce vieux fou, qui mérite bien qu'on s'amuse à ses dépens. — Mais, Rose, la délicatesse... — A votre âge, madame, on ne doit écouter que son cœur; et je suis bien sûre que le vôtre ne vous parle pas en faveur du monsieur de tout à l'heure!... — Oh! non.

Georgette se lève, elle se mire devant une psyché, et Rose, en regardant la taille de sa maîtresse, croit s'apercevoir que le cœur de madame a déjà parlé en faveur de quelqu'un.

— Quelle heure est-il, Rose? — Trois heures, madame; c'est le moment de la promenade. Il fait une belle gelée, le temps est superbe, — Mais puis-je sortir seule? — Eh! pourquoi donc vous gêner? — Si ce monsieur de Lacaille s'en fâchait?... — Tant pis pour lui. Que vous êtes bonne!... On mène ces messieurs-là comme on veut; il ne s'agit que de les accoutumer dès le commencement à faire toutes vos volontés, et avoir une attaque de nerfs quand ils veulent trouver à redire à vos actions. — Je suivrai tes conseils, Rose. — Vous vous en trouverez bien, madame, je suis une fille instruite : Lafleur savait bien ce qu'il faisait en me plaçant près de madame. — Dans le siècle où nous sommes, les hommes sont si trompeurs, qu'il faut être bien fine pour les conduire!... mais quand une femme veut s'en donner la peine, elle est toujours certaine du succès Lafleur m'a dit que madame arrivait de la campagne : d'après cela, il est certaines choses que madame peut ignorer, et dont il est de mon devoir de l'instruire. — Oui, Rose, je suis encore bien ignorante, mais j'ai bonne envie de ne plus l'être. Dis-moi ce que tu penses des hommes de Paris. — Eh! ils sont de même partout : remplis d'amour-propre, d'égoïsme, d'inconstance. Ils veulent être heureux, voilà leur première loi; ils le sont souvent aux dépens des femmes trop sensibles ou trop faibles, qui ont la bonhomie de croire à leurs serments. Jaloux par amour-propre, plutôt que par amour, les hommes craignent d'être trompés parce que cela humilie leur vanité. Ils nous regardent tant que nous sommes jolies et que notre possession leur offre du plaisir; mais demain, si nous cessons d'être belles, ils cesseront de s'occuper de nous. Ils ont six maîtresses à la fois, parce qu'ils ne connaissent que le plaisir des sens, et qu'ils sont trop faibles pour résister à la plus légère agacerie; cependant ils veulent que nous n'ayons qu'un amant!... Mais nous connaissons leur faiblesse, et avec un peu de coquetterie, nous menons à la baguette ceux qui se croient les maîtres du monde.

Mademoiselle Rose avait étudié le cœur masculin; et Georgette, guidée par elle, et l'esprit imbu de ses préceptes, ne pouvait manquer d'aller loin.

Georgette se décide à sortir, mais elle emmène Rose : celle-ci lui a dit qu'il était du bon genre de sortir avec sa femme de chambre. Ainsi que l'avait prédit Rose, madame de Rosambeau est suivie, lorgnée, admirée; on fait foule autour d'elle. Notre jeune coquette est enchantée; jamais promenade ne l'a tant amusée.

On rentre à l'hôtel. Rose complimente sa maîtresse sur sa tournure et ses grâces, qui lui ont valu un triomphe complet, car un jeune militaire l'a suivie jusqu'à l'hôtel, et un élégant à lorgnon a glissé un billet dans la main de Rose.

— Un billet! s'écrie Georgette, sachons vite ce qu'il contient. On ouvre le billet : c'est à Rose qu'il est adressé.

« Ma chère amie, ta maîtresse est adorable, j'en raffole; fais-moi faire sa connaissance, ou je meurs. Je t'attends demain chez moi avec vingt-cinq louis et du chocolat. Folleville, rue d'Antin, n° 1. »

Le style est laconique, mais il promet. — Ce jeune homme est fou! dit Georgette; est-ce que tu iras chez lui, Rose? — Pourquoi pas, madame, que risqué-je?... Une femme de chambre bien apprise ne refuse pas un déjeuner et des marques de gratitude. Je cours maintenant chez notre portier demander ce que le jeune militaire lui a dit. — Mais, Rose, n'est-ce pas une imprudence de questionner cet homme? — Oh! ne craignez rien, madame, tous les domestiques vous sont dévoués; Lafleur les a choisis exprès : oh! vous êtes bien entourée!...

Rose descend, et remonte bientôt apprendre à sa maîtresse que le jeune officier a demandé au concierge comment se nommait madame, ce qu'elle faisait, si elle était mariée, etc. Le portier a répondu adroitement que madame était veuve, et arrivait de la campagne. Le jeune homme s'est éloigné, mais sans doute l'amour lui inspirera quelque moyen pour s'introduire chez la jolie veuve.

On était très-occupé de ces aventures, lorsque de Lacaille se présen-

senta; il était suivi de Lafleur, qui salua Georgette fort respectueusement.

— Je viens vous surprendre, belle dame, dit en s'avançant le Lovelace du Marais, je viens vous demander à dîner; et ce soir je vous mène dans un cercle brillant dont je ne doute point que vous ne fussiez les délices. — On ne peut, monsieur, me causer une surprise plus agréable.

De Lacaille sourit à cette réponse qui le charme, et l'on se met à table. Le dîner est gai, quoique monsieur et madame soient tête à tête; mais Georgette s'amusait de son convive, et celui-ci se croyait encore plus aimable que de coutume. Le champagne acheva de donner un libre essor à ses saillies. Echauffé par le vin, de Lacaille se permit de baiser la main de sa maîtresse; mais il n'alla pas plus loin : il n'était pas bonne à tenter deux fois dans le même jour de grandes entreprises.

Huit heures sonnent : on se lève de table, de Lacaille présente la main à madame de Rosambeau; on monte en voiture, et l'on part pour se rendre rue des Francs-Bourgeois.

CHAPITRE XXIV. — Soirée au Marais.

Le long de la route, de Lacaille a soin d'instruire sa belle qu'il la présente partout comme sa cousine, veuve d'un officier de mérite, et qu'il est important qu'elle ne contredise pas tout cela.

Georgette promet tout ce qu'on veut, car, tout en écoutant son compagnon, elle n'est occupée que de ses deux conquêtes du matin.

La voiture s'arrête devant un hôtel antique, dont le temps a noirci les murailles. Georgette entre dans une grande cour, d'où elle entend le son aigre d'un violon, sur lequel un amateur racle des contredanses.

— Il y a donc bal ici, monsieur? demande notre héroïne à son conducteur. — Oui, madame; c'est-à-dire n'est pas précisément un bal... parce que cela est sans prétention; nous nous réunissons ainsi tous les huit jours : les papas et les mamans jouent la bouillotte, le boston ou le reversi, tandis que nous autres jeunes gens nous sautons ou jouons à des petits jeux. Nous appelons cela une soirée agitée. Vous verrez : je suis certain que vous ne vous ennuierez pas. — Je suis fort curieuse de connaître vos soirées agitées.

Pendant ce dialogue, qui a lieu dans la cour, le portier crie à tue-tête pour appeler la domestique qui est chargée d'éclairer les arrivants. — Madame Godin!... madame Godin!... où est-elle donc passée?... elle était là il n'y a qu'un moment!... — Papa, elle court après son chat, qui est en chaleur, parce qu'elle a peur qu'il ne fasse des petits à madame Mirodon, qui l'a bien priée d'avoir l'œil sur lui. Je crois que je l'ai vue descendre à la cave. — Eh bien! va donc la chercher, Suzon; dis-lui qu'on l'attend pour annoncer chez madame de Vieux-Bois. — J'y vais, papa.

Pendant que madame Godin court après son chat et Suzon après madame Godin, Georgette, qui a froid dans la cour, demande à de Lacaille si l'on ne pourrait pas se passer de madame Godin pour entrer chez madame de Vieux-Bois. — Non, belle dame, cela est impossible, c'est elle qui annonce; nous ne pouvons point entrer sans être annoncés, cela serait manquer à l'étiquette, et l'on y tient beaucoup ici. — Mais, quand on va voir ses amis, pourquoi tant de cérémonies? — Belle dame, ce ne sont pas des amis que nous allons voir, et ici le décorum est de rigueur. — C'est différent, mais serai-je bien reçue, moi, monsieur, que l'on n'a point invitée, dans une maison où l'on est si sévère sur le cérémonial? — Oui, belle dame, vous avez des diamants, une mise de la dernière élégance, et, présentée par moi, vous pouvez compter sur un accueil flatteur. — Ainsi, quand même je ne dirais rien?... — Vous serez toujours fort aimable!... d'ailleurs vous avez voiture, cela suffit. — C'est fort commode pour certaines gens.

Suzon revient enfin avec madame Godin, qui tient son chat dans ses bras. — Ah! pardon, monsieur de Lacaille!... c'est ce libertin de Mouton qui me fera damner... Donnez-vous la peine de monter... Mouton, Mouton... ah! polisson, vous allez courir... Il y a bien longtemps qu'on n'a eu l'honneur de voir monsieur... Voulez-vous vous tenir, Mouton?... Je vous ferai couper, polisson!... Madame craignait que vous ne fussiez malade, monsieur... N'en libertin, vous ne vous en irez pas.

On arrive devant l'appartement. Madame Godin ouvre la porte du salon sans lâcher son chat, et, après avoir demandé le nom de Georgette, annonce M. de Lacaille et madame de Rosambeau.

L'aspect du cercle nombreux au milieu duquel elle se trouvait aurait pu embarrasser une jeune femme qui faisait son entrée dans le monde, surtout en remarquant le maintien roide des personnes de la société, qui se levèrent toutes avec un ordre parfait, saluèrent comme des marionnettes à ressorts, et reprirent leur place avec un flegme tragi-comique; mais Georgette n'était pas timide : voyant au premier coup d'œil le plaisir qu'elle goûterait dans un semblable réunion, elle se promit d'observer assez dans une soirée pour n'avoir pas besoin d'y venir une seconde fois.

Les parties n'étaient pas encore commencées. L'arrivée de Lacaille produisit une rumeur de satisfaction; il présenta avec assurance sa j une parente, madame de Rosambeau, qui fut accueillie avec distinction, et conduite à la place d'honneur, dans une immense bergère, à côté de la cheminée, ayant à ses pieds le petit chien de madame, qu'elle ne manqua pas de caresser et de trouver charmant, quoiqu'il ne sût que mordre et aboyer; mais Georgette avait déjà l'esprit de la société.

De Lacaille est bientôt entouré d'une foule de jeunes gens qui admirent la coupe de son habit, qui cache à peine ses fesses. Les jeunes demoiselles viennent lui demander s'il a pensé à chercher des proverbes nouveaux, et s'il a apporté sa petite flûte, pour accompagner l'amateur de première force qui joue la contredanse comme Weber.

Pendant que de Lacaille tenait tête à tout le monde, Georgette, ne connaissant personne, était forcée de s'en tenir au petit chien, et déjà les deux côtés de sa mâchoire étaient fatigués des bâillements qu'elle cachait sous son mouchoir, lorsque la maitresse de la maison, prenant la parole, proposa de varier les amusements.

— Allons, mesdemoiselles, allez-vous mettre en place. Est-ce que vous n'entendez pas M. de Sonzaigre qui donne le signal?

Effectivement, depuis un quart d'heure, l'amateur régalait la société de petits airs variés fort divertissants. Les jeunes personnes vont se ranger dans l'antichambre qui fait la salle de bal : attendant qu'il se présente des cavaliers. D'autres demoiselles, dédaignant le plaisir de la danse, bon, disent-elles, pour des enfants, et qui, à cet égard, ne leur convient nullement, s'emparent de l'alcôve de madame de Vieux-Bois, qu'elles transforment en théâtre; et, à l'aide de paravents qui servent de coulisses, se disposent à représenter un proverbe impromptu qu'on répète depuis six semaines.

Ceux qui ne se soucient pas de deviner la pièce forment des bouillottes et des bostons. Madame de Vieux-Bois propose à Georgette de faire quelque chose; mais celle-ci, qui ne joue point, la remercie en l'assurant que le tableau de sa charmante société l'amuse suffisamment.

Un monsieur d'une cinquantaine d'années, d'une physionomie spirituelle, mais un peu goguenarde, ayant le regard fin et moqueur, et qui depuis longtemps lorgnait madame de Rosambeau, vint alors se placer auprès d'elle. C'était un célibataire, curieux et tatillon, comme tous les vieux garçons. Il désirait lier conversation avec la jeune dame : Georgette, de son côté, n'était pas fâchée de trouver à qui parler.

— C'est la première fois que l'on a le plaisir de voir madame dans cette maison?... — Oui, monsieur. — C'est à M. de Lacaille que nous devons ce bonheur; je lui en ferai mes remercîments particuliers. Madame est sa parente? — Oui, monsieur. — Madame est veuve? — Oui, monsieur. — Veuve à votre âge, madame, et avec votre figure, on ne saurait l'être longtemps! — Vous êtes trop honnête, monsieur. — Vous habitez la campagne, ou la ville, madame? — Je suis à Paris depuis hier. — Ah! et comptez-vous vous y fixer? — Je le crois. — Je m'en félicite, madame, dans l'espoir que cela nous procurera quelquefois le plaisir de vous posséder dans nos petites réunions... — Mais vous voyez, monsieur, que je n'y suis pas d'une grande utilité... je ne joue ni proverbe ni boston. — Qu'importe! vous vous amuserez à regarder, à écouter. Je vous mettrai, si vous le permettez, au fait des aventures de la société : je vous apprendrai l'histoire d'une partie des personnes qui la composent.

Et, sans attendre la permission de madame de Rosambeau, M. Plinplan (c'est le nom de l'officieux voisin) se mit en devoir d'instruire Georgette de ce qu'il appelait la chronique du Marais.

— Tenez, voyez-vous ce monsieur qui joue à la bouillotte, dont la mise est un peu négligée, la redingote sale et la coiffure en désordre? c'est un juge au tribunal de police correctionnelle; le matin, il inflige des peines à ceux qui se conduisent mal dans le monde, le soir il perd au jeu son bien et celui de ses enfants. Il fait son va-tout à chaque coup. Lorsqu'on est longtemps sans le voir, on sait qu'il est sans argent.

Ce gros monsieur à face rubiconde tient tête pour jouer à celui dont nous parlions tout à l'heure, mais on peut juger par sa figure qu'il conserve de quoi bien dîner; je l'en félicite : tant qu'il n'en perdra pas l'appétit, il y aura de la ressource.

Voyez-vous cette dame qui fait la partie de ces messieurs? elle parle du nez tellement qu'on a peine à l'entendre; ses yeux sont un peu éraillés, ses dents un peu noires; sa peau est couperosée, son nez bourgeonné : la conduite de cette dame a été jadis fort dérangée... Et nous savons à quoi nous en tenir sur l'histoire de feu son mari, banquier, banqueroutier, si vous voulez, qui est mort à la Conciergerie pour avoir (soi-disant) gratté un pâté sur une lettre de change de cent mille francs; ce qui donna lieu à une affaire portée au criminel, dans laquelle on prétendit que le cher monsieur avait gratté un zéro au lieu d'un pâté... Mais il est mort! j'aime à le croire innocent. On reçoit la veuve, parce qu'elle joue continuellement. Je conviens que dans une société choisie on ne devrait point admettre cette femme-là; mais elle fait aller le flambeau, et cela mérite considération.

— Qu'entendez-vous par le flambeau, monsieur? je ne vous comprends pas. — Je le crois bien, madame : c'est une rétribution que la maitresse de la maison lève sur chaque joueur. Vous connaitrez cela plus tard... — Cela rapporte-t-il beaucoup? — Mais il y a des maisons qui ne vivent que du produit du flambeau, et qui trouvent le moyen de donner de grands dîners les jours de soirée.

— Vous m'étonnez, monsieur; je n'aurais pas cru que dans une réunion d'amis... — Ah! madame, on voit bien que vous arrivez de la campagne!... Ce n'est pas dans une réunion aussi nombreuse qu'il faut chercher l'amitié; vous n'y trouveriez que vanité, envie, jalousie et médisance. Chacun parle sur son voisin, chacun cherche à tourner en ridicule les défauts ou la mise des autres. On se dispute, on se querelle même au jeu. Madame une telle est de mauvaise humeur, parce qu'on s'occupe moins d'elle qu'à l'ordinaire; celle-ci fait remarquer que l'épouse de ce vieux notaire cause fort bas avec un jeune homme; celle-là trouve mal fait le chapeau de sa voisine, justement parce qu'il la coiffe bien. Cette jeune personne, assise dans un coin, vomit feu et flammes contre les jeunes gens d'à présent, et tout cela vient de ce qu'on ne l'invite pas à danser. Malgré tout cela, on ne se parle que le sourire sur les lèvres, on s'embrasse en se quittant, on s'appelle mon cher, ma bonne, ma petite.... — Ah, monsieur! quelle fausseté!... vous me feriez haïr la société. — Vous auriez tort, madame : quand on l'apprécie elle est amusante; c'est un spectacle varié où l'on voit à chaque instant des scènes fort originales. Mais continuons notre revue.

Ce petit monsieur en habit vert râpé, qui fait sa partie d'échecs, est un homme d'affaires; vous le voyez dans la même journée à la Bourse, au Palais-Royal, dans les différents ministères, et même devant les boutiques de caricatures. Causez avec lui, il va vous offrir de vous vendre une maison, une ferme, un château même; il a six cent mille francs à placer, des rentes à liquider, des recouvrements à effectuer, pour vingt mille écus de billets à escompter. Mais si l'on cause deux fois avec lui, on est certain que la seconde il a oublié sa bourse, et qu'il vous emprunte une pièce de cent sous.

Voyez-vous sur ce canapé, à côté de cette dame en gris... — Ce jeune homme maigre et jaune?... — Vous prenez cela pour un jeune homme! c'est une femme. — Une femme!... elle a toutes les manières d'un homme... — On assure qu'elle en a les goûts; elle ne se plaît qu'auprès de sa voisine, qu'elle regarde comme un amant regarderait sa maitresse!... Méfiez-vous de ces femmes qui veulent changer l'ordre de la nature; ce déguisement n'annonce pas des intentions pures. Mais comme dans le monde on s'habitue à tout, comme on y tolère journellement les vices les plus révoltants, depuis longtemps on ne parle plus de cet hermaphrodite.

Examinez cette grosse dame coiffée en cheveux avec des fleurs, des perles et des diamants, et qui, en jouant au boston, trouve moyen de faire à elle seule autant de bruit que le reste de la société; ses bras ont trois quarts de tour, son derrière fait gémir une large bergère qui peut à peine le supporter. Le mari de cette dame, bon homme dans toute la force du terme, a cependant eu l'esprit de s'enrichir. Mais on voit au ton de sa moitié, qu'elle n'a pas toujours vécu dans le grand monde; écoutez-la parler : elle appelle chacun mon cœur, mon chou, mon enfant, ou vilain Chinois : elle vous tutoiera après un quart d'heure de conversation.

A la même table vous voyez madame Dupont, dont le mari dort dans un fauteuil. Le cher homme n'aime que la bouillotte, mais sa femme lui a défendu d'y jouer; il n'ose pas la contrarier, car lorsqu'il est indocile en société, elle l'enferme chez lui; on assure même qu'elle lui donne le fouet; je ne l'affirme pas, parce que je n'entre point dans les querelles de ménage, et que je n'aime pas à me mêler des affaires des autres; mais ce qu'il y a de certain, c'est que madame Dupont porte les culottes.

Voyez-vous à la bouillotte cette dame qui donne sa place à son mari; dans cinq minutes vous verrez le mari donner sa place à sa femme, et vice versâ; ils passent leur soirée à faire ce petit manège; et, à force de petits charlemagnes, ils se retirent avec un bénéfice honnête.

Cette femme, jeune encore, qui se promène dans le salon, en étalant une gorge assez blanche, des épaules larges et un dos grassouillet, a la manie de vouloir faire des conquêtes : il n'est point d'homme ici qu'elle ne veuille subjuguer. Mais, malgré ses œillades, ses minauderies et ses grâces, elle commence à être délaissée. Nous savons par cœur son dos, sa gorge et ses reins, et cela ne fait plus que fort peu d'effet.

Cette petite dame en chapeau rose, au minois espiègle, au regard fin, n'était jadis qu'une petite jardinière; mais ce vieux procureur l'a épousée, et Dieu sait comme elle le mène!... Cependant il faut convenir qu'elle a déjà le ton de la bonne compagnie... on jurerait qu'elle a toujours vécu dans le monde! N'est-il pas vrai, madame!

Georgette répondit : — Oui, en rougissant. Elle sentait qu'il y avait beaucoup d'analogie entre elle et la petite jardinière. M. Plinp'an, sans remarquer son trouble, continua ses observations :

— Ce monsieur qui cause là-bas en se donnant un air d'importance est soi-disant un bel esprit. Il tranche, décide, fait le seigneur, parce qu'il a une petite campagne à Montmartre et une loge chez Doyen. Il parle sans cesse de son ami le sous-préfet! mais on le recherche parce qu'il fait des vers pour les dames, des chansonnettes pour les fêtes, et des quatrains pour les petits chiens. Je suis certain que dans ce moment il explique le proverbe à la société. Mais tournons nous vers cette scène impromptu, je vais vous en faire connaître quelques acteurs.

Cette dame en rose, qui joue une mère sensible, et se trouve mal parce que son enfant tombe sur le nez en jouant au colin-maillard, est mariée depuis dix ans ; mais , après trois mois d'hymen, son mari l'ayant surprise un matin dans son boudoir jouant je ne sais quelle scène avec ce petit monsieur brun que vous voyez là-bas, a jugé convenable de se séparer de sa trop sensible moitié : on a jeté feu et flamme contre le mari ; c'est un libertin, un brutal, un jaloux, un coureur de filles !... un monstre à qui l'on a sacrifié une vierge de quinze ans !... Les dames ont pris parti pour l'épouse abandonnée ; les hommes ont ri ; les gens sages n'ont rien dit ; mais au bout de quelque temps, la conduite de la jeune dame a tout à fait justifié le pauvre époux.

La personne qui entre en scène est une demoiselle de trente-six ans qui a déjà refusé plusieurs partis : elle veut un mari jeune, aimable, bien fait, spirituel, complaisant, et qui l'adore ! Je crains qu'elle ne reste fille. En attendant, elle joue avec beaucoup de vérité, dans les proverbes, les tantes, les gouvernantes, et ce que nous appelons les caractères.

Cette grande dame qui joue une petite niaise est à son sixième enfant : pas un ne ressemble à son mari ; mais en revanche, le dernier est tout le portrait du cousin de la dame, officier de hussards, très-joli garçon, et la terreur des maris de l'arrondissement.

Passons dans la salle où l'on danse. Vous connaissez maintenant aussi bien que moi les personnes qui composent la société de madame de Vieux-Bois. Celles dont je ne vous ai point parlé, c'est qu'il n'y a rien d'intéressant à en dire ; sans cela, je le saurais de la première main ; car je suis à l'affût des nouvelles, non pas que je sois méchant, ni que j'aime à dire du mal de quelqu'un !... bien au contraire ! mais je suis garçon, j'ai cinq mille livres de rente, et rien à faire, il faut bien s'amuser à quelque chose ; je me suis logé exprès en face d'une jolie femme qui reçoit beaucoup de monde. De mes croisées je vois tout ce qui se passe chez elle ; et comme je ne veux pas qu'elle s'en doute, ni avoir l'air d'un curieux, j'ai fait poser des jalousies à mes fenêtres ; je les tiens fermées, mais je vois fort bien , derrière , sans être vu, et je passe une partie de ma journée en observation avec une lunette d'approche. Ma voisine, qui ne se doute de rien, laisse souvent ses rideaux ouverts, de sorte que je vois tout ; et quelquefois je découvre des choses fort plaisantes !...

Georgette ne put s'empêcher de rire de la manière dont M. Plinplan passait son temps. Elle le suivit dans la salle du bal, parce que ses remarques l'amusaient.

L'amateur jouait du violon, de Lacaille soufflait dans sa petite flûte. On dansait une seule contredanse à vingt, faute de place pour en former deux. On se brouillait dans les figures ; M. Sonzaigre avait beau crier : En avant deux !... la queue du chat !... la gigue, la gigue donc !..., ce n'est pas cela... les dames à droite !... les dames vont à gauche, les cavaliers se mêlent, on s'embrouille, on ne se reconnaît plus, mais on va toujours.

— Quelle est, dit Georgette, cette dame blonde surchargée de fleurs, de gaze, et clinquant ? — Ce qu'elle est ! je ne saurais trop vous le dire. Elle danse avec une ardeur extrême ; elle a toujours avec elle cinq ou six jeunes gens, que sans doute elle veut former et lancer dans le monde. À la vérité, on ne lui voit pas trois fois le même cavalier, ce qui prouve qu'elle fait rapidement une éducation. — Et le mari ? — Mari inconnu ! on le dit à l'armée, cela est commode ; mais depuis le temps qu'il se bat, il doit être mort ou général.

Ce monsieur qui tend le jarret, arrondit les bras et se dessine tant qu'il peut, est le zéphyr d'ici. Personne ne rivalise avec lui pour la danse. Quand il commence la gavotte, vous entendriez voler une mouche ! on retient son haleine, tant on a peur de perdre le son d'un battement. C'est à qui l'aura pour danser la gavotte ; il fait les délices de nos soirées; il est de l'Athénée et de la Société des foldtres; l'été on va l'admirer au Ranelagh ou à Saint-Mandé. Je ne serais pas étonné de le voir un jour par complaisance danser la gavotte sur le boulevard du Temple ou au café Turc.

Ce monsieur qui se lance avec ardeur, et jette les jambes de droite et de gauche, prend la tête, et fait seul pour danser plus de place que trois élégants du jour (qui à la vérité marchent maintenant au lieu de danser). Cet intrépide cavalier, de cinquante-cinq ans à peu près, ne manque pas une contredanse , il valse à perdre haleine; et dans la sauteuse je l'ai vu deux fois perdre sa perruque, sans vouloir pour cela s'arrêter. Il est surnommé l'infatigable; mais sa femme assure qu'il ne mérite pas ce sobriquet.

Cette demoiselle qui met tant d'action à danser, et qui va toujours à contre-mesure, est la nièce de madame de la Muraille, vieille femme que vous voyez derrière le joueur de violon. La bonne tante se lamente en voyant que, malgré le maître de danse à vingt-quatre sous le cachet, sa nièce ne peut achever un pas sans marcher sur sa robe, ou sans donner un coup de pied à son voisin.

— Quel est ce jeune homme pâle, les cheveux en désordre, le front haut, l'air sérieux, et qui danse avec une gravité et un flegme tout à fait drôles?

Monsieur Plinplan allait répondre à Georgette, lorsqu'il fut appelé par une dame qui lui dit avoir quelque chose de plaisant à lui raconter. Monsieur Plinplan, toujours à l'affût des nouvelles, quitta madame de Rosambeau, et notre héroïne rentra dans le salon, et alla s'asseoir près d'une table de jeu.

Georgette se trouvait près de la grosse dame : celle-ci engagea aus-

sitôt la conversation , en lui montrant son jeu , auquel Georgette ne comprenait rien.

— Tenez , mon cœur , comment trouvez-vous ce jeu-là ?... hein , est-ce bien joué ? — Oui, madame. — N'est-ce pas, mon chou? Vous avez une robe charmante, mon amour... — Eh! madame, dit un grand monsieur sec, qui faisait la partie de boston, soyez donc à votre jeu.... — J'y suis, monsieur... Qu'est-ce qui vous habille, mon enfant ?... — Madame, vous parlerez chiffon une autre fois. — Qu'est-ce que cela vous fait, vilain Chinois! cela ne m'empêche pas de faire attention au jeu. — Eh bien, jouez donc, madame. — Quel est l'atout? avec qui suis-je ?... à qui à prendre ?... en quoi joue-t-on? — Que cela est insoutenable de jouer avec des personnes qui ne font aucune attention!... — Tu n'es guère galant, va !... — Vous ferez gagner madame !... — Est-ce ma faute si elle a tout le jeu?... — Si vous aviez joué comme moi... — Laisse donc, tu joues comme une ganache.

— Le petit schlem est fait! s'écrie madame Dupont d'une voix à casser les vitres. — Le petit schlem, je ne le joue jamais, je ne le payerai point. — Madame , nous le jouons toujours ici. — J'en suis fâchée , il fallait me le dire avant de commencer... Je ne le payerai point. — Madame, vous le payerez!...

Georgette s'éloigne de ces dames , craignant que la dispute ne devienne trop vive. Elle s'approche d'un autre boston qui finissait, mais non plus tranquillement que le premier : un petit homme se disputait avec madame de Vieux-Bois. — Comment, madame, vous faites payer ce soir douze sous pour les cartes ? — Oui, monsieur, comme à l'ordinaire. — Il y a des jours qu'on ne les paye que dix sous. — Toujours douze, monsieur ; d'ailleurs, cette partie paye-t-on chez vous ? — C'est différent. Je donne au moins des cartes propres. — Est-ce que celles-ci ne le sont pas, monsieur ? — Elles ont déjà servi cinq ou six fois, j'en réponds. — Monsieur, vous ne savez ce que vous dites. Au surplus, ne les payez pas du tout, ce sera plus tôt fait. — Vous en seriez trop fâchée, madame.

Georgette, redoutant encore une querelle, s'approche d'une table de bouillotte ; mais c'était bien un autre tapage : on s'y disputait avec acharnement ; l'un avait fait son argent, l'autre avait abattu trop vite , personne ne s'entendait.

Notre héroïne ne savait plus de quel côté aller pour éviter le bruit, lorsque M. de Lacaille vint la retrouver.

— Eh bien, madame, comment trouvez-vous nos petites soirées agitées ? — Mais je les trouve très-agitées en effet. — Pourquoi n'avez-vous pas dansé ? — J'étais trop fatiguée. — Vous amusez-vous beaucoup ? — Infiniment !... Allons-nous bientôt partir ? — Pas encore ; je sais que madame de Vieux-Bois nous ménage une petite surprise. Elle va donner une légère collation, et elle serait très-fâchée si nous ne restions pas.

Georgette voyant qu'il fallait que le sacrifice fût entier, se décida à le faire de bonne grâce, se promettant de ne plus se trouver à une soirée agitée.

Les parties étant terminées, les danses finies, le proverbe achevé , les trois quarts de la société se retirèrent, et il ne resta plus que les intimes et les préférés, qui étaient prévenus de la surprise et n'avaient garde de s'en aller. M. Plinplan, le juge, le procureur et sa femme , le bel esprit, la dame à plumes, l'épouse sensible et le zéphyr de gavotte furent du nombre des élus. Les deux grosses dames du boston ne restèrent pas, M. Plinplan assura tout bas à madame de Rosambeau qu'on ne les invitait pas parce qu'elles mangeaient trop ; d'où Georgette conclut que pour faire plaisir à la maîtresse de la maison il fallait manger fort peu, et, ne se souciant pas d'être invitée une seconde fois, elle se promit de se conduire de manière à faire repentir madame de Vieux-Bois de la préférence qu'elle lui avait accordée.

On dresse au milieu du salon une grande table sur laquelle on étale avec art et symétrie une volaille soi-disant en daube , nageant dans une sauce aux carottes qui représente la gelée; deux salades et leurs huiliers entourent la pièce de résistance, quatre assiettes de pommes et d'échaudés sont flanquées aux quatre coins de la table, et deux pots de confitures, hermétiquement fermés, et qui ne sont là que pour le coup d'œil, achèvent d'embellir la collation.

— Mais, dit tout bas Georgette à Plinplan, comment cette dame compte-t-elle donner à souper à une vingtaine de personnes avec si peu de chose? — Elle compte même qu'il en restera.

Georgette fut encore plus étonnée d'entendre la dame à plumes reprocher à madame de Vieux-Bois de faire des cérémonies.

— Placez-vous , mesdames, dit madame de Vieux-Bois, ces messieurs se tiendront debout derrière vous, ils mangeront sur le pouce... Nous ne les oublierons pas... Mais il faut faire une petite pièce à M. Deschassés : il a le droit de manger qu'il doit être fatigué.

M. Deschassés était le zéphyr de gavotte. On prit place , et il fut mis à côté des dames. Georgette crut s'apercevoir que l'ami du sous-préfet faisait la mine de ce qu'on ne lui avait pas donné la préférence pour être assis à table ; et de colère il s'empara d'une assiette de pommes cuites et les avala en un moment.

Madame de Vieux-Bois découpait la dinde, dont chacun élevait aux nues la mine et le fumet. En voyant l'exiguité des morceaux que l'on offrait , Georgette commença à croire qu'effectivement il en resterait. Se trouvant servie une des premières, et ne sachant pas comment on

doit manger en société, notre héroïne finit son échantillon de volaille avant que la maîtresse de la maison eût fait faire au plat le tour de la table. En se retournant vers madame de Rosambeau, la vieille dame ne put retenir un mouvement de surprise; mais se remettant bientôt :
— Vous en offrirai-je encore, madame? dit-elle avec inquiétude. — Volontiers, madame, répondit Georgette.

Madame de Vieux-Bois ne s'attendait pas à cette réponse; mais, prenant son parti, elle servit Georgette. Celle-ci s'aperçut que les dames la regardaient en souriant et chuchotaient entre elles; mais, sans se déconcerter et voulant les pousser à bout, Georgette demanda de nouveau de la volaille, pour voir la mine que ferait toute la société.

Charles de Merville.

Madame de Vieux-Bois ne put contenir son mécontentement et son dépit.
— Il me semble, madame, dit-elle à Georgette d'une voix aigre, que je ferais mieux de vous passer le plat, cela vous serait plus commode.
— Comme vous voudrez, madame.

Néanmoins madame de Vieux-Bois se garda bien d'exécuter sa menace, et après avoir servi Georgette, elle appela madame Godin, lui ordonnant d'enlever le plat, ce qui ne fit nullement plaisir à ces messieurs de derrière, qu'on avait promis de ne point oublier, et auxquels on n'avait encore donné que des échaudés à manger sur le pouce. Georgette regarda de Lacaille; il était sur les épines : la manière inconvenante dont elle mangeait l'avait mis au supplice. M. Plinplan riait, les dames se regardaient, les hommes demandaient à boire à toute force pour se dédommager de la dinde; mais madame Godin, stylée pour les collations, était toujours à la cave, mais ne remontait que fort rarement.
— Madame, dit Georgette en s'adressant à madame de Vieux-Bois, ne serait-il pas possible de goûter ces confitures?
— Mais, madame, répond celle-ci rouge de colère, je crains en vérité que vous ne vous fassiez mal.
— Oh! madame, vous pouvez être tranquille.

Sans attendre d'autre réponse, Georgette avance la main pour atteindre les pots; M. Deschassés, qui aimait les friandises, s'empresse de passer les confitures. Georgette entame les deux pots sans miséricorde et les repasse au voisin, qui ne résiste pas au désir d'en goûter. Tous ces messieurs, qui n'avaient fait que flairer la dinde, se jettent

avec avidité sur les confitures; en un moment il ne reste plus rien dans les pots, devenus respectables par leur antiquité. M. Plinplan fait remarquer à madame de Rosambeau deux larmes qui s'échappent des yeux de madame de Vieux-Bois à la vue du désastre commis sur sa collation.

Cependant la vieille dame se contient, en se promettant que cela lui servira de leçon. Les messieurs calment leur appétit avec les confitures; Georgette retient l'envie de rire que lui a causée cette scène, et ceux qui veulent à toute force s'amuser prient M. Lefin (c'est le nom du bel esprit) de vouloir bien les régaler de quelques couplets de sa composition.

Monsieur Lefin tousse, crache, éternue, se mouche, se frotte le front, se gratte l'oreille, fait moucher les chandelles, dit qu'il est enrhumé, mais que, pour satisfaire aux désirs de la société, qui veut entendre ses vers, il va prier une de ces dames de chanter une chanson qu'il a faite dernièrement à la campagne de son ami le sous-préfet.

On accepte avec ravissement. La dame à plumages, qui a soi-disant une voix d'opéra, est chargée par M. Lefin de chanter la romance nouvelle. Elle ne se fait pas prier, connaissant la supériorité de son talent. Elle commence, et ses cris percent le tympan de Georgette, qui dit tout bas à M. Plinplan qu'on ne devrait jamais chanter dans un salon lorsqu'on a une voix d'Opéra.

Les couplets de M. Lefin roulaient sur la verdure, le zéphyr, la nature, les oiseaux et les ruisseaux, et le refrain disait que celui qui aime les champs doit se plaire à la campagne. La société applaudit avec transport; lorsqu'on eut bien claqué l'auteur et la chanteuse, on se leva, on fit compliment à madame de Vieux-Bois de sa soirée et de sa collation, puis chacun se retira après avoir fait les trois saluts d'usage.

La vieille Thérèse sur les ruines de la ferme incendiée.

Madame de Rosambeau reçut la froide révérence que méritait son appétit; le pauvre de Lacaille lui-même s'en ressentit. Georgette fut reconduite chez elle par son timide amant, qui la laissa se livrer au sommeil profond que devait lui procurer le souvenir des plaisirs de la soirée.

CHAPITRE XXV. — Cela va bien!

Il était midi lorsque Georgette s'éveilla et sonna Rose.
— Eh bien! madame, dit la femme de chambre en riant, êtes-vous satisfaite de votre soirée d'hier?
— Ah! Rose, ne m'en parle pas! je me suis ennuyée à la mort!... aussi je n'irai plus en société, parce que je veux m'amuser, et que cela n'était point amusant du tout.
— Vous ferez bien, madame; à votre âge, on ne doit faire que ce

qui plaît. Mais pendant votre sommeil j'ai bien employé mon temps : je n'avais pas oublié l'invitation de M. de Folleville...

— Quoi, Rose ! tu es allée ?...

— Prendre son chocolat ! oui, madame ; j'étais curieuse de savoir si les manières de ce jeune homme répondaient à la vivacité de son style ; et je vous assure que j'en ai été satisfaite. Ce Folleville fait très-bien les choses !... Je lui ai donné beaucoup d'espérance ; cela ne coûte rien, et je me suis chargée, pour vous le remettre, de ce billet, dans lequel il sollicite un rendez-vous.

— Rien que cela ?...

— En revenant j'ai rencontré ce jeune militaire... celui-là est amoureux comme un hussard !... il m'a reconnue, m'a arrêtée, m'a même embrassée avant de me parler... je n'avais pas le temps de me reconnaître !... il veut absolument que je l'introduise cette nuit chez vous, ou il met l'hôtel sens dessus dessous.

— Il va vite en amour, ce monsieur !

— C'est un démon, madame ; enfin je ne suis parvenue à le calmer qu'en prenant ce poulet brûlant qu'il vous adresse, et auquel je lui ai promis que vous daigneriez répondre.

— Comment, encore un billet, Rose ?

— Ce n'est pas tout, madame. J'allais rentrer à l'hôtel, lorsque je fus arrêtée par un fort joli garçon, dont la mise est assez modeste, mais dont la figure est très-distinguée.

— Que te voulait-il ?

— C'est encore un adorateur, madame.

— Cela n'en finira pas !...

— Celui-ci est notre voisin : il demeure en face de l'hôtel ; de ses croisées il plonge dans notre cour ; cela n'est pas étonnant, il demeure au cinquième au-dessus de l'entresol. C'est un poëte, et ces messieurs, par goût, et souvent par nécessité, se placent toujours le plus près possible des Muses et du Parnasse. Ce jeune nourrisson du Pinde (c'est ainsi qu'on le nomme dans le quartier) vous a vue traverser la cour.

— Il a une bonne vue !

— Depuis ce moment il ne rêve plus qu'à vous !... vous êtes sa dixième muse, et je n'ai pu refuser le sonnet en forme de billet doux qu'il m'a priée de vous remettre, et pour lequel j'ai promis une petite réponse.

— Quoi ! Rose, tu monterais à son cinquième étage ?

— Eh ! pourquoi pas, madame ? ce jeune homme est si doux, si tendre, si expressif !.. il m'a touchée, en vérité. Croyez-vous qu'il ne mérite pas d'être aimé plutôt que ce vieux fou de Lacaille ?

— Oh ! sans doute !

— Eh bien, une femme sensible répare les torts de la fortune ; elle se sert de l'or du vieux fou pour être utile au jeune amant.

— Au fait !... c'est une œuvre méritoire... Mais voyons les billets de ces messieurs.

On décachette les billets doux. Georgette est charmée du style de ses adorateurs. Folleville est vif, léger, sémillant ; le militaire, ardent, passionné, impétueux ; le jeune poëte, modeste, timide, mais sensible et tendre.

— Ils me séduisent tous les trois, dit Georgette ; mais auquel répondre ?

— A tous les trois, madame.

— Ah ! Rose, trois amants à la fois !... et M. de Lacaille ?...

— Celui-là ne compte pas.

— Mais, Rose...

— Comment, madame, trois amoureux vous font peur !... Mais, c'est une bagatelle... on en trompe douze à la fois ; d'ailleurs, si l'un d'eux ennuie, il est facile de s'en débarrasser !... Croyez-moi, madame, ne renvoyez pas ceux-ci... ils sont tous trois fort aimables.

— Mais que leur répondrai-je ?

— A votre place, je donnerais un rendez-vous à chacun d'eux.

— Y penses-tu, Rose ?... c'est la première fois que je leur écris.

— Qu'est-ce que cela fait ? vous ne savez pas comment on fait l'amour à Paris ?... Au reste, si vous voulez prolonger leur martyre, donnez-leur des espérances, je me chargerai d'adoucir leur chagrin.

Il est probable que mademoiselle Rose n'était pas fâchée d'adoucir le chagrin de ces messieurs, et qu'elle avait pour cela un remède particulier, car elle se chargea avec empressement des réponses de sa maîtresse. C'était un bien joli sujet que mademoiselle Rose, et bien précieux pour une jeune femme qui se lançait dans le monde.

A peine avait-elle quitté sa maîtresse, que Lafleur se présenta chez Georgette.

— J'accours, madame, de la part de mon maître, qui viendra vous chercher ce soir pour...

— Ah, grand Dieu ! Lafleur, est-ce encore pour me conduire au Marais ?

— Non, madame : je sais que ce n'est pas dans ces cercles étroits que vous pourrez briller !... je l'ai représenté à mon maître lorsqu'il est venu se plaindre à moi que vous mangiez trop dans les collations d'amis. Je lui ai fait sentir ses torts ; il en est convenu, et, pour les réparer, m'a chargé de vous remettre cet écrin...

— Voyons... Mais cela est magnifique !... cela m'ira à ravir... les beaux diamants !..

— Vous voyez que mon maître sait se corriger.... d'ailleurs, c'est moi qui dirige maintenant sa conduite, et je réponds que dans six mois il ne sera plus reconnaissable.

Georgette prend l'écrin, et promet à Lafleur d'attendre M. de Lacaille, qui doit la conduire au spectacle. Rose revient, et, en voyant les diamants, convient que le vieux fou fait bien les choses ; mais elle engage sa maîtresse à prendre pitié des trois jeunes gens, car ils sont avides de consolations...

Pendant plusieurs jours, Georgette suivit M. de Lacaille aux spectacles, aux bals ; l'ennui qu'elle éprouvait dans la société de cet amant suranné était adouci par les présents continuels que Lafleur apportait de la part de son maître, qui, depuis sa glissade sous le lit, ne faisait l'amour qu'en soupirs.

Cependant madame de Rosambeau avançait dans sa grossesse ; Rose était dans la confidence : un homme plus fin que Lacaille s'en serait

M. Lafleur et mademoiselle Rose.

aperçu ; mais il est des gens qui ne voient point ce qui saute aux yeux de ceux qui les entourent.

Les trois amants commençaient à se lasser des consolations de mademoiselle Rose. Celle-ci, par reconnaissance, plaidait leur cause avec chaleur. Georgette, accablée de billets doux et ennuyée plus que jamais de la société de M. de Lacaille, ne résistait plus que faiblement aux sollicitations de sa femme de chambre ; Rose mit à profit les dispositions favorables de sa maîtresse, en intercédant de nouveau pour les trois amoureux, et Georgette avoua franchement qu'elle ne savait auquel des trois donner la préférence.

— Mais, madame, je vois un moyen bien simple de tout arranger. Voyez-les tous les trois, et choisissez alors celui qui vous conviendra le mieux.

— Tu as raison, Rose ; mais comment faire ?

— Ce soir, vous pouvez les recevoir, non pas ensemble, ce serait agir contre toutes les règles, mais l'un après l'autre. Dans une première entrevue, vous ne devez leur accorder qu'un instant ; mais cet instant suffira pour les juger, et fixer votre choix. Ecrivez donc vite à chacun d'eux de se rendre ici, l'un à huit heures, l'autre à huit heures et demie, et le dernier à neuf heures.

— Mais M. de Lacaille doit me mener ce soir à l'Opéra ?

— Je vais aller lui dire que vous avez la migraine, et que vous ne pouvez sortir.

— Mais, Rose, si ces jeunes gens se rencontraient chez moi?

— Nous saurons bien congédier l'un avant l'arrivée de l'autre.

— Mais si?...

— Toujours des mais... Soyez tranquille, je suis là pour vous tirer d'embarras en cas d'accident.

— Allons, je m'abandonne à toi.

Les trois circulaires sont écrites; Rose se charge de les faire parvenir. M. de Lacaille est prévenu que madame de Rosambeau est trop indisposée pour sortir le soir, et la soubrette revient dire à sa maîtresse qu'elle peut se préparer à recevoir les trois jeunes gens.

Le jour finit, et le moment approche où notre héroïne va jouir de tous les triomphes qu'une coquette ambitionne. Georgette, devenue petite-maîtresse, sait donner un nouvel éclat à ses charmes; un négligé galant la rend encore plus séduisante : ses cheveux, arrangés avec art, retombent en boucles sur un front qui, s'il n'est pas le siège de la pudeur, est encore celui des grâces. Georgette, sûre de son triomphe, est mollement couchée sur une ottomane, dans un boudoir délicieux, qu'éclairent faiblement des globes gazés, inventés par la volupté pour rendre l'amant plus hardi et la beauté moins sévère.

Huit heures sonnent, on vient : un amant ne se fait jamais attendre à un premier rendez-vous. C'est au jeune poëte que l'on a donné l'avantage sur ses rivaux : c'est lui qui vient le premier; une femme aime les vers à sa louange ; l'encens que l'on brûle pour les belles n'est jamais perdu.

Le nourrisson des muses est introduit près de Georgette ; en se trouvant près de celle qu'il n'avait encore contemplée que de son cinquième étage, il se trouble, et demeure interdit : tant de charmes éblouissent sa vue. Le jeune poëte est timide, n'ayant encore eu de commerce qu'avec les muses, que l'on dit fort honnêtes, ce que j'ai peine à croire, car elles se prostituent quelquefois. Georgette s'aperçoit de l'embarras du jeune homme, qui reste contre la porte sans oser avancer près d'elle. Après avoir joui quelques moments de l'effet de ses charmes, elle fait signe au pauvre garçon de s'asseoir, et lui parle avec affabilité; le jeune homme retrouve son esprit, l'amour l'enflamme, il redevient aimable, tendre, flatteur, empressé, charmant enfin!... Georgette l'écoute avec un plaisir infini... il lui parle que d'elle, il lit des vers qu'il a faits pour elle; Georgette s'attendrit, et oublie en l'écoutant qu'elle n'a qu'une demi-heure à passer avec lui... Rose entre dans le boudoir, et s'étonne d'y trouver encore le jeune poëte, qu'elle croyait parti.

— Eh quoi, madame, monsieur est encore là?... et M. de Lacaille qui me suit... elle fait signe à sa maîtresse que c'est M. Folleville : en effet, il était huit heures et demie.

— Ah, mon Dieu! Rose, tu as raison, s'écrie Georgette toute troublée; j'avais oublié que M. de Lacaille devait venir ce soir. Comment faire?...

— Mais, dit timidement le jeune homme, ce monsieur est donc?...

— De ces gens que l'on ne peut renvoyer, répond Rose, vous entendez? Madame serait perdue s'il vous voyait... Vous ne pouvez plus sortir d'ici maintenant... il est trop tard... il faut vous cacher...

— Je ferai ce que madame voudra.

Georgette propose le cabinet voisin : il n'y a pas à balancer; le jeune homme fait ce qu'on exige : on le pousse dans le cabinet en lui enjoignant de ne faire aucun bruit et en lui promettant de le délivrer bientôt. Rose gronde ensuite sa maîtresse d'avoir oublié l'heure, et l'engage à congédier bien vite Folleville, afin de pouvoir délivrer le premier venu. Georgette promet d'être plus attentive, et Folleville est introduit.

Ce second amant est l'opposé du premier : il entre en chantant, en pirouettant et en arrangeant le nœud de sa cravate. Il se place lestement près de Georgette, lui baise tendrement la main, l'étourdit de compliments, de serments d'amour, d'assurances de fidélité, et trouve moyen de mêler à tout cela des bons mots, des calembours et des refrains de vaudeville. Georgette n'a pas le temps de placer un mot; mais Folleville l'amuse, il arrangeant le nœud de sa cravate; sa conversation vive, sémillante, sa légèreté, ses manières badines, tout cela rend à notre héroïne la gaieté que les discours du jeune poëte avaient changée en une douce mélancolie. Cependant, ne voulant pas s'oublier encore, elle regarde la pendule... Bon, il n'y a que vingt minutes que Folleville est là... mais quel bruit se fait entendre? c'est Rose qui accourt brusquement.

— Madame, voilà monsieur de Lacaille qui entre dans l'hôtel... il me suit.

— Quoi, encore monsieur de Lacaille? dit Georgette avec surprise.

Mais Rose apprend tout bas à sa maîtresse que le jeune officier, plus ardent que les autres, a devancé l'heure ; il est arrivé, il fait le diable, il veut absolument entrer... et s'il se rencontrait avec Folleville, cela ferait un mauvais parti.

— Eh bien, qu'est-ce donc, mesdames? demande le petit-maître en se mirant.

— C'est le mari de madame qui arrive, répond Rose.

— Comment, le mari!... tu m'as dit que ta maîtresse n'en avait point!... d'où sort-il donc celui-là?

— Enfin, c'est pis qu'un mari... c'est...

— Ah! j'entends!... j'entends!... c'est délicieux! parole d'honneur!...

— Il faut vous cacher, car il est extrêmement jaloux, et il vous ferait un mauvais parti!...

— Ah, mon Dieu!... cachez-moi vite!

Folleville devient pâle et tremblant : il ne chante plus dans les moments dangereux, et ne fait le téméraire qu'avec les femmes. Il court, fait le tour de la chambre en cherchant un endroit pour être en sûreté. Rose ne peut s'empêcher de rire de la frayeur de Folleville; on entend un grand bruit en dehors de l'appartement.

— Je suis perdu! dit Folleville, le voilà qui approche...

— Où le cacher? dit Georgette en souriant.

— Tenez, madame, cette armoire où l'on pend vos robes... mais je ne sais s'il pourra...

— Oui... oui! j'y tiendrai!... il le faut bien.

Monsieur Folleville se serait mis dans une souricière pour se soustraire au péril qu'il redoutait; en un moment il est blotti au fond d'une armoire près de la porte du petit cabinet : à peine est-il dedans que l'officier entre dans le boudoir. Rose s'éloigne en engageant sa maîtresse à se débarrasser bien vite de ce troisième amant. L'officier est un jeune homme bien fait, d'une tournure séduisante ; les épaulettes lui vont très-bien, et son air martial prévient Georgette en sa faveur. Il mène l'amour militairement, et ne paraît pas disposé à filer le sentiment.

Georgette, encore troublée par les deux entretiens qu'elle a pu terminer, veut gronder le jeune officier pour le bruit qu'il a fait dans l'hôtel; mais, le voyant si aimable, si amoureux, si galant, elle n'a plus la force de se fâcher. Cependant ce dernier amant, plus entreprenant que ses devanciers, veut brusquer sa conquête : il attaque vivement... mais Georgette se rappelle qu'elle a des témoins dont la position doit être fort désagréable, et, s'éloignant de l'amant qui la presse, elle tâche pour lui parler de prendre un maintien sévère.

— En vérité, monsieur, c'est pousser trop loin la liberté... à peine arrivé chez moi, vous vous permettez des choses...

— Depuis un mois, madame, je soupire pour vous; et lorsque j'espère obtenir le prix de ma constance, vous me traitez avec une sévérité!...

— Je veux que vous soyez raisonnable ; et si, dans quelque temps, vous m'aimez encore...

— Dans quelque temps, grand Dieu!

Notre jeune homme tire son épée avec violence, et la dirige contre sa poitrine.

— Ah ciel! que faites-vous? s'écrie Georgette.

— Je me tue si vous restez insensible!

— Vous vous tuez... Ah! ah! ah! je voudrais voir cela! cela serait charmant!...

Georgette rit aux éclats, et notre officier reste fort sot, car il n'avait nullement envie de se tuer. Combien d'amants se trouveraient aussi embarrassés si, lorsqu'ils jouent la tragédie devant leurs belles, celles-ci se contentaient de leur rire au nez? Celui-ci, forcé de rengainer, prit le parti le plus sage, en riant avec Georgette de son beau mouvement de fureur. La gaieté chassant toute cérémonie, l'entretien devint plus animé, et Georgette allait oublier les habitants de l'armoire et du cabinet, lorsque Rose entra dans le boudoir.

— Qu'y a-t-il donc encore? demande Georgette avec un peu d'humeur.

— Ce qu'il y a, madame, répond Rose tout essoufflée, c'est le diable qui s'en mêle, je crois!... M. de Lacaille vient d'arriver, il veut absolument vous voir; il est inquiet de votre santé. Il me suit, je ne suis parvenue à le faire attendre un instant qu'en lui disant que j'allais m'assurer si vous ne dormiez pas...

— Vraiment, Rose, c'est M. de Lacaille?

— Oh! cette fois, madame, c'est tout de bon, il n'y a pas à plaisanter.

— Quel est donc cet homme? demande le jeune officier, ne pouvez-vous le renvoyer?

— Impossible... c'est notre caissier... il se fâcherait...

— Voulez-vous que je le rosse...

— Non pas!... nous devons le ménager au contraire!

— Que faire, Rose?

— Ma foi, madame, il faut cacher monsieur.

— Quoi! Rose! encore celui-là?

— Il le faut bien.

Ces dames ont beaucoup de peine à faire consentir le jeune homme à se cacher. Il voulait attendre monsieur de Lacaille et se battre avec lui. Enfin, vaincu par les prières de Georgette et par la promesse d'une douce récompense, il consent à se modérer. Il court au cabinet...

— Pas là!... pas là! s'écrie Georgette. Il vole vers l'armoire...

— Pas là!... pas là!... lui crie Rose.

— Pas là!... pas là!... Eh! mon Dieu, mesdames, où voulez-vous donc que je me mette?

— Tenez... sous ce canapé....

— Quoi! à terre?

— Allons, vous voilà bien malade.... vous serez fort bien...

— Puisque vous l'exigez...

— Eh vite! eh vite!...

Le troisième amant se fourre sous le canapé, s'étend à terre tout de son long, et prie ces dames de ne pas le laisser longtemps dans une position qui ne lui plaît pas. Georgette s'assied sur le meuble complaisant, qui dérobe le jeune homme aux regards indiscrets, et Rose reçoit l'ordre de faire entrer M. de Lacaille, qu'on se promet bien de renvoyer le plus promptement possible.

M. de Lacaille entre en marchant sur la pointe des pieds, tendant le cou en avant, et craignant de faire du bruit. Il aperçoit Georgette, qu'il croyait couchée.

— Vous voilà, chère et bonne amie... eh bien !... vous êtes indisposée, à ce que m'a dit Rose.

— Oui, monsieur, ah ! je n'en puis plus !...

— Et vous avez cru que je vous laisserais seule, que je vous abandonnerais à vos douleurs pour aller loin de vous chercher des plaisirs, tandis que je n'en goûte qu'auprès de vous ?...

De Lacaille prend place sur le canapé à côté de Georgette.

— Je n'aurais pu passer une soirée entière dans la mortelle inquiétude où Rose m'avait jeté. Je veux vous tenir fidèle compagnie.

— Vous êtes trop bon ! mais quand on souffre, on n'est pas aimable !...

— Vous l'êtes toujours, belle amie !

Georgette, ne sachant quel moyen employer pour se débarrasser de l'ennuyeux personnage, s'étend sur le sopha, pousse des gémissements, et se donne bien vite une attaque de nerfs.

— Ah, mon Dieu ! s'écrie de Lacaille effrayé, mais le mal augmente... il faut envoyer chercher du monde... je vais m'établir près de vous toute la nuit.

Ces paroles rendent Georgette à la santé, elle se trouve infiniment mieux, voyant qu'il faut changer de batteries pour éloigner l'importun de Lacaille.

— Je crois que cette crise sera la dernière, dit notre héroïne en reprenant ses sens.

— Vous me calmez, je craignais au contraire...

— Non... ma migraine se dissipe... mes nerfs se détendent... je suis beaucoup mieux... et je n'aurai pas besoin de vos soins, dont je suis bien reconnaissante !...

— La soirée que je passerai avec vous n'en sera que plus délicieuse...

— Non, je ne veux pas vous priver des plaisirs qui vous attendent...

— Ceci est trop délicat, mais... Ah ! mon Dieu !...

De Lacaille fait involontairement un saut sur le canapé.

— Qu'avez-vous donc ? demande Georgette troublée.

— Il m'a semblé sur ce meuble éprouver une secousse...

— Quelle folie... mais que me disiez-vous donc ?

— Je jurais de n'être heureux que près de vous.

En disant cela, de Lacaille passe amoureusement son bras autour de la taille de la belle, et la regarde à peu près de la même manière que le jour de sa glissade devant le lit. Georgette est sur les épines ; de Lacaille, qui est rarement aussi pressant, se trouve justement monté sur la tendresse ; il est plus ardent, plus amoureux que jamais. Se sentant dans une situation qui l'étonne lui-même, il ne veut pas laisser échapper une occasion aussi favorable, et qui pourrait ne plus renaître pour lui. Il devient téméraire, Georgette s'éloigne et s'assied loin de lui ; il la poursuit, la presse, ses mains retrouvent leur vivacité de vingt ans ; Georgette se débat, mais de Lacaille est un démon ; il tâte, pince, fourrage partout... peut-être va-t-il triompher... lorsque le sofa, théâtre de ses entreprises, se soulevant brusquement, fait rouler sur le tapis l'amoureux et sa maîtresse ; dans le même moment la porte du boudoir, celles du cabinet et de l'armoire s'ouvrent : quatre hommes paraissent, les lumières sont éteintes, les quinquets jetés à terre. Les jeunes gens, qui désirent profiter de l'obscurité pour s'enfuir, courent, sans prendre garde, au milieu de la chambre, et tombent sur de Lacaille et Georgette, qui sont encore sur le tapis. Tous roulent les uns sur les autres : de Lacaille, qui est dessous, pousse des cris terribles, et veut en vain se dégager ; Georgette, qui est sur lui, est tâtée, pincée et pressée de nouveau ; ces messieurs, tout en roulant, ont senti sous leur main des appas qui leur donnent du goût pour ce nouveau genre d'exercice, et ils ne cherchent point à se relever depuis qu'ils sentent qu'une femme se roule avec eux.

Cependant, ce petit divertissement ne peut durer : de Lacaille, qui étouffe, fait des cris épouvantables ; Georgette elle-même ne se sent pas la force d'être roulée plus longtemps. Elle cherche à se relever, et s'accroche à une grande toilette... mais, retenue par un de ces rouleurs, elle retombe et entraîne le meuble avec elle, les cuvettes, les carafes, les flacons, les tasses, les pots de rouge, de noir, de blanc, les glaces, tout se brise sur les jeunes gens ; chacun alors cherche à se dégager ; mais, dans l'obscurité, on renverse d'autres meubles, et le désordre augmente au lieu de diminuer ; fauteuils, consoles, bergères, psychés, tout tombe, tout se casse ; on crie, on se lamente, on se croit blessé, le tumulte est à son comble... Tout à coup la clarté renaît... c'est Rose qui arrive une lumière à la main. Elle s'arrête... le spectacle qu'elle a sous les yeux est si extraordinaire, qu'elle doute un moment de ce qui se passe devant elle ; mais bientôt l'envie de rire succède à la surprise. Ce n'était pourtant pas le moment de plaisanter : Rose a reconnu les trois jeunes gens ; à un signe qu'elle leur fait, ils se lèvent, enfilent la porte et disparaissent. Laissons-les

courir comme des fous, et sortir de l'hôtel en riant d'une aventure dont ils ne comprennent pas très-bien le dénoûment : revenons au boudoir de Georgette.

Le quatrième rôdeur était mons Lafleur. Le drôle, s'étant rendu à l'hôtel peu de temps après son maître, trouva Rose vivement agitée ; la soubrette lui apprend ce qui est arrivé, et l'embarras dans lequel se trouve sa maîtresse. Lafleur ne perd pas de temps : il pense que le plus pressé est de faire sortir M. de Lacaille de l'hôtel. Il se rend au boudoir, ayant déjà inventé une histoire pour attirer son maître dehors ; mais au moment où il ouvre la porte, les jeunes gens, impatientés, sortaient de leurs cachettes, et le jeune officier avait renversé le sofa et ceux qui étaient dessus, ne voulant point demeurer témoin oisif de ce qui allait se passer sur le meuble complaisant. Lafleur voit d'un coup d'œil le danger de la situation de Georgette : pour la sauver il donne un coup de poing dans le globe qui éclaire la chambre, et pense que l'obscurité favorisera la fuite des jeunes gens.

Dès que les trois étourdis ont abandonné le champ de bataille, Lafleur se relève, et se met à crier : Au voleur !

Rose, qui conçoit son dessein, en fait autant. Le cri au voleur ! au voleur ! se fait entendre dans l'hôtel ; les domestiques, effrayés, crient de leur côté sans savoir pourquoi, d'autres vont se réfugier dans les greniers. Aucun d'eux, craignant le danger, ne se rend à l'appartement de sa maîtresse ; mais quelques-uns courent chercher la garde, en mettant, par leurs cris, l'alarme dans le quartier.

Une patrouille est rencontrée et conduite à l'hôtel ; les soldats montent jusqu'au boudoir de madame de Rosambeau avant que de Lacaille, qui tremble de frayeur et ne sait ce que tout cela veut dire, soit sorti de dessous les meubles qui sont renversés sur le parquet.

— Où sont les voleurs ? demande d'une voix grêle et d'un ton peu rassuré un petit sergent maigre et borgne qui se tient, par prudence, entre ses quatre fusiliers.

— Où ils sont ? répond Lafleur, parbleu, la question est bonne ; si nous le savions, nous les aurions arrêtés.

— Combien sont-ils à peu près ?

— Au moins une douzaine, dit Lacaille en sortant sa tête de dessous un guéridon.

— Une douzaine !...

— Pour le moins, répond à son tour Georgette, qui s'était jetée dans une bergère, et regardait en riant sous cape la figure du sergent, qui devint pâle et morne en apprenant le nombre des voleurs.

— Soldats, il faut aller chercher du renfort ; nous ne sommes que cinq, et la partie ne serait pas égale.

En achevant cet héroïque discours, le sergent sort du boudoir, et laisse deux sentinelles contre la porte et deux autres devant la loge du portier.

Pendant ce temps, Lafleur relève son maître, dont le corps est tout meurtri. Le pauvre de Lacaille avait beaucoup souffert de l'exercice violent qui avait eu lieu sur son corps. Il demande de que signifie tout ce tapage, et Lafleur lui apprend que des voleurs s'étaient cachés dans le boudoir de madame, qu'ils avaient éteint les lumières pour accomplir leurs affreux projets, et que sans Rose et lui, qui étaient accourus avec des flambeaux, les brigands auraient dévalisé toute la maison.

De Lacaille est tellement abasourdi, qu'il écoute Lafleur sans trop le comprendre ; le valet poursuivait son histoire, lorsqu'un détachement de gendarmerie à cheval et une compagnie de grenadiers entrèrent dans l'hôtel, conduits par le sergent, qui était allé chercher main-forte.

Georgette et Rose se placent aux fenêtres donnant sur la cour, afin de jouir du coup d'œil, et pour voir entrer la troupe, qui semble vouloir former le siège de l'hôtel. Ces dames rient comme deux petites folles, tandis que Lafleur bassine le derrière de son maître avec de l'eau-de-vie camphrée.

Les soldats se rangent dans la cour en ordre de bataille ; les flambeaux qui éclairent l'hôtel, les voisins qui sont aux fenêtres, les passants qui encombrent la rue, les imbéciles et les poltrons qui crient sans savoir pourquoi, tout donne à cette scène un appareil extraordinaire. Le quartier est en rumeur. On a vu entrer de la troupe dans l'hôtel ; chacun fait des conjectures : les esprits inquiets croient qu'on veut faire sauter la maison ; les vieilles femmes, dans leur terreur, prennent les voitures de porteurs d'eau pour des pièces de canon, elles font leur paquet à la hâte, pour ne point rester près du lieu du combat. Les enfants pleurent, les papas se demandent ce qu'il faut faire ; les jeunes filles se mettent dans la foule, et les jeunes gens se serrent contre elles.

Le sergent se bourre le nez de tabac, et adresse le discours suivant aux soldats qui l'accompagnent :

« Camarades ! tout annonce que l'affaire sera chaude, une bande de voleurs s'est réfugiée dans cet hôtel ; à la vérité nous sommes en force, mais vous savez où vous ne savez pas que les voleurs se défendent comme des lions et se battent comme des tigres, plutôt que de se laisser prendre ; c'est pour cela que nous ne serons pas trop de six contre un. Agissons donc prudemment, mais ayons soin de laisser des issues pour que les blessés soient enlevés avec facilité. »

Le commandant de gendarmerie, sans écouter le discours éloquent du sergent, commence par faire fermer la porte cochère, laissant quelques hommes pour empêcher les fuyards de s'échapper. Le sergent fait battre la charge aux tambours; le commandant leur ordonne de se taire afin de ne pas donner l'éveil à ceux que l'on veut surprendre, et l'on marche la baïonnette en avant vers la salle à manger.

On visite chaque pièce, puis les appartements du premier, puis le second, toujours sans rien découvrir. Le commandant se tourne alors vers le sergent, et lui demande si c'est pour se moquer de lui et de ses soldats qu'il les a fait venir.

– Patience, répond le sergent, les voleurs sont bien cachés, à ce qu'il paraît, mais vous verrez bientôt que c'est un piége qu'ils vous tendent.

On continue la visite de l'hôtel, et l'on arrive aux mansardes et devant une porte qui ferme l'entrée des greniers; le sergent essaie de l'ouvrir, mais elle est fermée en dedans.

— Silence, dit-il, je présume que c'est là qu'ils se sont cachés !...

— C'est bien heureux! dit le commandant.

Le sergent place son oreille contre la porte, et s'écrie : — Nous les tenons !... ils sont là !... Le commandant écoute, et distingue effectivement les pas de plusieurs personnes qui courent dans le grenier.

— Vous voyez que j'avais raison, dit le sergent, et il passe aussitôt derrière les autres, pour ne pas gêner les opérations.

— Rendez-vous! crie le commandant d'une voix forte. On attend un moment... mais le plus profond silence règne dans le grenier. — Rendez-vous ! répète le commandant, tandis que le sergent lui crie d'employer la douceur.

Le commandant ordonne à sa troupe d'enfoncer la porte. Elle tient solidement; mais enfin les coups de crosse la font tomber avec fracas, et le vent qui sort du grenier éteint au même instant les flambeaux de la troupe.

On avance avec précaution, car la plus profonde obscurité règne dans le grenier. Le sergent conseille au commandant de mettre de suite les voleurs à la raison : celui-ci fait ranger ses soldats sur une ligne, et pour la dernière fois crie aux voleurs de se rendre; il ne reçoit pas de réponse; mais il entend un bruit confus de voix étouffées qui semble partir du fond des greniers.

— Soldats, en joue! dit le commandant, feu !... Mais il a soin d'ordonner tout bas à ses soldats de ne tirer qu'en l'air.

La détonation a lieu. Aussitôt après, des cris aigus partent du fond des greniers; mais ces cris semblent plutôt causés par l'effroi que par la douleur, et l'on distingue des voix qui ne peuvent être celles de voleurs.

— Que diable est-ce que cela? dit le commandant. Parbleu ! il y a là des femmes... écoutez, sergent...

Mais le sergent n'était plus à portée d'entendre, car dès le commencement de l'action il avait jugé à propos de descendre les escaliers pour aller chercher de la lumière.

Le commandant, persuadé par le bruit qu'il entend qu'il y a quelque méprise dans cette affaire, ordonne à ses soldats de le suivre et de marcher du côté des plaignants.

On avance, toujours à tâtons; bientôt les pieds s'embarrassent dans des bottes de paille; les uns roulent, les autres, plus adroits, écartent ce qui arrête leur marche. Bientôt, en croyant relever des voleurs, c'est une jambe... une cuisse, une gorge que l'on trouve sous la main Les soldats, voyant à qui ils ont affaire, abandonnent leurs fusils pour tâtonner plus commodément; les victimes supportent fort patiemment le joug des vainqueurs. Il était écrit que ce soir-là, dans l'hôtel de madame de Rosambeau, on se roulerait les uns sur les autres. Le fourragement continuait avec ardeur d'une part, on s'y prêtait avec docilité de l'autre, quand le sergent entra dans le grenier avec de la lumière.

Il était temps d'éclairer la scène, qui prenait une tournure très-originale.

— Que vois-je? s'écrie le sergent, des femmes !...

— Oui, des femmes, répond le commandant en reboutonnant une partie de son vêtement, qui s'était défaite dans le feu de l'action ; ce sont là les voleurs qui vous ont tant effrayé.

Les dames, à la vue de la lumière, s'étaient, par pudeur, refourrées sous la paille. On en vint à une explication indispensable. D'abord on pria tout le monde de se montrer sans rien craindre; et les soldats virent avec surprise qu'il n'y avait pas que des femmes sous la paille; à la vérité elles tenaient l'avant garde, c'est pourquoi elles avaient supporté tout le feu de l'ennemi. Les hommes, plus poltrons, étaient tout au fond, derrière la paille : les vaincus parurent enfin : et l'on reconnut le portier de l'hôtel, le cocher, les laquais, le maître d'hôtel, les marmitons, la femme de charge, les femmes de chambre, les couturières, les balayeuses, etc.

On doit se rappeler qu'au premier cri de Lafleur, tous les gens de la maison s'étaient sauvés au grenier, dont ils avaient fermé la porte. Ignorant ensuite ce qui se passait dans l'hôtel, ils avaient pris les soldats pour des voleurs, et la voix du commandant, qui les sommait de se rendre, pour celle du chef des brigands.

Heureusement tout ce quiproquo se termina sans avoir de suites fâcheuses; le commandant fut le premier à rire; le sergent seul était consterné de s'être trompé aussi grossièrement. Il lui fallut endurer les plaisanteries de tout le monde, et surtout du commandant, qui était en train de plaisanter. Les femmes n'épargnèrent pas non plus le sergent, car elles lui en voulaient de ce qu'il était venu si vite éclairer le théâtre du combat.

— Mais enfin, commandant, dit le pauvre sergent en prenant du tabac pour rappeler ses idées, il y a pourtant eu des voleurs !...

— Peut-être un ou deux, qui se seront sauvés dès votre arrivée!

— En effet, dit le portier en s'avançant, son bonnet de coton à la main, je me rappelle avoir vu sortir trois jeunes gens avant même que l'on ait crié au voleur...

— Sans doute, reprit le commandant, quelques étourdis qui se seront moqués de vous !... et l'on a répandu l'alarme pour rien, et mis le quartier sens dessus dessous !... Une autre fois, sergent, avant d'aller chercher main-forte, tâchez de savoir à qui vous avez affaire.

Le sergent ne répondit rien, il était confondu. Le commandant descendit à la tête de sa troupe; les gens de la maison retournèrent dans leurs chambres ; les soldats quittèrent l'hôtel; M. de Lacaille fut reconduit chez lui par Lafleur, qu'on ne soupçonnait guère être l'auteur de tout ce désordre, et Georgette se coucha en riant avec Rose des aventures de la soirée.

CHAPITRE XXVI. — Accident. — Rencontre imprévue.

On pense bien que les trois amants ne s'en tinrent pas à cette première visite; tous trois continuèrent à venir voir madame de Rosambeau, et, par ce moyen, on ne pouvait savoir auquel elle donnait la préférence. Les mauvaises langues de l'hôtel disaient que madame ne voulait désespérer personne, et que, guidée par mademoiselle Rose, elle savait mener trois intrigues de front; ce qu'il y a de certain, c'est que Georgette n'eut plus la maladresse de donner ses rendez-vous à une demi-heure de distance l'un de l'autre.

Mais, au milieu des plaisirs, le temps s'écoulait; le fruit de la première faute de Georgette arriva à ce terme où les entrailles d'une mère ne sont plus suffisantes pour le contenir : l'enfant de l'amour voulait prendre sa place dans ce vaste univers, où, par parenthèse, les enfants naturels sont assez nombreux.

L'époque est venue : il faut pour quelque temps quitter Paris, abandonner des plaisirs enchanteurs, pour s'ensevelir dans une triste campagne. Georgette est de fort mauvaise humeur : elle n'a jamais désiré être mère; mais dans ce moment, ce titre ne lui paraît qu'une sujétion insupportable, et elle se promet de ne point remplir les devoirs qu'il inspire à celles qui savent en goûter les douceurs.

Il faut partir; aucun obstacle ne s'oppose à ce départ : M. de Lacaille est persuadé que madame de Rosambeau est sujette à des douleurs néphrétiques, et qu'il faut qu'elle prenne les eaux; il désire l'accompagner, mais on trouve des prétextes pour l'en dissuader, et Lafleur persuade à son maître qu'il ne faut pas contrarier une femme malade si l'on veut qu'elle guérisse promptement.

Georgette quitte un beau matin la capitale; mais au lieu de se rendre à Plombières, on prend le chemin de Montmorency. C'est auprès de ce village (devenu célèbre par le séjour qu'y fit ce philosophe qui écrivait des traités d'éducation, et mettait ses enfants à la Pitié) que Lafleur avait loué pour Georgette une petite maison isolée, qui devait lui servir de retraite pendant son absence forcée de Paris.

Rose accompagne sa maîtresse : sans elle, madame mourrait d'ennui à la campagne !... Ces dames ont pris place dans un léger cabriolet, auquel on a attelé deux chevaux, sur l'un desquels leur conducteur est monté en postillon. Ce char semble plutôt destiné à une promenade que propre à faire un voyage; mais cinq lieues sont peu de chose, et Georgette a ordonné au postillon d'aller comme le vent.

Assise près de Rose, entourée de cartons et de chiffons de toute espèce (car, même dans la solitude, une jolie femme doit penser à sa toilette), Georgette s'entretient avec sa suivante des plaisirs qu'elle goûtera à son retour, du bonheur de jouer mille tours à de Lacaille, et de tromper ses trois amants, qui commencent à n'avoir plus le mérite de la nouveauté.

Cette conversation importante occupe tellement les voyageuses, qu'elles voient avec surprise que bientôt elles seront arrivées à leur destination. Déjà le modeste clocher de Montmorency se dessine au fond du paysage. Le char élégant va comme le vent; mademoiselle Rose, qui est pourtant une fille courageuse, a peur que les chevaux n'aient pris le mors aux dents : Georgette rit de sa frayeur; Georgette, que sa situation devrait rendre plus craintive, semble au contraire braver tous les dangers, et crie au postillon d'aller au grand galop.

Crac !... en passant sur quelques pavés destinés à réparer la route, l'essieu se brise, une roue se détache, le char verse sur les pierres, les dames roulent sur le chemin, et les cris de la douleur succèdent aux éclats de la folie.

Le postillon, tout occupé de lui, de la voiture et des chevaux, ne s'inquiète pas de ses voyageuses. Cependant Rose remplit l'air de ses cris, causés plutôt par l'effroi que par la douleur, car elle n'a aucune blessure. Georgette, blessée à la tête, a perdu l'usage de ses sens.

Un jeune homme à cheval accourt du côté d'où partent les cris; aidé de son domestique, il relève les voyageuses, les transporte sur un tertre de verdure; le postillon, revenu de sa frayeur, court chercher des secours dans une chaumière que l'on aperçoit à peu de distance. Pendant ce temps, le jeune homme étanche avec son mouchoir le sang qui coule de la blessure de Georgette s'est faite à la tête. Dans le premier moment, il n'a pu distinguer les traits de celle qu'il secourait; mais maintenant, à genoux près d'elle, il soulève la tête de l'intéressante blessée... Celle-ci ouvre les yeux et revient à elle...

— Georgette! s'écrie le jeune homme.

— Charles! dit notre héroïne; et elle baisse les yeux en rougissant, ce qui ne lui était pas arrivé depuis bien longtemps.

Charles, que nous avons quitté à l'instant où il prenait la route de Paris, avait eu dans cette ville une rechute qui l'avait contraint à garder la chambre tout le temps que Georgette employait en fêtes et en plaisirs. Le retour du printemps avait rendu la santé au trop sensible Charles; les médecins lui avaient ordonné l'exercice du cheval; et dans une de ses promenades *extra muros*, le hasard venait de lui faire rencontrer celle qu'il cherchait inutilement dans Paris.

— J'ai envoyé votre conducteur chercher du secours, dit Charles après un moment de silence; dans l'état où vous êtes, madame, on ne saurait prendre trop de précautions.

Charles appuya sur ces derniers mots : la grossesse de Georgette était trop avancée pour échapper à ses regards. Georgette rougit encore, et voulut se lever :

— Pourquoi vous remettre en chemin? dit Charles d'un ton plus doux; attendez que l'on trouve quelque voiture pour vous transporter à votre destination.

— Cela est inutile, monsieur, ma blessure n'est rien... et je suis en état de marcher.

En achevant ces mots, Georgette se leva et fit quelques pas, mais sa faiblesse la força de s'arrêter. Le postillon revint avec un paysan, qui offrit aux dames une carriole ou un brancard pour les transporter où elles voudraient.

— Je ne veux ni de l'un ni de l'autre, dit Georgette, votre carriole me casserait la tête à force de me secouer, et je n'ai pas envie de me mettre sur un brancard, pour que tous les paysans me suivent comme une curiosité! j'irai à pied.

En disant cela, elle donna quelque argent au villageois, ordonna au postillon de s'occuper du cabriolet, et de venir la rejoindre lorsqu'il l'aurait fait remettre en état.

Charles écoutait Georgette : il trouvait un tel changement dans son ton et dans ses manières, qu'il ne pouvait se persuader avoir devant les yeux la personne qu'il avait laissée à la ferme six mois auparavant.

Après avoir donné ses ordres, Georgette se tourna vers Rose, qui était encore couchée sur le gazon, recevant avec reconnaissance les soins de Baptiste, dont les petites manières innocentes et niaises lui plaisaient beaucoup.

— Donnez-moi le bras, Rose, vous m'aiderez à marcher en me soutenant un peu.

— Qe je vous soutienne, madame; eh, mon Dieu! j'ai bien besoin d'être soutenue moi-même... Je n'ai pas autant de courage que vous... je ne suis, en vérité, si je pourrai marcher...

Le fait est que mademoiselle Rose voulait que Baptiste l'aidât à faire le chemin. Georgette était embarrassée, le paysan et le postillon venaient de partir; elle avait affecté un courage au-dessus de ses forces. Charles était à deux pas, mais rêveur, silencieux, et ne paraissait pas dans une disposition favorable. Cependant elle s'arme de courage, et s'approche de lui d'un air riant :

— Monsieur sera-t-il assez galant pour me donner le bras jusqu'à ma demeure? nous n'avons pas pour une demi-heure de chemin.

Charles parut sortir d'un état léthargique : se tournant vers Baptiste, il lui ordonna de donner le bras à la suivante, et, s'avançant vers Georgette, lui dit qu'il était prêt à la conduire. Georgette passa son bras sous celui de Charles; mademoiselle Rose se serra contre celui de Baptiste, et l'on se mit en marche.

La route se fit silencieusement, malgré les efforts de Rose pour l'égayer. Charles était pensif, Georgette souffrait, non-seulement de sa blessure, qui était légère, mais de être forcée de donner le bras à un homme dont la vue lui rappelait ce que depuis longtemps elle avait oublié. Lorsque la douleur ou la fatigue la forçait à s'appuyer sur son conducteur, son sein se gonflait, son cœur battait avec violence; un sentiment pénible, parce qu'il n'était pas exempt de remords, s'emparait de son âme; elle levait les yeux sur Charles, et cherchait à lire dans les siens ce qui se passait au fond de son cœur; mais Charles évitait ses regards : il souffrait aussi d'être près de celle qu'il avait adorée, de celle qui avait fait le tourment de sa vie, et de n'être plus pour elle qu'un étranger; il sentait cependant qu'il ne pouvait plus être rien pour Georgette; mais lorsqu'elle s'appuyait sur lui, lorsqu'elle serrait son bras, lorsqu'un soupir s'échappait de sa poitrine, Charles, ému, retrouvait son cœur et regrettait les illusions qui ne pouvaient plus renaître!

On arriva enfin devant la maison que Georgette avait fait louer par Lafleur.

— C'est ici que je vais, monsieur, dit cette héroïne en s'arrêtant. Charles regarda l'habitation, et fut surpris de son extérieur modeste et de sa situation isolée; un sentiment de plaisir anima son visage.

Rose avait frappé : une vieille femme vint ouvrir.

— Voudriez-vous vous reposer un moment, dit Georgette à Charles en lui quittant le bras.

— Je vous remercie, madame, je n'en ai pas le temps.

— Je ne vous engage point à venir me voir... la société d'une femme seule pourrait ne pas vous être agréable...

Charles allait répondre à cette épigramme : il s'arrêta, craignant de se laisser emporter par le sentiment qui l'agitait.

— Suivez-moi, dit-il à Baptiste d'une voix sombre, et il s'éloigna à grands pas de la demeure de Georgette.

Arrivé à l'endroit où attendaient les chevaux, Charles s'arrêta pour regarder l'endroit où il avait retrouvé celle qu'il venait de quitti si brusquement.

— Elle... était là... blessée... souffrante... Mais d'où vient qu'elle habite maintenant une retraite isolée... Voulait-elle cacher sa faute à tous les yeux... se retirer du monde?

Pauvre Charles! son cœur cherche toujours à excuser celle qu'il ne peut encore effacer entièrement de son souvenir.

— Quel est cet original, madame? demande Rose à sa maîtresse lorsque Charles est éloigné; il vous a quittée d'une manière tout à fait drôle!... j'ai cru un moment qu'il allait pleurer!... Son domestique est gentil; ce n'est encore qu'un enfant, mais on pourrait en faire quelque chose.

Georgette ne répond rien. On entre dans la maison : cette demeure aurait paru charmante à quelqu'un qui eût aimé la campagne, Georgette la trouva insupportable, et se promit d'y rester le moins de temps possible. Sa chute n'avait point dérangé sa santé; une mère tendre en eût été charmée, Georgette ne le fut que par l'espoir d'être bientôt en état de retourner à Paris. La vue de Charles avait réveillé dans son âme des souvenirs sur lesquels elle sentait le besoin de s'étourdir.

Ce moment tant souhaité par la plupart des mères arriva enfin : après des douleurs assez vives, Georgette mit au monde un fils. La vue de son enfant lui causa une légère sensation; mais Rose le remit bien vite entre les mains d'une nourrice que l'on s'était procurée, à qui l'on paya une année d'avance en lui ordonnant de ne jamais venir à Paris avec l'enfant.

Le petit Paul (c'est le nom que l'on donna au fils de Georgette) passa de suite dans les mains d'une étrangère, et n'emporta ni les regrets ni l'amour de sa mère.

Georgette, après être restée à la campagne le temps nécessaire à son rétablissement, écrivit à Lafleur pour qu'il prévînt son maître de son retour. Tout fut exécuté comme la prudence l'exigeait, et bientôt madame de Rosambeau fut réinstallée dans son hôtel, sans que l'on se doutât de rien... ou sans qu'on eût l'air de savoir que madame avait été faire.

Jeunes gens qui cherchez une épouse innocente et sage, défiez-vous de ces demoiselles qui ont fait des voyages?

CHAPITRE XXVII. — La roue commence à tourner.

M. de Lacaille accourut à l'hôtel dès qu'on lui eut appris le retour de madame de Rosambeau. A son grand étonnement, il la trouva maigrie et très changée; en effet, Georgette avait beaucoup perdu de son éclat et de sa fraîcheur. Elle se plaignait de ce que les eaux lui avaient été contraires et, voulant réparer par la toilette ce qu'elle avait perdu en beauté, elle se livra aux plus folles dépenses, au luxe le plus effréné, et bientôt pour de Lacaille d'un entretien ruineux.

Le pauvre homme songeait quelquefois avec effroi aux suites que sa conduite devait amener; mais Lafleur était son confident, et de plus son intendant : il n'y avait plus moyen qu'il vit clair dans ses affaires, ni qu'il réparât ses sottises.

Madame de Rosambeau dépensait non-seulement pour elle, mais elle fournissait à ses trois amants tout ce qu'ils paraissaient désirer; ne pouvant se dissimuler qu'elle avait perdu beaucoup de ses charmes, elle craignait d'être abandonnée et employait, pour rentrer ses esclaves dans ses chaînes, des moyens ruineux pour M. de Lacaille.

Madame de Rosambeau faisait imprimer les ouvrages du jeune poète; et celui-ci, qui devait à sa belle le plaisir de voir ses œuvres paraître au jour, enfantait production sur production, en ayant soin de les dédier à celle qui en faisait les frais.

M. Folleville ne faisait point de vers, mais il avait une passion pour les chevaux. Madame de Rosambeau, qui allait souvent avec lui promener au bois de Boulogne, se chargeait de veiller à ce que leur équipage fût remarquable par la beauté de leurs coursiers.

Le jeune officier se contentait de monter le même cheval lorsqu'il faisait quelque promenade; mais il avait la fureur du jeu; il était rarement heureux, et madame de Rosambeau, qu'il avait la bonté d'associer à ses bénéfices, était chaque jour obligée de réparer le déficit qui se trouvait dans la caisse de l'association.

Les quarante mille livres de rente de M. de Lacaille ne pouvaient aller loin : Lafleur, intendant général des finances, prévoyait depuis longtemps ce qui devait arriver; en fripon adroit, il se gardait bien d'avertir son maître du résultat qu'auraient ses folies; il lui cachait, au contraire, l'abîme entr'ouvert sous ses pas, et le poussait doucement vers le précipice. On engageait les propriétés; on empruntait à des usuriers : de Lacaille signait tout; le malheureux avait perdu la tête, il n'osait plus examiner ses comptes, et son valet lui assurait qu'il aurait des ressources pour le reste de ses jours. Vieillesse folle! qui vous laissez maîtriser par les passions, vous êtes plus méprisable que vous n'êtes à plaindre!... vous avez, pour vous sauver des pièges que l'on tend à vos sens et à votre amour-propre, l'expérience et votre miroir.

Un matin, pendant que de Lacaille était encore livré au repos, ayant passé la nuit au bal, où la tournure et la mise de madame de Rosambeau avaient fait la plus grande sensation, un bruit confus de voix se fit entendre dans la cour de l'hôtel. De Lacaille ouvre les yeux; il sonne pour connaître la cause de ce tumulte, son petit jockey arrive.

— Qu'est-ce que j'entends, Jasmin?

— Monsieur, ce sont des huissiers, des usuriers, des recors... enfin tous les diables de l'enfer qui viennent saisir l'hôtel.

— Comment!... qu'est-ce que tu dis?... ces gens se trompent sans doute!... Dame! ils demandent cependant M. de Lacaille, vieux rentier...

— Vieux rentier! ce n'est pas moi...

— Oh! que si, monsieur, ils vous ont bien désigné...

— Et que veulent-ils?

— De l'argent ou en prison, monsieur.

— En prison! tu es fou!... ce n'est que de l'argent qu'il leur faut, n'est-ce pas?

— Oui, monsieur.

— Parbleu! c'est bien facile : ce n'était pas la peine de me réveiller pour cela!... envoie-les à Lafleur, mon intendant.

— Monsieur, c'est que votre intendant est parti ce matin avant le jour.

— Qu'est-ce que tu dis?

— La vérité, monsieur.

— Quoi!... Lafleur?...

— A quitté l'hôtel en emportant tout ce qui pouvait lui convenir.

— Ah, le coquin! le scélérat!... je suis volé, trompé... trahi....

De Lacaille retombe sur son lit; il est anéanti; il s'aperçoit qu'il a été dupe d'un fripon. Cependant le tumulte augmente; les huissiers crient, les valets se sauvent avec ce qu'il peuvent emporter. Bientôt les recors entourent le lit du vieil enfant prodigue; on lui montre des billets qu'il a signés, des engagements qu'il a contractés : le résultat est que l'intendant a trompé jusqu'aux usuriers, car son maître doit trois fois plus qu'il ne peut payer en laissant saisir tout ce qu'il possède. Cette découverte ne calme pas la colère des créanciers, et M. de Lacaille est sommé de se rendre provisoirement en prison. Le vieux fou se lève; on ne lui laisse pas le temps de mettre ni rouge ni corset, ni boucles à l'enfant : on l'entraîne... Mais, au moment où il va quitter sa chambre, mademoiselle Rose arrive avec un billet de sa maîtresse; de Lacaille le prend et le lit, pendant que Rose, effrayée, regarde les personnages à figures patibulaires qui remplissent l'appartement.

Le billet contient une invitation de madame de Rosambeau pour remettre à sa femme de chambre trois cents louis, dont elle a un urgent besoin.

— Ma chère, répond M. de Lacaille, dis à ta maîtresse que je vais en prison pour elle, et que c'est la dernière marque d'amour que je puisse lui donner.

— Dites-lui aussi, mademoiselle, ajouta un grand homme sec, noir, livide, dont le regard avide et la figure hétéroclite font deviner un huissier, dites à votre maîtresse que je ne lui donne que vingt-quatre heures pour quitter l'hôtel qu'elle habite; je sais ce que c'est que madame de Rosambeau; la maison qu'elle occupe a été vendue à monsieur, et doit par conséquent nous revenir.

Rose s'enfuit sans en entendre davantage. Monsieur de Lacaille fut conduit en prison; le malheureux y mourut au bout de quelque temps, sans être plaint de personne, sans avoir trouvé dans ses nombreuses connaissances le moindre secours, la plus légère consolation.

CHAPITRE XXVIII. — Pièce utile à l'un et inutile à l'autre.

Georgette attendait avec impatience le retour de sa femme de chambre; avant de suivre mademoiselle Rose, revenons à Charles, que nous avons laissé aux environs de Montmorency.

Charles, en voyant la retraite que Georgette avait choisie, s'était flatté qu'un sentiment de repentir avait guidé celle qui, après maintes folies, pouvait encore (il l'espérait du moins) revenir à la vertu.

Tourmenté par le désir de la revoir, fâché de l'avoir quittée si brusquement, Charles balança longtemps pour se rendre chez Georgette; l'amour l'emporta encore, et un matin il prit avec Baptiste le chemin de la maison isolée.

Arrivé à cette demeure paisible, Charles frappe : une paysanne se présente; il s'informe de la jeune dame qui habite la maison, et la villageoise lui apprend que depuis deux mois cette dame est partie, et qu'elle ne doit point revenir.

— Allons, dit Charles, je me suis encore abusé!... retournons à Paris, Baptiste.

— Si monsieur désire y voir mademoiselle Georgette, cela sera bien facile.

— Comment cela, Baptiste?

— Je sais son adresse, monsieur.

— Et qui te l'a donnée?

— Sa femme de chambre, à qui j'ai donné le bras... vous savez, monsieur : mademoiselle Rose m'avait engagé à aller la voir, mais je ne m'en suis pas soucié.

— Aller voir Georgette à Paris! se dit tout bas Charles, non!... ce serait une faiblesse!... et il passa encore plusieurs jours dans l'irrésolution, jusqu'au moment où l'amour le poussa malgré lui chez Georgette.

Rose venait de rentrer; sa maîtresse la grondait de sa lenteur :

— Tu sais, Rose, que j'attends après cet argent... Folleville a besoin d'un cheval.

— Il pourra bien aller à pied, madame, s'il ne monte plus que ceux que vous lui achèterez avec l'argent de M. de Lacaille!

— Que veux-tu dire, Rose?

La femme de chambre raconte la scène dont elle a été témoin; Georgette est surprise, sans être affectée, du malheur de son vieil entreteneur.

— Le vieux fou! s'écrie-t-elle, il devait bien s'attendre à cela! Je suis bien aise d'être débarrassée de lui.

Ruinez-vous donc pour une coquette!

— L'événement est pourtant désagréable, dit Georgette au bout d'un moment : je comptais sur cet argent... Et Lafleur, l'as-tu vu, Rose?

— Lafleur est bien loin, à ce que j'ai appris en sortant de l'hôtel; un garçon intelligent n'attend pas, pour quitter son maître, le moment où la justice entre dans la maison.

— Demain, Rose, nous quitterons cet hôtel. J'ai des bijoux, des diamants...

— Oh! vous avez des ressources, madame : à votre âge on n'est jamais embarrassée.

— Va, Rose, faire les paquets de tout ce que nous pouvons emporter.

Georgette, restée seule, se livre à ses réflexions; il y avait fort longtemps qu'il ne lui était arrivé de penser à sa situation; en songeant à l'avenir, on revient quelquefois sur le passé, que tant de personnes cherchent à oublier : et Georgette était de ce nombre.

Notre héroïne se trouvait dans cette situation d'esprit où, mécontent de soi-même, on voudrait pouvoir changer quelques scènes de sa vie, lorsque la porte de son appartement s'ouvrit : c'était Charles, qui, cédant au désir de revoir Georgette, venait en hésitant chez madame de Rosambeau.

— C'est madame de Rosambeau que j'ai l'avantage de parler? dit Charles en entrant.

— Quoi... c'est vous, monsieur!... Et qui vous a donc appris mon nom?...

— Oh! je me doutais bien, madame, que celui que vous portiez à la ferme ne vous conviendrait plus à Paris.

— Si c'est pour me faire de la morale que vous êtes venu chez moi, je vous préviens, monsieur, que vous perdez votre temps : je ne suis nullement disposée à entendre vos réprimandes.

Charles examinait l'appartement; le luxe, la profusion qui semblaient régner chez madame de Rosambeau avaient déjà chassé l'espérance de son cœur.

— Je ne viens pas vous faire des reproches, dit-il enfin, je vois d'ailleurs qu'il serait trop tard!

— Quel est donc le sujet de votre visite?

Charles, embarrassé, ne savait trop que répondre; il n'osait avouer dans quelle espérance il était venu la voir; il tira un mouchoir de sa poche et le présenta à Georgette :

— Je voulais vous remettre ce gage de fidélité que vous me donnâtes jadis... et que j'aurais dû vous rendre plus tôt.

— Ah! ah! dit Georgette en éclatant de rire, comment, monsieur, c'est pour cela que vous êtes venu? Ah! je vous reconnais bien là!... Toujours romanesque! toujours sentimental!...

— Et vous toujours ingrate et parjure.

— En vérité, monsieur, vous n'êtes pas galant! Je croyais que les voyages vous auraient formé; mais je vois qu'on ne fera jamais rien de vous.

— Fort bien, madame, continuez : joignez l'ironie à l'outrage!... Vous ne sauriez me rendre un plus grand service : je vous vois enfin telle que vous êtes; et je vous remercie de détacher le bandeau qui me couvrait les yeux.

— Comment, Charles, vous m'aimiez encore?... Voilà une constance digne de nos anciens chevaliers !... Mais, entre nous, je ne le méritais guère.

— J'aime à voir que vous vous rendez justice.

— Pourquoi dissimulerais-je avec vous? Tenez, je vais être franche : vous m'avez plu lorsque je vous vis pour la première fois; ce penchant augmenta quand vous vîntes à la ferme; peut-être vous serais-je restée fidèle! Mais vous me laissez là, vous me quittez, sans vous inquiéter de ce qui en arrivera; une jeune fille de dix-sept ans aime à parler d'amour; un autre amant se présenta : il m'en dit plus en huit jours que vous en deux mois, et j'aimais à m'entendre dire que j'étais jolie!... Je vous ai oublié, je l'avoue, mais est-ce bien ma faute?... Depuis ce temps, j'ai fait bien des folies!... Que voulez-vous! mon cœur est léger, ma tête n'est point mûre pour la raison!... Cependant, chaque fois que je vous vois, j'éprouve un sentiment... qui m'étonne moi-même! Tenez, Charles, je n'ai pas vingt ans, je suis encore jolie... Quittez cet air boudeur, ce ton sentimental; et au lieu de me moraliser, parlez-moi d'amour... Je sens que je vous écouterai avec plaisir.

En achevant ce discours, qu'elle avait accompagné de regards très-expressifs, Georgette passait son bras autour de Charles; et, la tête appuyée sur l'épaule du jeune homme, le sein palpitant, les yeux attachés sur les siens, elle s'attendait à voir son esclave tomber encore à ses genoux... Mais Charles se dégage froidement des bras qui l'entourent, et, s'éloignant de quelques pas :

— Je vous ai écoutée atentivement, dit-il à Georgette, je vois combien je m'étais abusé!... Je ne dois vous faire aucun reproche, vous avez cédé aux penchants que la nature vous a donnés. Poursuivez le cours de vos folies; augmentez chaque jour le nombre de vos amants; soyez heureuse!... je le désire; mais le bonheur s'use bien vite pour ceux qui se blasent sur tous les plaisirs; peut-être, en n'abandonnant pas vos bienfaiteurs, auriez-vous réussi à le fixer près de vous. Adieu, Georgette, nous ne nous reverrons plus.

En achevant ces mots, Charles jette un dernier regard sur Georgette, et quitte l'hôtel en remerciant le ciel de lui avoir dessillé les yeux.

Chapitre XXIX. — Changement d'état.

Les dernières paroles de Charles avaient jeté le trouble dans l'âme de Georgette; son brusque départ, au moment où elle croyait l'enchaîner plus fortement que jamais, humiliait son amour-propre et trompait sa folle vanité. Rose vint tirer sa maîtresse de ses réflexions en lui annonçant que tout était disposé pour leur changement de domicile. Rose avait espéré pouvoir faire enlever une partie des meubles de l'hôtel, mais les huissiers y avaient mis empêchement. Il fallut se contenter des cartons renfermant les parures, les châles et les bijoux; un fiacre reçut tout cela, et transporta ces dames dans un hôtel garni.

Georgette avait fait connaître à ses trois amants sa nouvelle demeure, mais aucun d'eux ne s'y présenta; notre héroïne ne concevait point le motif de cet abandon, Rose le lui fit comprendre : en effet, madame de Rosambeau ne pouvait plus faire imprimer les ouvrages du jeune poëte, acheter des chevaux à Folleville, et tenir la caisse du jeune officier. Ces messieurs portèrent leurs hommages ailleurs, hommages bien flatteurs pour celles qui en furent l'objet.

Rose consola sa maîtresse, que l'ingratitude de ces messieurs avait un peu chagrinée; et Georgette se promit d'être plus sage à l'avenir.

Cependant, depuis qu'elle habitait l'hôtel garni, Georgette était délaissée, et n'avait plus de société. La promptitude avec laquelle madame de Rosambeau avait ruiné M. de Lacaille, dont la fortune paraissait assurée, avait effrayé les nombreux admirateurs de sa beauté. Personne ne se présentait pour remplacer ce pauvre de Lacaille, qui venait de mourir dans sa prison; le temps s'écoulait; les bijoux se vendaient (parce qu'à Paris il fait cher vivre en hôtel garni), et les ressources diminuaient.

— Où est Lafleur? disait Georgette en soupirant, il m'aurait déjà retrouvé un hôtel et une voiture !... Rose ne répondait rien, mais elle se creusait la tête pour imaginer un moyen de sortir d'embarras.

Un matin, la soubrette fut trouver sa maîtresse encore au lit; son air satisfait annonçait qu'elle avait quelque projet en tête.

— Que me veux-tu donc, Rose? dit Georgette à peine éveillée.

— Madame !... madame... il m'est venu une idée délicieuse... vous allez refaire fortune!...

— Comment cela, Rose? et Georgette se frotte les yeux et s'éveille entièrement.

— Vous dansez fort bien, vous êtes un peu musicienne, il faut entrer à l'Opéra.

— A l'Opéra... moi! y penses-tu?

— C'est parce que j'y ai longtemps réfléchi que je vous propose ce parti, comme le plus agréable et le plus prompt pour faire une fortune brillante.

— Et que ferai-je à l'Opéra?

— Vous danserez... Une chanteuse est quelquefois peu remarquée, mais une danseuse, c'est bien différent : la danse vous offre les moyens de faire valoir vos charmes, de déployer vos grâces !... Le piquant du costume, des formes charmantes et une jolie figure, qui, aux quinquets,

sera éblouissante : en voilà plus qu'il n'en faut pour faire courir tout Paris!

— Vraiment, Rose, tu me donnes presque envie de danser. Mais comment pourrai-je parvenir à être reçue?

— Oh! c'est bien facile : j'ai servi autrefois une dame dont l'amant avait un frère qui était l'amoureux d'une demoiselle dont l'oncle était attaché à l'administration de l'Opéra. Par l'entremise de ces gens-là, j'ai fait connaissance avec le premier valet de chambre de M. l'administrateur, qui m'a dit que son maître était un homme fort aimable, aimant beaucoup les femmes, et faisant volontiers quelque chose pour elles. Nous allons nous rendre chez lui. Faites une grande toilette, car il n'y a que les gens comme il faut qui débutent à l'Opéra; présentez-vous sans crainte, voyez M. l'administrateur, et je réponds que vous aurez un ordre de début.

Georgette s'abonnne aux conseils de Rose. La toilette se fait de suite, car les dames sont lestes en affaires; on prend un fiacre, et l'on arrive dans l'antichambre de M. le préposé de l'Opéra.

Cette antichambre, comme celle de tous les gens en place, était remplie par une foule de réclamants, aspirants, prétendants, demandeurs, fournisseurs, entremetteurs, etc. Georgette prit place au milieu de cette cohue, et Rose alla trouver le valet de chambre de monsieur, pour tâcher, en renouant connaissance, d'obtenir le faveur de faire passer sa maîtresse avant son tour dans le cabinet de l'administrateur.

Pendant que Rose entame les négociations, Georgette est étourdie du brouhaha continuel qui se fait autour d'elle : chacun y parle haut et se donne le plaisir de raconter à son voisin le sujet de sa juste réclamation; un danseur se plaint de son camarade qui lui a soufflé un pas de deux dans le dernier ballet; une chanteuse accuse tout l'orchestre d'avoir joué en adagio un morceau guerrier, afin de lui faire manquer la mesure; un figurant demande justice, parce que, dans un ouvrage où il y a des bêtes, il n'a fait que l'ours, tandis qu'un de ses inférieurs a fait le lion. Chacun crie, tout le monde parle en même temps, personne ne s'entend, mais celui qui fait le plus de bruit est persuadé qu'il a raison. Georgette, qui n'est pas encore habituée aux réunions d'artistes et aux disputes de coulisses, voit revenir Rose avec plaisir.

La soubrette perce la foule et parvient enfin à sa maîtresse; elle lui apprend qu'elle a réussi, non sans beaucoup de peine (elle paraissait en effet très-échauffée), et que tout ira pour le mieux.

Le valet de chambre suit de près mademoiselle Rose, et madame de Rosambeau est introduite dans le cabinet de M. l'administrateur.

Quel fut l'entretien de Georgette avec l'homme en place? quel genre de pas exécuta-t-elle devant lui? comment se rendit-elle son juge favorable? ce sont de ces mystères du cabinet que nous ne pouvons pénétrer : ce qu'il y a de certain, c'est que Georgette sortit de chez l'administrateur avec la certitude de déployer bientôt ses grâces à l'Opéra.

— Eh bien, madame, dit Rose à sa maîtresse lorsqu'elles furent remontées en voiture, je vous avais bien dit que vous réussiriez.

— C'est vrai, Rose; j'ai bien eu quelque peine d'abord, mais j'ai tant pressé... tant pressé!...

— Ah! il faut cela, madame : moi aussi, j'ai eu beaucoup de peine à me faire reconnaître du valet de chambre, mais à la fin, oh! il s'est bien aperçu que ce n'était pas la première fois qu'il me voyait, et j'ai tant fait, qu'il a montré beaucoup de bonne volonté. En disant cela, Rose arrangeait son fichu, un peu chiffonné, et Georgette réparait le désordre de sa coiffure.

Chapitre XXX. — Zulmé.

Peu de temps après la visite de Georgette à M. l'administrateur, elle reçut l'ordre qu'elle sollicitait pour débuter parmi les nymphes de Terpsichore.

C'est alors que les soins de Lafleur eussent été utiles à Zulmé (c'est le nom de théâtre que Georgette avait pris); il fallut que Rose redoublât de zèle pour faire réussir sa maîtresse et triompher des intrigues que fomentaient les nombreuses rivales de la débutante.

Georgette s'étonnait des cabales, des menées, des disputes dont elle était l'objet; étrangère jusqu'alors à la carrière du théâtre, elle ignorait qu'une armée de cent mille hommes est plus facile à conduire qu'une troupe de quinze ou vingt comédiens. Elle ne connaissait pas encore les jalousies, les préférences, les prétentions ridicules, les droits d'ancienneté qui éloignent les talents, les passe-droits qui dégoûtent les auteurs, les claqueurs qui soutiennent la médiocrité, et les sifflets du public, qui, tôt ou tard, font justice de ce qui est mauvais.

Georgette débuta et fut bien accueillie; non qu'elle eût beaucoup de talent, mais Rose avait acheté les trois quarts du parterre, et les gens comme il faut ne sifflent point; d'ailleurs, la débutante était fort jolie; ses charmes, relevés par tout ce que l'art inventa pour séduire les yeux, étaient, à la scène, d'une fraîcheur à tromper les habitués de l'orchestre, ce qui est beaucoup dire.

Bientôt la belle Zulmé fut plus en vogue que ne l'avait été madame de Rosambeau; les offres les plus brillantes, les cadeaux, les billets doux se succédaient chez la jolie danseuse. Rose, malgré son érudition en galanteries, ne savait auquel entendre; sa maîtresse était la divinité du jour, la femme à la mode, et à Paris la mode vaut une fortune.

L'hôtel de Zulmé était devenu le rendez-vous des merveilleux de la capitale : chaque matin, entourée d'un essaim d'adorateurs de tous les âges et de toutes conditions, mais tous à équipage (on n'était pas reçu sans cela), notre héroïne payait d'un sourire, d'un regard, d'un mot flatteur les hommages d hommes qui se croyaient trop heureux en se ruinant pour elle.

Georgette aurait pu, avec un peu de prévoyance et moins de folies, amasser une fortune ; mais jouir du présent sans songer à l'avenir, telle était sa devise ; elle n'avait jamais écouté que sa tête, et ce n'était point au milieu du tourbillon des plaisirs qu'elle pouvait devenir raisonnable.

Tous les soirs on donnait chez Zulmé de ces petits soupers qui durent toute la nuit : on jouait gros jeu ; les perdants se consolaient en faisant sauter le champagne; les gagnants célébraient leurs triomphes auprès des belles ; une joie bruyante, des chansons licencieuses, des scènes scandaleuses, terminaient ces nuits de débauche ; les rayons du jour trouvaient encore dans l'hôtel les convives, qu'il fallait, pour la plupart, reporter chez eux.

Madame Godin et ce libertin de Mouton.

Laissons Georgette se livrer sans frein, sans retenue à toutes ses passions, et voyons si Charles est encore ensorcelé.

CHAPITRE XXXI. — Où l'on retrouve quelqu'un que l'on avait oublié.

Charles avait quitté l'hôtel de madame de Rosambeau le cœur soulagé du poids qui l'oppressait depuis si longtemps. En voyant Georgette ce qu'elle était, le cœur flétri par l'insensibilité, l'esprit imbu des sophismes du vice , les yeux brillants de licence et de hardiesse ; en voyant ses traits, jadis charmants, déjà fanés par l'abus des jouissances, Charles avait senti s'éteindre dans son cœur cette passion qui avait fait le tourment de sa vie. Il avait pardonné à Georgette de ne le point aimer, il ne pouvait l'excuser de se rendre indigne de son amour. La froideur, la coquetterie, l'inconstance même ne peuvent quelquefois éteindre l'amour; l'avilissement, la débauche éloignent pour jamais un cœur délicat.

Baptiste se douta qu'il était arrivé quelque changement heureux, lorsqu'il vit son maître revenir et lui ordonner gaiement de préparer leur départ. Charles voulait de suite quitter Paris, où rien désormais ne le retenait. Il songeait aussi au chagrin que son absence causait à ses parents; et une voix secrète lui disait qu'il trouverait au château de Merville un objet plus digne de ses affections que celui qui si longtemps s'en était rendu maître,

Nous avons laissé madame de Merville livrée à l'espoir de revoir bientôt son fils, et se félicitant avec l'aimable Alexandrine de son retour au château, que Dumont avait annoncé; mais cette douce espérance fit bientôt place à l'inquiétude : le temps s'écoulait et Charles ne revenait pas.

— Je me suis flattée trop tôt, se disait madame de Merville, mon fils est sans doute épris plus que jamais de cette Georgette!... une femme méprisable fera le malheur de sa vie!... lorsqu'une compagne vertueuse aurait pu l'embellir. Jeunes étourdis, vous cherchez le bonheur, et vous le fuyez s'il s'offre à vous sous l'égide de la sagesse.

La jeune Alexandrine soupirait aussi après celui qu'on lui avait peint sous des couleurs si flatteuses, et que son imagination avait encore embelli. Une jeune fille est ingénieuse à se créer des chimères, et sa tête travaille davantage lorsqu'il s'agit d'un joli garçon.

Ces dames, sans savoir leurs secrètes pensées, se consolaient entre elles en parlant de celui qu'on attendait toujours. Un matin, on était alors dans le cœur de l'hiver, Alexandrine proposa à madame de Merville de profiter d'une belle gelée pour faire une promenade aux environs du château; la proposition est acceptée : les dames se couvrent de douillettes bien chaudes, et, bravant la rigueur du froid, dirigent leurs pas vers Rambervilliers.

Tout en causant de celui auquel on pensait toujours, ces dames avaient fait beaucoup de chemin, et madame de Merville désirait se reposer, lorsqu'Alexandrine aperçut à peu de distance d'elles un vieillard assis sur un banc de pierre, et paraissant contempler le spectacle triste, mais imposant, qu'offre la nature dans une belle journée d'hiver.

— Quel est ce vieillard? dit Alexandrine à madame de Merville, le connaissez-vous, madame?... Il vous salue...

— C'est l'ancien tabellion de Rambervilliers.

— Il paraît bien âgé?

— Il ne l'est pas autant qu'on le croirait ; mais il a éprouvé des chagrins, et le malheur vieillit bien vite !... Je le connais peu. M. Rudemar vit très-retiré, et ne voit aucune société; il semble occupé d'anciens souvenirs dont rien ne peut le distraire. On prétend que jadis sa conduite ne fut pas irréprochable !... Mais, comme je n'ajoute pas foi aux discours de la médisance, je ne sais rien de plus sur ce sujet. J'ai engagé quelquefois M. Rudemar à venir au château, mais il s'en est toujours excusé.

Ces dames étaient arrivées près du banc; le vieillard se leva pour saluer madame de Merville; et celle-ci, étant fatiguée, se reposa près de M. Rudemar, tandis qu'Alexandrine, qui préférait courir sur la neige à une conversation trop sérieuse pour son âge, se promenait non loin de là.

Il y a longtemps que nous avons quitté M. Rudemar, et nous le trouvons bien différent de ce qu'il était alors; nous l'avons laissé avec Gertrude, en faisant tout ce qu'elle voulait (M. le tabellion avait toujours eu des faiblesses pour ses gouvernantes). Dame Gertrude abusa de l'ascendant qu'elle avait sur l'esprit de son maître pour perdre cette pauvre petite Georgette qui sans elle serait peut-être restée tranquille chez son oncle , et n'aurait pas fait toutes les folies imaginables !... Ce qui serait bien malheureux pour le lecteur. Mais la fuite de Georgette avait affecté M. Rudemar, il espérait cependant qu'elle reviendrait implorer son pardon; mais les années s'écoulèrent, et la petite nièce ne revint pas. M. le tabellion, qui, en vieillissant, devenait sage (ce qui est encore méritoire, puisque nous voyons tant de vieux libertins), s'accusa de la fuite de Georgette, qu'il se représentait errante, malheureuse, livrée à toutes les horreurs de la misère, loin de celui qui devait, à juste titre, lui tenir lieu de père. Gertrude fut renvoyée. M. Rudemar prit une gouvernante sexagénaire, et se retira peu à peu du monde, espérant encore, pour prix de son repentir, que Georgette viendrait lui fermer les yeux.

M. Rudemar ignorait que madame de Merville pût lui donner des nouvelles de sa nièce, et loin de se douter que la mère de Charles était la femme qui tournait la tête à son fils fût la nièce de M. le tabellion.

Alexandrine avait à peine quitté madame de Merville, qu'elle aperçut un jeune cavalier suivi de son domestique. Le voyageur, passant près d'elle, la salue avec grâce; mais au même moment, son cheval s'abat, se casse une jambe; le jeune homme tombe, et le domestique jette des cris perçants. Alexandrine se sent défaillir, mais, surmontant sa faiblesse, elle court au voyageur, qu'elle craint de trouver blessé.

Le jeune homme était debout avant qu'Alexandrine fût près de lui.

— Ah! que je suis contente, dit-elle, je craignais que vous fussiez blessé.

— Vous êtes trop bonne, mademoiselle, mon pauvre cheval est seul victime de cet accident.

— Comment donc allez-vous faire?

— Heureusement je ne vais pas loin, je reviendrai avec du monde voir si on peut le secourir.

— Ah! vous êtes près d'ici?

Et Alexandrine examinait le voyageur avec intérêt.

— Vous allez à Rambervilliers peut-être?

— Non; mais au château de Merville, qui n'en est pas éloigné.

— Quoi ! vous allez au château de Merville?...

Alexandrine s'arrête, rougissant de la joie qu'elle a manifestée ; elle baisse les yeux, car le jeune homme l'examine à son tour.

— Oserais-je, lui dit-il, vous demander, mademoiselle, d'où naît votre surprise ?

— Monsieur... c'est que je vais aussi au château.

— Permettez-moi alors de vous offrir mon bras pour vous y conduire.

On ne pouvait refuser une offre aussi naturelle ; Alexandrine prit, en rougissant encore, le bras du voyageur. Son cœur battait, elle désirait et craignait d'arriver.

— Venez par ici, dit-elle à son compagnon en lui faisant quitter le chemin.

— Mais, mademoiselle, le château n'est pas par là.

M. Lefin, un invité de madame de Vieux-Bois.

— Non, mais madame de Merville y est... Tenez, c'est elle que vous voyez là-bas... sur ce banc.

Le jeune homme quitte aussitôt le bras d'Alexandrine, il court vers le banc ; madame de Merville se lève en l'apercevant, et Charles est déjà dans les bras de sa mère.

Alexandrine est enchantée ; son cœur ne l'a point trompée, c'est Charles qui est de retour. M. Rudemar est touché de la scène de bonheur qu'il a devant les yeux. Mais il fallait retourner au château, il fallait que tout le monde fût instruit du retour de Charles ; madame de Merville engagea M. Rudemar à venir partager leur joie, et cette fois le vieillard accepta l'invitation ; la vue d'une heureuse famille avait ranimé ses esprits et fait trêve à ses chagrins.

Malgré son originalité, M. de Merville ne put cacher sa joie en revoyant son fils ; le plaisir devint général. M. Rudemar, engagé à dîner au château, n'eut point le courage de refuser une aussi aimable invitation. Le repas fut charmant : la famille de Merville était heureuse, Alexandrine espérait le devenir davantage, M. Rudemar lui-même oubliait ses chagrins.

Charles, placé à côté d'Alexandrine, admirait sa beauté, ses grâces, sa douceur : il faisait en lui-même des comparaisons qui étaient toujours à l'avantage de son aimable voisine. Alexandrine, dont le cœur était tout neuf, ne savait point cacher ses sensations, et se livrait avec abandon au sentiment nouveau que Charles lui inspirait.

Au dessert, il prit fantaisie à M. de Merville de demander à son fils ce qu'il avait fait à Paris. Charles, embarrassé, regardait sa mère ; celle-ci dit à son époux que leur fils avait sans doute fait quelques folies, mais que son âge devait les faire excuser.

— Parbleu ! madame, s'écria M. de Merville, me croyez-vous assez sot pour me fâcher de ce que mon fils ne s'est pas conduit comme un Caton ? Je me fâcherais, au contraire, s'il n'avait point fait des siennes !... Je n'aime pas ces jeunes gens qui n'ont aucun des défauts de leur âge, et qui, froids spectateurs des folies de leurs camarades, restent calmes dans l'âge des passions, et ne cèdent jamais aux plaisirs.

Un jeune sage devient ordinairement un vieux fou. Les erreurs donnent de l'expérience et apprennent à connaître le monde ; et, puisqu'il faut que la nature parle tôt ou tard, il vaut mieux que ce soit à vingt ans qu'à cinquante.

M. Rudemar appuya l'opinion de M. de Merville (il avait quelques raisons pour cela). Charles embrassa son père, et l'on quitta la table. La soirée se passa agréablement ; les jeunes gens firent plus ample connaissance, et le lendemain ils se comprenaient déjà fort bien.

Laissons-les se livrer au bonheur d'une passion réciproque ; satisfaits du présent, heureux en avenir, ils voient avec joie renaître la saison des amours : c'est l'époque que l'on a fixée pour leur union. Retournons à Georgette, qui peut-être n'est déjà plus Zulmé.

CHAPITRE XXXII. — Catastrophe.

Nous avons laissé Georgette au milieu d'une foule d'adorateurs se disputant l'honneur de se ruiner pour la belle Zulmé ; ce qui n'était nullement difficile, grâce au luxe insolent qui régnait dans l'hôtel de cette moderne Laïs.

Mais à Paris, où tout est vogue et engouement, la mode aime à changer de favoris, et Rose s'aperçut bientôt qu'une nouvelle débutante allait éclipser sa maîtresse : en soubrette fidèle, elle courut apprendre à Georgette un événement qu'il fallait tâcher de parer.

— Madame, lui dit-elle un matin, ne vous étonnez plus si on vous délaisse, si vous ruinez moins de monde depuis quelque temps : sachez qu'une nouvelle beauté attire tous les regards. C'est une jeune fille de seize ans, fort jolie, à ce que l'on assure, et, ce qu'il y a de pis, une Agnès, une innocente !...

— Ah ! Rose, comment nous opposer à ses succès ?

Lacaille est justement plus amoureux que jamais.

— Eh ! madame, il faut cabaler !... la faire siffler le jour de son début, payer des gens pour faire du tapage : on criera, on se disputera, on se battra ; on fera aboyer des chiens au parterre, on jettera des chats du paradis : cela fera un charivari superbe !... On criera au feu, s'il le faut ; les spectateurs se troubleront, les femmes se sauveront ! personne ne s'entendra ; on s'en ira de mauvaise humeur, et la débutante sera trouvée détestable.

— Ton plan est délicieux, et je l'approuve... Cependant je crains, si la débutante est jolie, que nous n'en soyons pour nos frais de conspiration !...

— Eh ! qu'importe ! madame, conspirons toujours !.., nous verrons après !... nous en serons quittes pour nous jeter dans la réforme, si cela est nécessaire ; mais, en attendant, cabalons !

Le plan de cabale étant arrêté, Rose fit agir tous les ressorts de l'intrigue. Georgette, moins versée que sa suivante dans ces sortes d'affaires, ne la secondait qu'en fournissant l'argent nécessaire pour payer les affidés de mademoiselle Rose. Georgette prodiguait l'or avec autant de facilité qu'elle le gagnait !... Et ce métal, si urgent dans les Etats policés, avili par l'usage qu'en fait le vieillard libertin, prodigué par les coquettes, et acheté si cher par le laboureur, qui passe souvent dix années de sa vie à conquérir ce qu'un banquier de la capitale perd en une heure à l'écarté; cet or enfin, type des biens, des maux; source, but de tant de crimes; cet or, sur lequel je pourrais vous dire de fort belles choses qui pourraient bien vous endormir, devint entre les mains de mademoiselle Rose le nerf de la conspiration qui devait culbuter la débutante.

Mais, vous le savez, lecteur, les projets d'une faible créature sont tracés sur le sable, ou, pour parler plus bourgeoisement, la femme propose et Dieu dispose. Or donc, trois jours avant celui qui devait décider du sort de la rivale de Georgette, notre héroïne éprouva un malaise qui la força de se mettre au lit; le lendemain elle était plus mal, une fièvre brûlante l'agitait. Un docteur arriva, et déclara que, d'après les symptômes qu'il remarquait, on devait craindre la petite vérole.

A cette affreuse découverte, Georgette jeta les hauts cris; Rose pâlit d'effroi, et tous les amants, les amies, les flatteurs et les courtisans de Georgette s'enfuirent de l'hôtel, comme si le diable s'en était emparé.

Adieu la cabale, les intrigues de coulisses; la débutante même fut oubliée. Un soin plus important occupait Zulmé : il fallait tâcher de conserver cette beauté sur laquelle reposaient toutes les espérances de fortune et de plaisirs. On maudissait l'oncle, qui avait négligé sa nièce, et Jean, qui au fond de sa ferme n'avait pas songé à la vaccine.

Rose ne quitte pas l'hôtel, mais elle attend le résultat de la cruelle maladie dans un appartement bien éloigné de celui de sa maîtresse, qu'elle ne va pas voir, craignant la contagion. Georgette souffre seule; elle n'a pas un ami qui vienne la consoler et adoucir ses ennuis !... C'était bien le cas de faire de sérieuses réflexions !... de devenir sage ! La suite vous apprendra si Georgette mit ce temps à profit.

Georgette, après avoir été fort mal, fut enfin certaine de conserver l'existence : la crise était passée. Mais était-elle toujours la séduisante Zulmé ? Notre héroïne n'avait pas encore osé consulter son miroir.

Enfin elle fait appeler Rose. Celle-ci, après s'être informée si l'on peut sans danger approcher de madame, entre dans l'appartement où sa maîtresse est couchée. La voix de Georgette lui ordonne d'approcher. Rose avance tout doucement... elle écarte les rideaux... elle regarde... jette un cri, et se sauve à l'autre extrémité de la chambre. Georgette devine son malheur.

— Ah! Rose, s'écrie-t-elle, je suis perdue !... Tu ne veux pas me dire combien je suis changée !...
— Madame...
— Approche... Je le veux. Je suis donc bien affreuse, Rose?
— Oh! non, madame... Mais... malgré cela... vous n'êtes pas... tout à fait ce que vous étiez.
— Apporte-moi ce miroir, je veux m'assurer de la vérité.

Rose donne, en tremblant, le miroir à Georgette, et, sans attendre l'effet qu'il produira sur sa maîtresse, elle s'éloigne pour exécuter le projet qu'elle a déjà conçu.

Georgette tient le miroir fatal, jadis consulté si souvent, et sur lequel maintenant elle n'ose jeter les yeux. Il faut pourtant savoir comment on est... Oh ciel !... des marques sur le visage... les yeux moins ouverts, le teint rouge, les sourcils et cils en partie rongés !... Allons, on n'est plus la femme charmante qui fit tant de conquêtes! Mais enfin cette rougeur du visage, les yeux se dégonfleront; on sera toujours belle femme !... et on peut plaire encore : à vingt ans on n'en perd jamais l'espoir.

Bien décidée à ne plus reparaître sur le théâtre qui l'a vue si brillante, et où il faudrait entendre les railleries amères de ses camarades, Georgette prend de suite son parti. Après être restée encore quelques jours au lit, elle se lève, et fait demander Rose, qu'elle n'a pas aperçue depuis l'instant où elle lui a donné le miroir.

Mais Rose n'était plus dans l'hôtel : ne servant jamais que les femmes à la mode, parce que ce n'est qu'auprès de celles-là que l'on fait son chemin, la fidèle soubrette, en voyant le triste effet de la cruelle maladie, s'était décidée à quitter Georgette; et, comme Lafleur avait toujours été son modèle, elle n'oublia pas ce qu'il avait fait en quittant M. de Lacaille : les bijoux, les diamants disparurent avec mademoiselle Rose.

— Ah ! dit Georgette en apprenant l'espièglerie de sa chère Rose, on a bien raison de dire : Un malheur ne vient jamais sans un autre.

Cependant, en vendant le mobilier, on parvint à se faire une petite somme, à se meubler un joli logement; on pouvait encore vivre honnêtement; mais on n'était plus Zulmé ni madame de Rosambeau!

Chapitre XXXIII. — Rencontre nocturne.

Georgette habitait depuis quelque temps un appartement rue des Moulins, menant une vie assez monotone, passant la journée à se rap-

peler ses grandeurs passées, à gémir sur la perte d'une partie de ses charmes, allant le soir au spectacle pour chasser son ennui ; mais, blasée sur ce genre de plaisir, elle n'y trouvait plus la distraction qu'elle cherchait. L'oisiveté, ce fardeau plus pénible à supporter que la peine et la fatigue, engourdissait son esprit et abattait son caractère. A dix-neuf ans, Georgette était déjà lasse de la vie. Quelquefois elle se rappelait qu'elle était mère; mais, ignorant les douceurs de cet état, elle avait payé encore six mois d'avance pour son fils, dont elle ne songeait point à se rapprocher.

Un soir, en revenant du spectacle, Georgette, surprise en chemin par un violent orage, fut forcée de chercher un abri; elle entre dans la première porte qu'elle aperçoit, et attend que le temps lui permette de continuer sa route.

Un quart d'heure se passe, et la pluie ne cesse pas de tomber. Un homme entre en jurant dans l'allée qui sert de refuge à Georgette.

— Oh, oh ! la belle, que faites-vous là ?
— Monsieur, j'attends que l'orage cesse pour retourner chez moi.
— Si vous voulez monter dans ma chambre, vous y serez mieux qu'ici.

La proposition était un peu brusque ; Georgette, habituée à plus de galanterie, ne savait que répondre ; le monsieur s'en aperçut.

— Ah ! vous êtes effarouchée de ma proposition ? rassurez-vous !... Quoique je vous trouve seule, la nuit, dans une allée... ce qui n'est pas une situation très-décente; comme vous pouvez être une femme honnête, je vous promets que je ne vous retiendrai pas de force, car je n'aime que les femmes de bonne volonté. Allons, croyez-moi, venez... vous êtes déjà mouillée... vous êtes au vent... vous êtes mal enfin, et vous serez mieux chez moi.

En disant cela, le galant prend la main de Georgette, et celle-ci se laisse conduire sans trop savoir ce qu'elle veut faire. On monte un escalier tortueux, on va jusqu'au cinquième étage... et plus on montait, plus Georgette soupirait, et se repentait d'avoir suivi son conducteur.

Enfin le monsieur s'arrête, ouvre une porte, et introduit sa dame dans une pièce dont l'obscurité ne permet pas de distinguer l'étendue.

— Restez tranquille pendant que je vais battre le briquet, dit le conducteur de Georgette en lui offrant une chaise. Notre héroïne s'assied, réfléchissant sur le parti qu'elle doit prendre; son hôte allume la chandelle, elle distingue enfin les objets, et l'examen commence par le maître du logis.

Elle voit un homme de quarante ans, grand, robuste, assez bien de figure, dont la mise est décente, mais dont les manières n'annoncent pas une origine très-distinguée.

Après avoir examiné son obligeant conducteur, Georgette jette un regard sur la chambre où elle se trouve. Cette pièce faisait à la fois chambre à coucher, salon, cabinet de toilette et cuisine. Des murailles presque nues, des croisées sans rideaux, un fourneau sur un poêle, un lit défait, des chaises cassées, et, au milieu de tout cela, des manteaux, des casques, des épées, des cuirasses et des rouleaux de papiers : voilà quel tableau s'offrit aux regards de Georgette, qui soupira encore, et se promit bien de ne pas rester longtemps chez son galant inconnu.

Celui-ci, tout en parcourant la chambre pour tâcher d'y mettre un peu d'ordre, jetait des regards sur Georgette; et sans doute l'examen n'était pas défavorable à notre héroïne, car plus il la regardait, plus il se donnait de peine pour arranger son appartement.

Enfin il termina, et d'un air doucereux s'avança vers Georgette.

— Ah çà, belle dame (ce compliment flatta Georgette, qui n'y était plus accoutumée), j'espère que vous me ferez le plaisir de souper avec moi sans façon; je vous le répète, cela ne vous engagera à rien ; mais à table nous ferons connaissance. Tenez, je suis un bon diable, qui ne connais pas les cérémonies. Quand vous m'aurez vu une heure, vous me connaîtrez comme si vous étiez ma femme !...

Cette plaisanterie fit sourire Georgette : la pluie tombait toujours ; d'ailleurs, puisqu'elle était venue là, quelques moments de plus ne changeaient rien à sa situation.

— Allons, dit-elle, je vais attendre un peu, puisque vous le permettez.
— C'est cela, et moi, je vais mettre le couvert.

Notre homme apporte une table au milieu de la chambre, et, ouvrant une armoire, il en tire les restes d'un pâté, une langue, du jambon et plusieurs bouteilles de vin.

— Allons, belle dame, mettons-nous à table, et vive la gaieté!

Georgette se laisse conduire dans une large bergère, qui formait contraste avec les tabourets garnissant la chambre. On s'assied, on mange, on boit, la conversation s'anime, on devient gai. Notre héroïne commence à trouver son hôte assez aimable ; elle lui témoigne sans façon le désir de savoir ce qu'il fait, et celui-ci lui répond en ces termes :

« Vous êtes curieuse de savoir ce que je suis; en deux mots je vais vous mettre au fait : je me nomme Duchenu ; je suis acteur au premier théâtre... des boulevards. Je fais les tyrans, les pères barbares et les oppresseurs de la vertu. Je me flatte d'avoir du talent; je dissimule facilement, aussi suis-je très-aimé du public. Mes camarades sont jaloux de moi; mais cela m'est égal; le directeur sait m'apprécier. Je suis bien payé; je mange ce que gagne, parce que je suis tout seul, ce qui ne m'empêche pas d'être heureux et content. Voilà mon histoire; voyons la vôtre. »

Georgette ne fut pas fâchée d'apprendre que M. Duchenu était attaché à un théâtre; déjà elle formait mille projets; mais pour répondre aux désirs de son nouvel admirateur, elle composa une histoire malheureuse qu'elle lui débita avec grâce, et qu'il crut ou ne crut point, c'est ce que je ne vous dirai pas. Peu importait d'ailleurs à M. Duchenu ce que Georgette avait été : les artistes sont philosophes. Le principal, c'est qu'elle lui avait plu.

Il fit sa déclaration en vidant sa seconde bouteille, car il buvait sec pour un tyran. Il offrit à Georgette de partager sa fortune, de lui donner sa réplique quand il étudierait un rôle, et d'avoir soin de ses meubles, qui commençaient à se déjeter. Mille beautés avaient brigué cet honneur, mais l'une prenait du tabac, l'autre fumait comme un grenadier, et toutes se grisaient régulièrement lorsqu'on jouait la pantomime (ce qui alors arrivait souvent). Il fallait donc à M. Duchenu une femme sage, douce, vertueuse.

— Vous me convenez, dit-il à Georgette; notre rencontre dans l'allée est un coup du sort. Votre âge, votre taille, votre figure, votre conversation, tout me charme. D'autres vous trouveraient peut-être un peu grêlée, mais je n'y vois que plus de piquant dans votre physionomie; à la vérité, vous n'avez pas l'air d'une vierge! mais je ne tiens pas à ces bagatelles!... enfin vous me plaisez. Dites-moi en deux mots si ma proposition vous convient!

Georgette n'était pas fort éloignée de répondre aux désirs de M. Duchenu, surtout d'après le plan qu'elle avait déjà formé; mais il était naturel de se faire désirer et de ne pas se jeter à la tête du premier venu : c'est pourquoi elle demanda à son hôte quelques jours pour réfléchir à sa proposition.

Duchenu, qui ne réfléchissait jamais, aurait voulu conclure de suite le marché; et, comme le vin lui avait fait oublier les promesses de sagesse qu'il avait faites à sa belle, il rapprochait insensiblement sa chaise, et cherchait à prendre des arrhes sur le traité; mais Georgette, qui n'était pas une innocente, comme l'avait dit un peu crûment M. Duchenu, devinant les intentions de son hôte, le repoussa vivement lorsqu'il croyait gagner du chemin; notre amoureux perdit l'équilibre, et roula avec sa chaise sous la table, d'où il se releva en jurant à Georgette qu'elle avait fort bien fait de le remettre à la raison, et qu'il était enchanté d'avoir rencontré une Lucrèce.

L'orage ayant cessé, Georgette se disposa à prendre congé de son hôte; en vain celui ci essaya de la retenir en lui offrant son lit et en promettant de coucher sur une chaise : Georgette fut inébranlable; il fallut la laisser partir. Mais Duchenu, trop galant pour laisser une femme sortir seule au milieu de la nuit, offrit son bras à Georgette, qui l'accepta avec reconnaissance.

Arrivé devant la porte de la rue des Moulins, Duchenu renouvela ses offres, ses assurances de tendresse, et demanda une prompte réponse, car il ne l'aimait pas à languir, et filait peu le parfait amour. Georgette promit de faire savoir sa résolution dans les huit jours, terme qui parut fort long à notre amoureux.

Georgette, rentrée chez elle, réfléchit aux propositions de sa nouvelle connaissance. M. Duchenu était bien au-dessous de tous ceux qu'elle avait connus jusque-là. Après avoir vécu avec Saint-Ange, ruiné M. de Lacaille et brillé à l'Opéra, il était bien cruel d'être réduite à accepter les offres d'un homme qui n'avait rien à dissiper; mais l'ennui accablait Georgette, et Duchenu était attaché à un spectacle. Par son entremise, notre héroïne espérait s'y faire recevoir; elle avait abandonné la danse, mais elle se sentait des dispositions pour le genre tragique, où le talent tient lieu de charmes. L'envie de reparaître au premier rang fait croire à Georgette qu'elle a une vocation décidée pour la scène. Déjà elle se voit sur le premier théâtre de la capitale, remplissant l'emploi le plus difficile. Bercée par ces chimères, Georgette s'endort en formant des châteaux en Espagne, et rêve qu'on s'empresse de lui adresser des vers et de lui jeter des couronnes! Laissons-la rêver.

CHAPITRE XXXIV. — Effets de l'inconduite.

Notre héroïne, en s'éveillant, fut très étonnée de se retrouver dans le simple appartement de la rue des Moulins, et de n'être toujours que Georgette, rien que Georgette!

Ses esprits se calmant, elle se rappela son aventure de la veille, et s'étonna d'avoir consenti à souper dans le galetas où demeurait M. Duchenu. Sa coquetterie se révolta à l'idée de loger avec un homme dont les manières étaient si peu délicates, et elle prit la résolution de ne pas revoir Duchenu.

Mais le temps s'écoulait; il fallait, pour subsister, diminuer le mobilier ou toucher aux parures, nécessité cruelle qui jetait Georgette dans de sombres pensées, ou lui rappelait son penchant pour le théâtre.

Un soir on frappe à la porte : Georgette ouvre, et reconnaît avec étonnement M. Duchenu. Il ne pouvait arriver dans un moment plus favorable : Georgette pensait aux moyens de débuter.

— Me voilà, ma chère amie; n'ayant pas de vos nouvelles, je viens en chercher. Je ne joue pas ce soir, ce qui est rare; aussi je gage qu'ils n'auront personne. J'ai profité de l'occasion pour venir voir ma belle aux réflexions. Depuis quinze jours vous avez eu le temps d'en faire... eh bien! qu'avez-vous décidé?

— Savez-vous, monsieur Duchenu, que vous êtes bien pressant!...

— Ah, ma belle! dans notre état, nous sommes si las de jouer des scènes d'amour, qu'à la ville nous allons de suite au fait. Les stratagèmes, les ruses, les aveux, les soupirs!... nous savons tout cela par cœur!... cela ne nous amuse plus du tout.

— Je vois qu'avec vous il est inutile de feindre les grands sentiments... Je vous dirai donc sans cérémonie que j'accepte vos propositions... mais à une condition!

— Parlez, morbleu! tout ce qu'il vous plaira.

— Je veux débuter à votre théâtre, pour lequel je me sens une vocation décidée. — Tant mieux!... je vous pousserai vigoureusement!... Un baiser pour sceller le marché?...

Duchenu en prit un, en prit deux, en prit en différents endroits, et finit par prendre tout ce qu'il voulut, Georgette ne jugeant pas nécessaire d'opposer de résistance à un homme qui paraissait disposé à la pousser en effet très-vigoureusement.

Lorsque M. Duchenu eut assez pris de choses, il se jeta dans un fauteuil, et regarda l'appartement de Georgette.

— Sais-tu, ma chère amie, que tu es logée comme une princesse... c'est vraiment trop beau ici !..

— Mais chez toi, c'est trop laid !

— A quoi te servent ces consoles, ces vases?

— C'est le bon genre.

— C'est du luxe, du superflu !... mais je t'aurai bientôt débarrassée de tout cela.

— Comment ?

— Sois tranquille !... d'abord ton parquet est trop glissant, je ne pourrais faire deux pas sans tomber!...

— Tu t'y accoutumeras.

— Non, de par tous les diables... tu auras soin de ne plus le faire frotter, c'est du luxe !

— Mais...

— A propos, comment te nommes-tu ?...

— Je m'appelle...

— Eh bien, tu l'as oublié?... le nom que tu voudras, cela m'est égal !...

— Georgette.

— Georgette, soit. Je gage que tu n'as pas toujours porté ce nom-là !

— C'est vrai.

— J'en étais sûr !,. Je connais les femmes, moi, elles ne m'en feront jamais accroire !...

— Tu es bien heureux !

— Je suis comme ça. J'ai aussi le talent de leur faire faire tout ce que je veux.

— Bah !... cela me paraît difficile !...

— Oh ! j'ai un moyen pour cela.

— Quel est-il ?

— Tu le sauras quand nous nous connaîtrons mieux.

— Est-ce celui que tu viens d'employer tout à l'heure?

— Fi donc !... celui-là est trop commun !... j'en ai un plus noble, plus énergique, plus digne d'un artiste !...

— Je doute qu'il vaille l'autre.

— Tu verras; mais il est tard, je retourne chez moi faire un paquet de mes rôles, mettre tout en ordre, et demain je viens m'établir ici. Adieu, ma belle Georgette.

Duchenu l'embrasse et s'éloigne. Georgette trouve que son nouvel amant a le ton bien décidé, et qu'il ne paraît pas aimer les contradictions; mais les choses en sont à un point si avancé qu'elle ne peut plus reculer; d'ailleurs Duchenu lui a promis de la faire recevoir à son théâtre; et toutes les idées dramatiques de Georgette se présentent en foule à son imagination, elle ne s'occupe plus que de la nouvelle carrière qu'elle va parcourir.

Le lendemain, dès six heures du matin, Duchenu fait un vacarme épouvantable à la porte de Georgette, qui avait l'habitude de dormir jusqu'à dix heures. Elle s'éveille en sursaut, et court ouvrir.

— Comment, c'est déjà toi ?

— Voilà deux heures que je cogne à ta porte.

— Pourquoi viens-tu sitôt ?

— Pourquoi te lèves-tu si tard ?

— C'est mon habitude !

— Elle est fort mauvaise, et je te la ferai perdre.

Georgette, pour commencer à en perdre l'habitude, était allée se remettre au lit; mais Duchenu, que la vue de sa belle demi-nue avait mis en folle humeur, ne songea plus à la gronder, et obtint son pardon pour s'être présenté si matin.

Voilà donc Duchenu installé chez Georgette. Les premiers jours il fut charmant, et tout se passa fort bien. Mais, comme il n'apportait jamais d'argent et mangeait comme quatre, Georgette fut obligée de diminuer encore son mobilier, ce dont Duchenu la consolait en lui assurant que moins une chambre est garnie, plus elle est commode pour déclamer et répéter.

Georgette était soutenue par l'espoir de débuter. Duchenu se chargeait de la négociation, et en attendant donnait des leçons de déclamation à sa maîtresse, persuadé que, formée par lui, elle devait obtenir de grands succès.

Devenue l'élève de Duchenu, Georgette avait pris l'habitude de lui obéir ; et cette femme que les bienfaits n'avaient pu attacher devenait l'esclave d'un homme brusque, bourru, qui achevait de la ruiner, et se permettait de la frapper lorsque les leçons n'allaient pas à son gré.

Quelquefois Georgette pleurait ou voulait résister à Duchenu ; mais alors les regards de celui-ci devenaient si terribles, il agitait avec tant de fureur son énorme rotin, que Georgette, effrayée, obéissait, tandis que Duchenu se félicitait sur son moyen de faire faire aux femmes tout ce qu'il voulait.

Qu'on ne soit pas étonné de voir Georgette, qui jusqu'ici a montré du caractère pour faire des sottises, se laisser maltraiter par un histrion : l'abus de la vie, l'ennui, la misère, affaiblissent les organes ; et tel fut un héros dans sa prospérité, qui, si la fortune change, montre la faiblesse d'un enfant.

Duchenu, qui trouvait que le mobilier de Georgette ne se mangeait pas assez vite, amenait chaque jour quelques-uns de ses camarades pour dîner ou souper. Le dîner se passait assez sagement, parce que ces messieurs, jouant le soir, étaient forcés d'être sobres ; mais au souper, ne craignant plus les sifflets, on ne gardait aucune retenue : souvent les jeunes premiers amenaient leurs maîtresses, Georgette était chargée de faire les honneurs à la société ; et si elle témoignait de l'humeur ou de l'ennui, un soufflet ou une autre gentillesse de M. Duchenu la rappelait à son devoir. Pauvre Georgette ! tu pouvais dire comme Georges-Dandin :

« Tu l'as voulu... »

CHAPITRE XXXV. — Chute.

Le moment approchait où Georgette devait débuter. Duchenu avait obtenu de son directeur qu'elle parût dans une pantomime dialoguée où lui-même remplissait un grand rôle, espérant, par sa présence, donner de l'émulation et du courage à son élève.

Georgette soupirait après ce jour ! car, malgré l'espèce d'apathie dans laquelle son esprit était tombé, elle éprouvait quelquefois des mouvements de colère contre elle-même ; son âme se révoltait contre sa situation, et elle se promettait de quitter Duchenu dès que ses succès lui auraient assuré un sort.

La veille du jour qui doit éclairer le triomphe de notre héroïne, M. Duchenu invite à souper presque tous ses camarades. Georgette doit répéter son rôle devant la société, et un festin complet doit terminer la soirée.

Le reste du mobilier de Georgette fut vendu par Duchenu pour payer le repas du soir. Son écolière n'opposa aucune résistance, espérant, par ses succès futurs, réparer les pertes du présent.

Après le spectacle, tout le monde arrive rayonnant de joie chez le cher camarade, que l'on traite de premier talent et de professeur distingué avec une emphase et un enthousiasme qui laissent deviner l'appétit des convives et le plaisir qu'ils éprouvent à venir souper chez lui. Georgette est fêtée, embrassée, caressée. Elle a les yeux rouges, parce que le matin Duchenu n'a pas été content de sa diction, ce qui a amené une scène un peu vive, mais on attribue cela à la fatigue qu'elle s'est donnée pour bien recevoir la société.

Les dames demandent qu'on commencera par souper ; mais on leur fait sentir qu'il vaut mieux que Georgette déclame avant, parce qu'il serait possible qu'on ne fût pas en état de la juger après : l'avis étant trouvé sage, on se place dans la grande pièce ; il n'y a pas assez de chaises pour tout le monde, mais les messieurs proposent de tenir les dames sur leurs genoux : celles-ci se révoltent d'abord ; mais finissent par accepter la proposition à condition que ces messieurs ne remueront pas, parce que cela leur causerait des distractions : on le promet, chaque dame choisit le siège qui lui convient, et on se dispose à écouter.

Duchenu, qui doit donner les répliques à son élève, sort d'un cabinet, le corps enveloppé dans un rideau de taffetas jaune, pour imiter le costume d'un paysan suisse ; il est bientôt suivi de Georgette, qui a mis les mouchettes à son côté en guise de poignard, et qui laisse flotter ses cheveux épars pour mieux peindre le danger de sa situation. Un cri de satisfaction retentit dans la chambre à l'entrée de Georgette.

— Quelle démarche !.... la belle tenue !.... quel maintien noble !.... Voilà ce que répètent les dames en s'agitant sur les genoux de ces messieurs.

Notre héroïne, flattée de ce murmure approbateur, s'avance d'un pas fier jusqu'au milieu de la chambre, puis débite, sans s'arrêter et presque sans reprendre haleine, sa grande tirade dont l'effet doit être remarquable. Duchenu, enchanté de la volubilité et de la mémoire de son élève, regarde ses camarades d'un air qui semble dire : — Faites-vous des sujets comme ça ?

Les dames félicitent Duchenu de l'œil et du geste. Quant aux hommes, on ne pouvait voir leurs visages, cachés par les beautés qu'ils tenaient devant eux, ni savoir à quoi ils étaient occupés pendant la tirade de Georgette ; mais, dès que notre héroïne eût fini, les dames demandèrent bis ! avec une ardeur étonnante, et on eut beaucoup de peine à les faire se lever, tant elles prenaient goût à la déclamation.

Enfin, Georgette, félicitée, fêtée, claquée, est conduite en triomphe dans la salle à manger, où la vue d'un souper splendide achève de monter les têtes en faveur de la débutante.

Afin de placer chaque convive, Duchenu démonte deux portes, qui, posées sur des chaises, servent de banquettes. On ne songe plus qu'à bien se divertir, et on se livre à la gaieté la plus vive. Les mets sont trouvés succulents, les vins délicieux. Les dames sont d'une amabilité charmante ; les hommes, échauffés par la scène de déclamation, font sauter les bouchons et entonnent des couplets grivois. On rit, on choque, on fait chorus ! l'ivresse est générale !... Les chandelles sont renversées, les banquettes faites avec les portes roulent sous les convives... Chacun cherche, dans ce désordre, à retrouver sa chacune.... et alors... ma foi, comme on ne se voyait plus, je ne sais pas ce qui arriva.

Aux éclats de rire, aux soupirs, aux cris étouffés, succéda le silence du sommeil ; et le soleil avait déjà parcouru une grande partie de sa carrière lorsque la réunion d'artistes commença à ouvrir les yeux.

Georgette est la première éveillée : l'attente d'un grand événement trouble toujours le repos. Le bizarre tableau qui s'offre à ses yeux la fait douter un instant de son réveil ; mais elle rappelle ses idées, et les suites du festin de la veille se retracent à sa mémoire. Sans s'amuser à contempler les groupes qui l'entourent, Georgette, qui pense qu'il est tard, va secouer le bras à Duchenu ; Duchenu secoue son voisin, le voisin sa voisine, et ainsi de suite, tout le monde fut bientôt sur pied. Les fumées du vin étaient évaporées, on s'aperçoit qu'on n'a que le temps de courir à la répétition ; on se presse, on se hâte de sortir, on quitte le théâtre de ses plaisirs pour celui qui doit être témoin de la gloire de Georgette.

Cette soirée si désirée est enfin arrivée. La salle du spectacle était pleine, car dans ce temps-là (notez bien, lecteur, que je parle au pas é) les pantomimes, les mélodrames et les ballets sur la corde avaient le pas sur Molière et Racine ; ce qui ne veut pas dire cependant que nous n'ayons plus le sens commun, mais ce qui prouve que le Français se lasse du beau et du bon parce qu'il faut qu'il se lasse de tout.

Sic transit omnis gloria !

La pièce commence, le public est calme ; on attend en silence l'arrivée de la débutante. Georgette est dans la coulisse, où, d'après les conseils de son maître Duchenu, elle avale plusieurs petits verres d'eau-de-vie pour se donner du nerf, de la chaleur, et se prémunir contre la peur.

Il faut paraître enfin : Georgette s'avance hardiment, se disant tout bas que, lorsqu'on a dansé à l'Opéra, on doit être une merveille aux boulevards. Un murmure se fait entendre ; on croit s'apercevoir que la débutante chancelle, mais on attribue cela à la crainte d'un premier pas. Cependant Georgette, troublée par la chaleur, les petits verres et le souvenir du grand théâtre où elle a brillé, oublie tout ce qui a fait son rôle ; et, en descendant la scène devant l'amant qui lui adresse une déclaration, se persuadant qu'elle est encore à l'Opéra, elle fait un entrechat et une pirouette au lieu d'entamer sa grande tirade. Le jeune premier reste ébahi, le public rit ; et Duchenu, qui est dans la coulisse, se tue à crier à son élève : — Ce n'est pas cela !... sacrebleu !... la tirade... f... la tirade !...

Georgette, à ce discours énergique, retrouve sa mémoire, et s'avance noblement près du souffleur pour débiter son rôle : le public, qui voit que l'actrice va parler, fait silence pour l'entendre, et le jeune premier se rapproche ne craignant plus les coups de pied.

Georgette commence à parler assez bien, elle met de la chaleur dans sa diction ; et le public, qui pardonne aisément ce qui le fait rire, oublie les entrechats de la princesse, et paraît disposé à l'accueillir favorablement. Mais un diable d'hémistiche, oublié par notre héroïne, change de nouveau la scène. Georgette, impatientée, ne sait plus ce qu'elle dit ; le public commence à se lasser de l'écouter, et des sifflets partent du parterre et du paradis. Le chef d'orchestre, homme prudent, veut jouer l'entrée du ballet afin de faire diversion, et le souffleur crie tant qu'il peut le rôle à la débutante ; mais celle-ci, exaspérée par les sifflets, perd tout à fait la tête ; la colère la suffoque ; elle veut, bon gré, mal gré, achever sa tirade, et, ne pouvant se faire entendre, donne un coup de pied dans le nez du souffleur, et crache sur le violon du chef d'orchestre.

Le tumulte est alors à son comble : la salle retentit des cris, des claques, des sifflets, des huées des spectateurs. Les jeunes gens accablent la débutante de propos ironiques ; mais les habitués du paradis, qui vont au spectacle pour pleurer, et non pour rire, sont de fort mauvaise humeur, n'entendent pas raison : les pommes, les coquilles de noix et les morceaux de galette sont lancés sur la débutante, qui se promène noblement sur le théâtre sans paraître s'occuper du bruit qui se fait dans la salle.

Cependant Duchenu avait quitté le théâtre : honteux de son élève, et prévoyant les suites fâcheuses du début, il ne se souciait pas de rester témoin de ce qui allait arriver. A peine est-il parti, que le souffleur, plus hardi, sort de son trou pour venger son coup de pied, tandis que le chef d'orchestre monte sur le théâtre pour laver l'insulte faite à son instrument. Georgette se trouve entre ses deux antagonistes, et la bataille va s'engager... lorsque le lieutenant de police paraît sur le théâtre, suivi de quelques vétérans. A son aspect, la scène change, le tumulte s'apaise, les combattants s'arrêtent. M. le lieutenant de police n'entendait pas la plaisanterie : il prit un peu brusquement Georgette sous le bras; celle-ci, effrayée par la scène qui venait d'avoir lieu, ne songeait plus à faire résistance. On lui fit quitter le théâtre. Arrivée dans la rue, elle aperçut une voiture, dans laquelle on la fit monter avec un des soldats qui l'accompagnaient, et elle se laissa conduire sans être encore revenue de l'étourdissement que les événements de la soirée lui avaient causé.

CHAPITRE XXXVI. — La maison de Correction.

La voiture roulait depuis assez longtemps, lorsque Georgette, à qui le grand air avait fait du bien, commença à recouvrer ses esprits; et, rappelant à sa mémoire une partie des événements de la soirée, ce qui l'étonna le plus fut de se trouver en voiture avec un vétéran, sans savoir où on la conduisait.

— Où donc allons-nous? dit-elle enfin à son silencieux voisin.
— Parbleu, vous devez bien vous en douter!...
— Non en vérité!...
— On vous conduit à Saint-Lazare.
— Qu'est-ce que c'est que Saint-Lazare?
— Une maison de correction, où l'on enferme les demoiselles qui font des bamboches.
— Comment! on va m'enfermer?...
— Certainement.
— Est-ce que j'ai fait des bamboches?...
— Belle demande!

Georgette se récria contre l'injustice des hommes, ne pouvant concevoir que l'on enfermât une jeune femme parce qu'elle avait oublié sa tirade. Mais ses lamentations étaient inutiles, son voisin n'y faisait aucune attention. La voiture s'arrête, on ouvre la portière, on fait descendre Georgette; la vue des murs noircis par le temps, des grilles, des guichets, des verrous et des sentinelles, cause à notre héroïne une sensation fort désagréable.

Le guichetier parut : c'était un homme de six pieds, au teint jaune, aux yeux caves et faux, dont les sourcils épais et rouges se rapprochaient sur le nez, et dont la bouche énorme s'étendait d'une oreille à l'autre. A son aspect, Georgette tressaillit. Le vétéran ayant dit quelques mots à l'oreille du guichetier, celui-ci ordonna à notre héroïne de le suivre. Il fallut traverser de longs corridors, des cours vastes et solitaires; monter des escaliers sombres et étroits. Enfin le guichetier ouvrit une porte, et poussant Georgette :

— Voici votre chambre, dit-il d'une voix rauque; puis il referma la porte sur elle, la laissant se livrer tout à son aise à ses réflexions.

En entrant dans son nouveau domicile, Georgette se jeta sur la seule chaise qui s'y trouvait. Au bruit des verrous qui se fermaient sur elle, son cœur se serra; elle pleura amèrement et longtemps, mais sans éprouver aucun soulagement.

Lasse de pleurer, elle essaya de rappeler son courage, et pour se distraire examina sa prison : c'était une petite chambre étroite, recevant à peine du jour par une fenêtre grillée. Un lit, une table et une chaise composaient tout l'ameublement.

— Ah! dit Georgette en se jetant sur la triste couchette, si Duchenu était ici, il ne pourrait pas y trouver du luxe !...

Georgette fut réveillée à six heures du matin par le bruit que faisait le geôlier en entrant dans sa chambre. Il jeta sur la table un pain noir, et posa une cruche à côté.

— Tenez, voilà votre déjeuner, votre dîner et votre souper. Avez-vous bientôt assez dormi?
— Qu'est-ce que cela vous fait?
— Est-ce que vous croyez que l'on vous nourrira ici à rien faire?
— Jolie nourriture! d'ailleurs je n'ai pas demandé à être en pension chez vous.
— Vous plaisantez, je crois!...
— Je n'en ai nulle envie.
— Quand les femmes renfermées ici ne font pas leur devoir, c'est moi qui suis chargé de les corriger, et je m'en acquitte bien.

Georgette frissonna au geste du terrible geôlier, et regretta presque les leçons de déclamation de Duchenu.

— Que faut-il donc faire? demanda-t-elle d'un ton plus doux.
— Travailler, parbleu!... travailler depuis le matin jusqu'au soir.
— Ah! ciel!... mais je ne sais rien faire...
— On saura vous apprendre. Suivez-moi, on va vous donner votre tâche.

Georgette suivit en silence son conducteur. L'idée de travailler depuis le matin jusqu'au soir la faisait trembler. Après avoir passé son enfance à jouer, son adolescence à se promener, et sa jeunesse à faire des sottises, il lui semblait bien dur d'être réduite à travailler dans une prison.

On la mena dans une grande salle, où elle fut fort étonnée de voir un grand nombre de femmes presque toutes jeunes et jolies, et portant le même uniforme, qui était une large robe grise. Georgette ne pouvait se lasser de considérer ces femmes, qui paraissaient appartenir à toutes les classes de la société, et qui, assises l'une contre l'autre, travaillaient assidûment et dans le plus profond silence.

Notre héroïne allait essayer d'entamer la conversation avec l'une des tristes pensionnaires de Saint-Lazare, lorsqu'elle fut appelée par une femme assise au fond de la salle, et qu'à son maintien sévère elle jugea devoir être la surveillance de ce lieu redoutable.

Georgette s'approcha, et reçut des mains de la supérieure une robe de bure pareille à toutes celles que portaient les recluses.

— Que faut-il que je fasse de cela? dit notre héroïne à la vieille.
— Allez vous en revêtir; vous reviendrez ensuite dans cette salle, où vous trouverez la tâche qu'il me plaira de vous imposer.
— Moi, que je mette cette vilaine robe!... Fi donc! .. je serais laide à faire peur avec cela!...
— Obéissez, et ne répliquez pas.
— Vous aurez beau dire, je ne la mettrai pas.

En disant cela, Georgette, à qui la vue de ses malheureuses compagnes livrées à un travail assidu a monté la tête, et qui d'ailleurs n'entend pas raison sur le chapitre de la toilette, s'armant d'un courage digne de ses premières folies, jette la robe grise au nez de la supérieure.

Celle-ci, qui était accoutumée à ne voir que des visages soumis et craintifs, à n'entendre que des paroles de respect et d'obéissance, et dont enfin les moindres ordres étaient toujours strictement exécutés, fut tellement surprise de l'action de Georgette, que, suffoquée par la colère, elle resta trois minutes sans pouvoir parler, le visage rouge comme une écrevisse, au point que les recluses espérèrent un moment qu'elle s'étoufferait.

Cependant la voix lui revint ; et son discours, semblable à un torrent qui, brisant l'obstacle qui l'arrêtait, entraîne tout sur son passage, fut mêlé de cris, de menaces, de grimaces et de gestes expressifs.

Enfin, ne trouvant pas d'expressions assez énergiques, la bonne dame veut en venir aux effets : elle renverse avec ses pieds les tabourets qui se trouvent sur son passage; elle marche vers Georgette, tenant à la main un petit bâton au bout duquel pendent plusieurs courroies de peau. C'est avec ce redoutable martinet qu'elle fait marcher son troupeau. Déjà de l'œil et du geste elle menace Georgette, et avant de l'atteindre elle commence par frapper, à tort et à travers, tout ce qu'elle rencontre.

Pour esquiver son ennemie, Georgette se cache derrière les cénobites; celles-ci, que la scène amuse, profitent du désordre qui règne dans la salle pour abandonner leur ouvrage sans égard pour la supérieure, qui leur crie de ne pas bouger!... Mais déjà elles n'écoutent plus sa voix, tant l'exemple est dangereux. Celui de Georgette a produit tout l'effet qu'elle en attendait : en un instant la confusion règne partout, l'insubordination est générale.

La vieille, épuisée de fatigue, courant en vain après les prisonnières, tombe, suffoquée, au pied d'un banc de la salle. C'est ce qu'attendait la bande dévergondée : toutes les femmes s'arrêtent; et Georgette, femme ayant donné l'exemple du courage, prend la parole, et commence le discours suivant que chacune écoute avec attention :

— Mesdames... ou mesdemoiselles! je ne suis ici que d'hier soir, et j'en ai déjà assez. Vous, qui me paraissez y être depuis longtemps, vous devez être dégoûtées de travailler!... D'ailleurs on s'habitue pas à être battue, à moins que ce ne soit par son amant; et on ne porte pas avec plaisir une robe de bure, lorsqu'on est encore dans l'âge de faire des conquêtes. Je pense donc que vous approuverez le projet que j'ai formé de me sauver de cette prison, et que vous en ferez autant que moi !

— Oui! oui! s'écrient toutes les prisonnières, nous ne demandons pas mieux !... Mais comment faire?

— Ecoutez-moi, reprend Georgette; il faut commencer par empêcher cette mégère de crier, car le guichetier pourrait monter, et cela dérangerait nos projets.

L'avis de Georgette étant trouvé sage, on s'empare de la vieille, qui menace en vain, on rit de sa fureur, on brave sa colère; et après lui avoir mis un mouchoir sur la bouche, on l'attache à l'un des piliers de la salle.

Cette opération terminée, d'après les conseils de Georgette, on observe le plus profond silence, afin de ne pas attirer l'attention des gardiens; puis on attend ce que va dire le général des insurgées de Saint-Lazare.

— Commençons, dit Georgette, par nous venger de cette vieille : moi, pour les coups qu'elle voulait me donner; vous, pour ceux que vous avez reçus.

Aussitôt Georgette saisit le martinet, et, troussant la supérieure, expose son vénérable postérieur aux regards de l'assemblée, et applique sur les fesses de la gardienne les marques de sa vengeance; ensuite le martinet passe de main en main, car chaque prisonnière a une vengeance à exercer. Quand la vieille fut bien fouettée, Georgette jeta en l'air le terrible instrument, et dit qu'il fallait que chacune proposât un expédient pour se sauver, et que l'on choisirait le meilleur.

Jusqu'ici Georgette avait bien conduit la conspiration, mais à peine eut-elle demandé les avis de ces dames que, toutes parlant à la fois, il devint impossible de s'entendre. En vain Georgette, qui voit le danger qu'elles courent, essaie de les rappeler à l'ordre, sa voix se perd dans le brouhaha général!... et le terrible guichetier entre dans la salle, suivi de trois porte-clefs.

— Oh! oh! que veut dire ceci? s'écrie notre homme d'une voix de stentor : toutes les conjurées se retournent et demeurent muettes d'épouvante ; la vue du guichetier fait sur elles l'effet de la tête de Méduse. Le gardien aperçoit la vieille attachée dans un coin de la salle, ayant encore à l'air la partie fustigée.

— On a fait de belles choses, à ce qu'il me paraît, dit-il en rabaissant les jupons de la vieille; mais vous allez la danser à votre tour!

— Morbleu! s'écrie Georgette, qui prévoit qu'elle sera la plus maltraitée, comme étant cause de la révolte, nous laisserons-nous fouetter par ces gredins-là?... Allons, mesdames, nous sommes trente-deux, ils ne sont que quatre : du courage et imitez-moi!...

En disant cela, Georgette court vers la porte; toute la bande, que ses paroles ont électrisée, la suit en jurant de la seconder. Le guichetier et ses compagnons veulent retenir les prisonnières; mais ces femmes, à qui l'excès de la frayeur a donné du courage, tombent à grands coups de poing sur leurs gardiens et, comme elles sont en nombre bien supérieur, elles les tapent, les rossent, les bourrent, les roulent, et demeurent maîtresses du champ de bataille.

— Nous pouvons descendre dans les cours, dit Georgette; mais ce n'est pas tout, il faut sortir de cette maison, et je crois qu'il y a encore à la porte beaucoup de monde à rosser.

— Environ quinze vétérans, dit l'une des demoiselles, et qui ont des fusils et des sabres.

— Quinze hommes armés!... dit Georgette en poussant un cri d'effroi.

— Quinze hommes armés! répètent toutes les recluses, et déjà la terreur se peint sur ces visages si magnanimes un instant auparavant!... Mais ces guerriers étaient des femmes, pardonnons-leur ces mouvements de faiblesse!...

Georgette, qui dans cette journée semblait retrouver son caractère primitif, ranima la valeur de ses compagnes.

— Ecoutez, mesdames, quinze hommes, c'est trop pour nous!... Il ne s'agit donc plus de se battre, c'est par la ruse qu'il faut nous évader.

— Bravo! ... rusons, s'écrient toutes les conjurées, c'est la notre fort.

— Commençons, dit Georgette, par attacher ces quatre coquins pendant que nous le pouvons.

Les porte-clefs et le guichetier sont liés aux piliers de la salle, la toile à laquelle travaillaient ces dames sert de lien pour les attacher. Une des prisonnières propose de leur donner le fouet, mais Georgette fait observer que cela les mènerait trop loin ; et la proposition est rejetée, malgré le plaisir que l'on aurait eu à l'exécuter.

Georgette, comme général, s'est emparée des clefs; mais on ne peut sortir en masse, on serait arrêté par la garnison qui est en bas. Notre héroïne propose un expédient qui peut seul la tirer d'embarras :

— Il faut, dit-elle, nous déguiser en porte-clefs; nous prendrons les habits de ces messieurs, ils sont larges et nous iront à ravir; il ne faut pas songer au guichetier, il est trop grand et trop reconnaissable pour qu'on puisse s'y méprendre; d'ailleurs il ne sort jamais de la maison, tandis que les autres vont et viennent sans que l'on y fasse attention.

— C'est fort bien, dit une des dames, mais ils ne sont que trois, et nous sommes trente-deux, il en restera donc vingt-neuf en prison?...

— Croyez-vous que je n'ai pas songé à cela?... Ecoutez : une fois qu'il y en a trois dehors, elles rentrent dans une allée sombre, ôtent leurs vêtements d'hommes, et les donnent à la troisième, qui les cache sous sa grande veste, et rentre dans la prison ; alors deux autres s'habillent, ressortent avec celle qui est revenue, et ainsi de suite jusqu'à ce qu'il n'y ait plus personne ici.

— Oui, mais si l'on s'aperçoit qu'il ne rentre qu'un geôlier et qu'il en sort toujours trois?...

— Bah! on ne fait pas attention à ces gens-là!.... Et si vous avez peur, vous ne sortirez jamais de prison.

Ces dernières paroles et la confiance que l'on a dans notre héroïne lèvent tous les obstacles; son plan est adopté à la majorité.

Il s'agit d'abord de déculotter les trois gardiens; c'est la moindre des choses pour ces dames, qui s'y prennent à merveille : en un instant ils sont comme était notre premier père lorsqu'on le chassa, avec sa compagne, du jardin d'Eden, à l'exception des feuilles de figuier, qui manquent aux porte-clefs.

Georgette, comme auteur de l'expédient, a le droit de sortir une des premières, les autres tirent au doigt mouillé à qui se déguisera; celles que le sort a désignées endossent la veste et mettent le bonnet sur leurs yeux ; leurs robes les gênent un peu, mais les pantalons sont larges; et tout s'arrange pour le mieux. La toilette achevée, Georgette prend les clefs et, suivie des deux autres, descend l'escalier en recommandant aux autres prisonnières de ne pas s'impatienter.

Georgette et ses deux compagnes tremblaient en traversant les cours

qui conduisaient à la porte de la rue; cependant rien n'arrête leur marche, les soldats qu'elles rencontrent passent sans les regarder. Elles sont enfin devant la porte principale; leur émotion augmente en voyant une sentinelle se promener devant. Georgette ne sait quelle clef choisir parmi toutes celles qu'elle tient; si elle en essaie plusieurs, cela semblera suspect : nos trois fugitives sont indécises et sur le point de retourner sur leurs pas... quand Georgette, prenant la plus grosse clef, va hardiment vers la porte ; le hasard l'a servie, la porte massive roule pesamment sur ses gonds. Georgette et ses compagnes sont dehors.

— Ouf! dit Georgette en courant à toutes jambes, nous sommes enfin dehors de cette maudite prison!... je jure bien de ne pas y remettre les pieds.

— Et qui donc délivrera nos camarades? dit une de celles qui couraient avec Georgette.

— Qui? ma foi, je m'en moque, mais à coup sûr ce ne sera pas moi... je n'irai pas risquer de nouveau ma liberté pour les beaux yeux de ces dames !...

— Ni moi!...

— Ni moi!... elles s'arrangeront comme elles pourront.

— Quant à nous, séparons-nous, et courons chacune de notre côté : c'est le meilleur moyen pour ne pas éveiller les soupçons si l'on envoyait sur nos traces.

Le conseil de Georgette est encore suivi ; les trois fugitives prennent chacune un chemin différent, sans songer davantage aux pauvres recluses qu'elles laissent dans l'embarras, et dont elles trahissent la confiance!... La belle occasion, lecteur, pour faire des réflexions morales sur l'ingratitude des hommes! Ce sera pour une autre fois.

Laissons courir les deux demoiselles qui ne nous intéressent plus, et courons avec celle dont la destinée bizarre nous prépare encore bien des événements.

CHAPITRE XXXVII. — Le moulin du père Simon.

Georgette courait, courait sans s'arrêter, sans regarder derrière elle, et sans savoir où elle allait. La crainte d'être reprise et enfermée de nouveau lui donnait du courage; cependant, la fatigue l'emportant sur la peur, elle tombe au pied d'un arbre, épuisée, et ne pouvant aller plus loin.

Notre héroïne jette autour d'elle des regards inquiets : elle est au milieu des champs, et, dans la rapidité de sa course, elle ne s'était pas aperçue qu'elle passait la barrière. L'aspect de la campagne dissipe ses alarmes. Plus tranquille sur son sort, et ne craignant pas d'être retrouvée si loin, Georgette s'étend sur l'herbe, à l'ombre du feuillage qui commençait à embellir de nouveau la nature. Une pierre lui sert d'oreiller, elle la trouve cent fois plus doux que celui de sa prison; car la liberté fait d'une couche grossière le lit le plus voluptueux.

Georgette goûta quelques heures de repos, mais bientôt la faim la réveilla, il fallait satisfaire son estomac, mais comment? les poches de l'habit du geôlier ne renfermaient rien.

Georgette se lève, se gratte l'oreille, soupire, et regarde autour d'elle.... mais elle n'aperçoit que des champs!.... L'idée de retourner chez Duchenu se présente à son esprit; mais Duchenu est à Paris, il serait imprudent d'y rentrer aussitôt, d'ailleurs elle n'en aurait pas la force.

Dans cette situation, Georgette se résume : le plus pressé est de dîner, et, comme elle ne peut rien espérer en restant sous un noyer dont le fruit n'est pas même en fleur, elle se remet en marche, bien résolue à entrer dans la première chaumière où elle apercevra.

Au bout d'un quart d'heure de marche, c'est un moulin qui s'offre aux regards de Georgette.

— Parbleu, dit-elle, on ne me refusera pas à dîner sur ma bonne mine, et elle marche avec assurance vers le moulin.

N'oublions pas que Georgette porte toujours le costume masculin, et qu'elle fait un assez joli garçon; son air mutin, ses yeux vifs et spirituels, son bonnet posé sur le côté, et cette grâce qu'il n'appartient qu'aux femmes de posséder, tout cela rend fort piquante la physionomie du petit geôlier.

Un gros papa tout blanc était occupé devant le moulin à charger des sacs de farine sur une charrette. Georgette l'aborde.

— Dites donc, gros père, mange-t-on chez vous?

— Hé! hé!... dit le meunier en arrêtant la bouche d'un air hébété, et frappant de ses deux mains sur son gros ventre... il est drôle le petit bonhomme!... Hé! hé! hé!...

— Petit bonhomme! se dit Georgette, qui avait déjà oublié son costume. Mais, se remettant aussitôt, elle se garde bien de détromper le meunier, espérant profiter de la méprise. — Ah çà! je vous demande si l'on mange chez vous?

— Morguienne! il serait bon que nous qui faisons manger les autres, nous n' puissions pas manger nous-mêmes!... Hé! hé! hé!...

— Voulez-vous me donner à dîner?

— A dîner... hi! hi! hi!... Eh bien! il est sans gêne le petit bonhomme!... C'est égal, va!... j' sommes de bonnes gens : entre, tu mangeras la soupe avec nous.

— Ah! voilà qui est parler!...

Georgette frappe amicalement sur le ventre du père Simon (c'est le nom du meunier); celui-ci recommence ses hé, hé, hi, hi... et appe'le Manon d'une voix enrouée.

— Qu'est-ce que c'est que Manon?

— Tu vas voir comme elle est grasse!...

— C'est votre femme, sans doute?

— Non, c'est ma jument.

— Nous n'avons pas besoin d'elle pour dîner...

— Ouais!... il faut que ma Manon dîne aussi... Eh! Manon!

— Votre jument n'est pas à jeun depuis hier matin?

— J'crois ben!... alle mange six fois par jour!... tu verras la belle bête... Eh! Manon!...

Heureusement pour Georgette, qui s'impatientait, que Manon parut; le meunier courut au-devant de sa jument; la belle bête, qui vit de loin venir son maître, se retourna au moment où il s'approchait, et lui donna une ruade dans le ventre; le meunier tomba sur l'herbe. Georgette courut à lui, craignant qu'il ne fût blessé; mais le père Simon, qui était habitué aux gentillesses de Manon, se releva en se frottant le ventre, et poussa des hi hi!... plus forts qu'auparavant; enfin, étant parvenu à saisir la maligne bête, il la mena à l'écurie, et monta avec Georgette au moulin.

La table était dressée, le dîner prêt. Deux garçons meuniers et une grosse commère, haute en couleur et taillée en Hercule, attendaient pour dîner le retour du père Simon.

— Tiens, not' femme, dit le meunier en arrivant, v'là un petit drôle que j'amène dîner avec nous... hé!... hé!...

La meunière regarda Georgette, et l'examen ne fut pas défavorable à notre héroïne.

— Il est ma foi gentil, dit-elle en souriant au petit bonhomme, qu'elle fit asseoir près d'elle, devant une grande assiettée de soupe aux choux.

— Où donc as-tu fait c'te trouvaille-là, not' homme?

— Devant la porte, tout à l'heure.

— Et d'où venez-vous, mon garçon?

— Des Pyrénées, madame, répond Georgette en se bourrant de soupe aux choux pour réparer l'abstinence forcée du matin.

— Des Pyrénées? dit le meunier, oh! oh!... C'est-il chez des sauvages ça?

— C'est bien plus loin!...

— Et vous allez?

— A Paris.

— Tiens!.. faire voir votre marmotte peut-être?

— Imbécile, dit la meunière, tu vois bien qu'il n'en a pas de marmotte.

— Dame, je ne l'ai pas fouillé... hé! hé!...

— Je vais à Paris tâcher de trouver un riche parent, et de faire fortune comme lui.

— Tiens! ça n'est pas trop bête... oh! oh! oh!...

Le dîner finit. La meunière avait eu très-grand soin de son hôte, auquel elle lançait de fréquentes œillades en lui poussant le genou; mais Georgette, tout entière au plaisir de satisfaire son appétit, se contentait de reculer sa chaise et de regarder sur son assiette, sans réfléchir aux suites que pourrait avoir son déguisement.

Malgré le peu de succès de ses avances, la meunière ne se rebuta pas; et, attribuant la gaucherie de son voisin à son innocence sur certaines choses, elle n'en eut que plus envie de faire réussir le projet qu'elle avait de déniaiser le petit bonhomme.

Après le repas, le meunier se leva ainsi que ses garçons.

— Ah çà! dit le père Simon, tu sais, not' femme, qu'il faut absolument que je portions ce soir les sacs de farine au compère Gros-Jean : c'est à trois lieues d'ici; j'vas monter Manon, et demain dès le matin je serai de retour.

— Comment, tu ne reviendras pas ce soir?

— Non pardieu! je n'irai pas me remettre en route au milieu de la nuit pour me faire tordre le cou par les voleurs... Je coucherai chez Gros-Jean.

— Mais, moi, j'aurai peur c'te nuit, toute seule à la maison... car le garde-moulin reste ici, et j'emmène Blaise avec toi...

— Eh ben, qu'a qu'à faire rester ce petit à la nuit; il couchera au-dessus de toi dans le grenier. Dis, petit, es-tu pressé d'arriver à Paris?

— Oh mon Dieu non! répond Georgette, je passerai volontiers la nuit ici.

— Eh ben, v'là qu'est arrangé, hé, hé!

L'arrangement convenait parfaitement à la meunière, qui l'avait décidé ainsi dans sa tête. Le père Simon descendit faire les apprêts de son voyage; Georgette le suivit pour se dérober aux agaceries de la meunière, qui ne faisait que la pincer, la pousser et lui marcher sur les pieds. Notre héroïne, qui était rassasiée, commençait à comprendre tout ce que cela signifiait et à craindre que la nuit ne se passât pas tranquillement. Mais comme il était tard, et qu'elle ne pouvait espérer trouver un gîte ailleurs, elle se décida à rester au moulin, s'en remettant au hasard pour terminer cette nouvelle aventure.

Les garçons meuniers retournent chez eux; le garde rentre au moulin, où il s'endort au bruit monotone du tic-tac. Le père Simon attelle Manon à sa charrette, et fait claquer son fouet! Le voilà parti.

Georgette se promène quelque temps dans la campagne, et admire l'astre des nuits répandant sur la terre cette clarté bleuâtre qui inspire la mélancolie et donne carrière à l'imagination.

La meunière vient au-devant d'elle...

— Ah! vous voilà, petit vaurien, c'est ben heureux!... est-ce que vous voulez passer la nuit à regarder les étoiles? Nous ne nous couchons pas tard, nous autres...

— Ah! pardon... c'est que...

— Allons, on vous pardonnera si vous vous conduisez bien.

En disant cela, la meunière lui applique un petit soufflet sur la joue.

— Diable!... diable!... pensait Georgette, comment cela finira-t-il?..

On arrive à la maisonnette du meunier. Georgette aperçoit un petit lit dressé près de celui de dame Simonne.

— Je croyais coucher au-dessus de vous, dit-elle.

— Est-ce que tu es fâché de coucher à côté de moi, nigaud? dit la meunière en le regardant avec des yeux qui brillaient d'un éclat séducteur.

— Non sans doute... mais c'est que...

— Allons, allons, couche toi, petit innocent.

— Diable!... diable!..., se dit Georgette, la situation est embarrassante.

La meunière ne faisait aucune façon pour se déshabiller devant le petit bonhomme; mais, impatientée de voir que celui-ci ne bouge it pas, elle s'écria :

— Eh bien! à quoi songez-vous donc?

— Dame... c'est que...

— Quoi donc?

— Je suis timide... je n'oserai jamais me déshabiller devant vous...

— Tu vois bien que je le fais, moi.

— Ah!... vous êtes plus hardie, vous !...

— Ah! petit drôle, tu n'as cependant pas l'air craintif!

— C'est égal, je ne me couche pas, à moins que vous n'éteigniez la chandelle.

— Voyez donc ce monsieur qui fait des façons... c'est-il pas le monde sens d'sus d'sous!... mais, s'il ne faut que cela pour te donner de la hardiesse, c'est ben facile.

Aussitôt la meunière souffle la chandelle, et les voilà dans l'obscurité. C'est ce que voulait Georgette. Décidée à ne pas se déshabiller, elle fait semblant d'ôter ses vêtements, et s'enfonce tout habillée dans le lit.

Cependant la meunière s'était aussi couchée de son côté, assez mécontente de la timidité de son hôte, et cherchant dans sa tête les moyens de l'enhardir; elle toussait, se remuait et parlait, pour ne pas laisser tomber la conversation; Georgette faisait semblant de dormir, et même de ronfler. La meunière, pensant que le petit bonhomme pouvait avoir besoin d'un peu de repos, se décida à le laisser dormir quelque temps, et à le réveiller lorsqu'il serait suffisamment délassé.

En feignant de dormir, Georgette s'était réellement endormie; et la meunière, résolue à ne pas laisser la nuit s'écouler ainsi, avait dit comme Mahomet :

— Puisque la montagne ne veut pas venir à moi, c'est moi qui vais aller à la montagne.

Georgette rêvait qu'elle était redevenue grande dame, qu'elle avait encore un hôtel, un carrosse, des diamants!... lorsqu'elle fut poussée assez vigoureusement par-dessus la couverture. Elle se réveille, et se retrouve avec humeur dans la maison du meunier.

— Dis donc... dis donc... est-ce que tu dors?...

— Parbleu, vous le voyez bien!...

— Ah! le pigaud! il dort toujours!...

— Eh! que voulez-vous donc que je fasse?...

— On te l'apprendra, si tu n'en sais rien... et notre héroïne est secouée plus vivement.

— Mais laissez-moi donc!...

— Tu as assez dormi.

— Pourquoi donc vous êtes-vous levée?

— Pour te réveiller... enfant...

— Voyez un peu ce beau plaisir... Si c'est pour cela, vous pouvez vous recoucher.

— Ah!... c'est que... j'avais des puces dans mon lit.

— Ah! vous avez des puces !... et que voulez-vous que j'y fasse?...

— Il me faut une petite place auprès de toi.

— Non pas, s'il vous plaît!... le lit est trop étroit... vous seriez gênée.

— Laisse donc, colas!...

Georgette veut tenir ferme la couverture, mais la meunière est une gaillarde robuste; elle lui fait lâcher prise, et se place près du petit bonhomme, qui recule tant qu'il peut; mais les prétentions de madame Simon se bornaient pas à coucher près d'une statue; d'ailleurs le jour commençait à poindre, il n'y avait plus de temps à perdre, Georgette va être forcée dans ses derniers retranchements... quand la meunière pousse un cri de surprise.

— Comment, imbécile, tu t'es couché tout habillé!...

— C'est mon habitude, dame.

— Et tu m'as fait souffler la chandelle!... est-ce que te moque rais de moi?...

Georgette ne peut retenir l'envie de rire que lui causent la méprise et le dépit de la meunière ; celle-ci est furieuse d'être trompée dans son espoir. Georgette se lève pour terminer ces débats en sortant de la maison ; mais Simonne, que cette action irrite davantage, la retient en jurant au petit drôle qu'il payera cher l'affront qu'il lui a fait. Notre héroïne veut s'échapper... Pendant cette lutte, on entend du bruit à la porte : c'est le père Simon qui revient, et les garçons qui se rendent à leur ouvrage.

L'arrivée du mari change le plan de la meunière ; elle pousse des cris terribles en appelant à son secours. Georgette, étonnée, ne sait pas ce que cela veut dire ; et le meunier arrive avec ses garçons pour connaître la cause de ce vacarme.

Georgette danseuse à l'Opéra.

Madame Simon devient une nouvelle Putiphar, et Georgette se trouve dans la situation de Joseph sans avoir eu sa vertu.

— Quoi que t'as donc, not' femme ? s'écrie le meunier.

— Ce que j'ai, not' homme, ce que j'ai !... apprends que ce gredin... ce polisson, à qui j'avions donné l'hospitalité... eh ben ! il voulait te faire cocu... rien que ça !...

— Oh ! oh ! cocu !... ah ! ah !

— Oui, not' homme ; et si tu ne l'es pas !... i' n' s'en est guère fallu !... va !

— Ah ! ah !...

— Regarde comme tout est en désordre ici... dame ! c'était pis qu'un possédé... il aurait mis le feu au moulin !.. Mais vois comme il est confus !... il n'ose plus ouvrir la bouche !...

Effectivement Georgette était muette d'étonnement en entendant une accusation aussi plaisante. Son silence persuadait le père Simon de sa culpabilité.

— Oh ! oh ! petit garnement, tu voulais m'en faire porter... tu t'étais ben adressé !... Ma femme, sur c't article-là, vois-tu, j'en sommes ussi sûr que du pas de Manon.

— Eh bien ! prenez garde de tomber, dit Georgette en riant.

— Ah ! le drôle !... je crois qu'il rit, dit la meunière ; rossez-le à grands coups de gaule !...

— Un moment, s'écrie Georgette, qui voit déjà les paysans se disposer à lui donner la bastonnade, un instant ! et vous allez voir si je puis être coupable de ce dont on m'accuse.

En achevant ces mots, elle jette en l'air son bonnet, ôte sa veste et laisse tomber son large pantalon. Alors le costume féminin, quoiqu'un peu fripé, recouvre notre héroïne, et les habitants du moulin ne peuvent plus douter du sexe de la personne qu'ils ont logée.

— Vous le voyez, dit Georgette, je suis femme. Vous, dame meunière, tâchez une autre fois de mieux placer vos sentiments, et ne vous laissez plus séduire par l'apparence ; vous, père Simon, ne montez plus Manon si vous n'en êtes pas plus sûr que de votre femme.

Georgette s'éloigna du moulin sans que personne se mît en peine de la retenir, laissant le meunier tout ébahi de ce qu'il avait vu, et la meunière bien sotte de s'être trompée aussi grossièrement.

Voilà donc Georgette qui court de nouveau les champs ; mais cette fois c'est avec le costume de son sexe, l'autre a pensé lui être fatal. Cependant la situation de notre héroïne n'est pas plus brillante qu'avant son séjour au moulin. Seule, sans argent, sans ressource, au milieu d'une campagne qu'elle ne connaît pas, elle se décide à s'adresser au premier paysan qu'elle rencontre.

— Où suis-je, mon ami ?

— Pardi, tout près de Montmartre... Tenez, le voilà devant vous.

— Et pour aller à Paris ?

— Il faut traverser le village, et puis vous irez toujours en descendant.

Georgette se félicita de n'être pas plus éloignée de Paris ; n'ayant pas d'autre ressource pour l'instant que d'aller retrouver Duchenu, elle prend le chemin de Montmartre, qu'il lui faut traverser.

Arrivée dans le village, Georgette est obligée de se reposer sur un banc de pierre. Notre héroïne ne ressemblait pas à ces femmes extraordinaires qui passent les journées dans les forêts, et les nuits dans les souterrains, sans avoir besoin de prendre quelque chose ; Georgette, qui était une femme tout à fait terrestre, sentit qu'elle n'avait pas mangé depuis la veille, et que la soupe aux choux du père Simon ne remplissait plus son estomac. Comment faire ? Voilà la question que l'on s'adresse toujours dans les situations embarrassantes, et à laquelle souvent on ne trouve rien à répondre !

Faut-il encore demander l'hospitalité?... Non : les habitants de Montmartre n'ont pas cet abord qui engage à la confiance ; rien en eux ne rappelle ces vertueux patriarches du bon vieux temps, chez lesquels le voyageur le plus pauvre était toujours le mieux accueilli. Allons, il faut aller jusqu'à Paris.

Georgette vient d'avoir la petite vérole

Georgette se remet en marche assez tristement. Elle passe devant une petite maison blanche, devant laquelle un vieillard s'amusait à brûler du café. Elle soupire, le vieillard lève la tête : sans doute la figure de Georgette exprimait ce qui se passait dans son âme, car le bon vieillard, quittant son café, l'engagea à s'arrêter.

— Vous me paraissez bien fatiguée, mon enfant ! lui dit-il en lui prenant la main.

— Cela est vrai, monsieur !...

— Eh bien, entrez vous reposer chez moi quelques instants : je suis l'ancien tabellion de ce village, vous me devez la préférence sur les habitants.

Georgette ne répond pas, le titre de tabellion a rappelé à sa mémoire tant de souvenirs!... Le vieillard prend son silence pour un acquiescement à ses offres; il la fait entrer chez lui... et, remarquant la tristesse de notre héroïne, en devient plus empressé à lui être utile.

— Vous allez déjeuner avec moi, mon enfant; allons, point de cérémonie; on ne refuse pas à un homme de mon âge.

Georgette sourit. Le vieillard appelle sa servante; et pendant que la bonne femme prépare le déjeuner, il cause avec la voyageuse. Ses discours peignent la bonté de son cœur; une morale douce règne dans les conseils qu'il donne à Georgette : celle-ci, étonnée de ce qu'elle entend, éprouve un sentiment de respect jusqu'alors inconnu à son âme; mais la misère et le malheur changent bien les idées!

Un déjeuner simple, mais suffisant, est servi. Le vieillard fait placer Georgette près de lui, et tout en déjeunant lui adresse quelques questions :

— Où allez-vous comme cela seule, mon enfant?

— A Paris, monsieur.

— A Paris! vous allez sans doute retrouver quelques parents, quelque ami?

— Oui, monsieur.

— Prenez garde, mon enfant, Paris est une ville bien dangereuse pour les jeunes filles!... Tout y est séduisant, tout respire le plaisir et la gaieté!... mais ce sont ces apparences trompeuses qui égarent la raison!... Prenez bien garde!...

Georgette n'avait alors rien à craindre : Paris n'était plus dangereux pour son innocence. Néanmoins elle écouta avec attention les discours de son hôte, puis se leva et prit congé de lui. Le vieillard la reconduisit jusqu'au bas du village en l'engageant à suivre ses conseils. Georgette le remercia, et s'éloigna la tête remplie des discours salutaires qu'elle venait d'entendre; mais, en entrant dans Paris, d'autres idées vinrent occuper son esprit : il fallait retrouver Duchenu. Georgette, passant devant le logement qu'il habitait avant de la connaître, présuma qu'il pourrait bien y être retourné, puisqu'ils avaient vendu tous les meubles de celui qu'elle avait rue des Moulins; elle se décida donc à monter au cinquième étage.

Arrivée devant la porte, elle entend du bruit dans la chambre de l'artiste.

— Bon, dit-elle, je ne me suis pas trompée. Elle frappe, Duchenu lui ouvre, et reste stupéfait en la voyant.

— Comment! c'est toi, Georgette?

— Moi-même, cela t'étonne?

— Parbleu! je te croyais à la Salpêtrière! Et que viens-tu faire ici?

— Mais... je viens... revivre avec toi, en attendant que je puisse faire autre chose.

— Vivre avec moi!.... toi!..., Tu me prends donc pour une ganache?

— Pourquoi cela?

— Ah! pourquoi!... tu as donc oublié, ma petite, la jolie scène que tu as jouée sur le théâtre où je t'ai fait débuter?... et l'affront qui en est résulté pour moi!... et les avanies de mes camarades, et les sottises du public à mon égard!... Ah! si je t'avais tenue dans les premiers instants de ma colère, tu aurais passé un mauvais quart d'heure!... Mais tiens, crois-moi, file! et vite!... ou sans cela la fusée va partir!...

— Ah! voilà la réception que tu me fais!.., Et tu crois qu'après t'avoir nourri et logé pendant six mois, je serai assez sotte pour m'en aller comme ça!... Mais je ne suis plus si enfant que je l'étais : je resterai, et malgré toi.

— Ah! tu resteras!...

— Oui; d'ailleurs il le faut bien, je suis sans argent, et je n'ai pas dîné.

—Comment! tu n'as pas d'argent et tu as assez peu de délicatesse pour te présenter chez moi!... Sors!... va-t'en au diable!... Et ne fais pas la méchante, ou je te fais dégringoler l'escalier à grands coups de balai!...

Georgette veut résister... Duchenu se saisit du balai, et lui renouvelle l'ordre de sortir : elle n'était pas aussi courageuse qu'elle voulait le paraître; d'ailleurs, elle savait qu'avec Duchenu elle n'aurait pas la victoire. Il fallut donc sortir; mais, de colère, elle brise tout ce qui se trouve sous sa main. Duchenu, furieux, la pousse brutalement à la porte, lui fait descendre rapidement l'escalier, et s'éloigne en la laissant dans la rue.

Voilà donc Georgette sur le pavé. Maltraitée, méprisée par son dernier amant, par un homme qu'un an auparavant elle n'aurait pas daigné regarder, ne sachant que faire, que devenir, elle marche au hasard, le cœur serré, rongée d'amertume et de regrets, forcée de dévorer en silence le dernier outrage qu'elle vient de recevoir, et dont elle ne peut se venger.

Livrée à ses réflexions, elle marche longtemps sans savoir où elle va. Il est sept heures du soir, c'est le moment où les désœuvrés de la capitale vont étaler dans les promenades leur toilette, leur nonchalance, et souvent leur ennui.

Déjà le rentier, qui passe son temps à chercher des plaisirs peu coûteux, s'est assis sur le banc de pierre d'où il examine chaque passant avec une mûre attention. Ici, c'est la mercière de la rue Saint-Denis qui, pendant que son cher époux est occupé au comptoir, va faire son tour de promenade avec le commis marchand de la rue Quincampoix. Là, c'est l'épouse de ce gros parvenu, tout étonnée de sa richesse, et qui vient faire voir tous les soirs au beau monde son cachemire et ses diamants. Son gros mari lui donne le bras; il est fier d'avoir une femme mise à la mode, et celle-ci le querelle tout le long du chemin sur son gros ventre, qui l'empêche d'avoir un air fringant, et sur son nez rouge qui lui donne un air commun. Plus loin, la petite marchande de modes passe d'un air pressé, comme si elle allait à ses affaires; marchant avec vitesse et sans se retourner, mais ayant soin d'observer si on la suit, ou de laisser tomber son gant ou son mouchoir pour donner occasion au jeune homme officieux d'entamer la conversation. D'un autre côté, un monsieur qui tient à la main une canne dans le trou de laquelle est passé son mouchoir. La mise de l'individu répond à son ingénieuse invention, et la foule suit avec délice ce merveilleux, dont le croquis sera le lendemain exposé à la boutique de Martinet.

Georgette, coudoyée par les passants, lève les yeux et s'aperçoit qu'elle est au milieu des Champs-Elysées. Fâchée de se trouver dans une promenade aussi fréquentée sous un costume qui n'est rien moins qu'élégant, elle soupire en se rappelant le temps où son luxe et sa mise attiraient tous les regards. Honteuse d'elle-même, Georgette veut quitter des lieux qui renouvellent ses douleurs. Elle s'avance pour traverser la chaussée... Un char brillant, traîné par des coursiers fougueux, va passer devant elle et la force à s'arrêter; la curiosité la porte à jeter les yeux sur les personnes qui occupent cette calèche : une femme en grande parure et couverte de diamants est étendue dans le fond de la voiture; près d'elle un homme dont la mise n'est pas moins élégante paraît empressé à lui plaire. Tous deux jettent à peine quelques regards dédaigneux sur la foule qui les contemple. Mais, ô surprise! Georgette reconnaît ces deux personnages : cette

Georgette devient l'esclave de M. Duchenu artiste dramatique.

64.

femme si brillante, qui balance sa tête avec tant de grâce !... c'est Rose ! cet homme si élégant placé auprès d'elle... c'est Lafleur !... Oui, ce sont eux !... Georgette n'a pu s'y méprendre...

Ne pouvant résister au désir de les revoir encore et de leur parler à tous deux, Georgette court après la calèche qui les emporte ; mais les chevaux vont comme le vent !... Elle ne pourra jamais les atteindre... lorsqu'un jeune homme à cheval vient du côté opposé et passe près de la calèche, qui s'arrête un moment ; la conversation s'engage entre le nouveau venu et les ci-devant valets ; ce retard permet à Georgette de rejoindre la voiture ; elle s'approche de la portière.

— Je ne me trompe pas !... c'est vous, Rose ? c'est vous, Lafleur ?... que je suis contente de vous rencontrer !...

— Que veut cette femme ?...

— Que dit cette femme ?... Passez, passez, nous n'avons rien à vous donner, s'écrie le monsieur élégant d'un ton impératif.

— Eh quoi ! Lafleur, vous ne me reconnaissez pas ?... Je suis Georgette, je suis madame de Rosambeau...

— Cette malheureuse est folle ! dit à son tour la dame aux brillants.

— A qui en a-t-elle avec ses Roses et ses Lafleurs !...

— Comment, perfide, après m'avoir volé mes diamants, tu feins de ne pas me reconnaître !...

— Chassez donc cette mendiante, Jasmin, reprend avec fureur le merveilleux, qui, au mot de voler, est devenu pâle et tremblant, tandis que la dame se pâme de colère au fond de la voiture.

Le laquais ordonne à Georgette de se retirer : celle-ci, outrée de dépit et d'indignation, veut s'attacher à la portière en accablant d'injures ses deux élégants ; mais le monsieur, que la scène n'amuse pas, et qui craint qu'elle n'ait des suites désagréables, y met bien vite un terme en ordonnant au cocher de fouetter les chevaux ; celui-ci obéit, la calèche part avec la rapidité de l'éclair, et Georgette, qui se tenait à la portière, est renversée par le choc, et tombe sur le pavé.

Des passants s'approchent et l'aident à se relever : elle en est quitte pour plusieurs contusions ; mais on l'engage à aller faire sa plainte. — Ces merveilleux-là !... v'là pourtant comme ça vous renverse le pauvre monde ! s'écrie une vieille femme. Georgette se dérobe à la pitié publique, et, quoique souffrante de sa chute, elle s'efforce de prendre courage, et s'éloigne des Champs-Elysées.

CHAPITRE XXXIX. — Voilà où cela mène.

La nuit est venue. Georgette marche dans les rues de Paris sans savoir où elle est, ni où elle ira.

Les réflexions, les regrets, les remords viennent en foule assaillir l'esprit de cette femme, qui n'a pas voulu penser, sentir et réfléchir tant qu'elle a cru pouvoir braver l'adversité.

L'histoire de sa vie se retrace involontairement à sa mémoire ; elle s'aperçoit que la coquetterie, l'amour du plaisir et l'inconduite l'ont entraînée dans la situation déplorable où elle se trouve. Elle se souvient de son oncle, de Charles, de ses bienfaiteurs, ces bons fermiers qui ont tant fait pour elle !... Le malheur a cela de particulier : il donne beaucoup de mémoire, tandis que souvent la fortune la fait perdre.

Georgette se rappelle aussi qu'elle est mère ; elle éprouve pour la première fois le désir de voir son enfant. Depuis longtemps elle n'a pas envoyé aux villageois qui ont soin de son fils ; ces paysans auront peut-être abandonné l'enfant !... ou, plus sensibles que sa mère, ils élèvent sans intérêt le petit garçon délaissé par ses parents !

Telles sont les réflexions de Georgette en marchant tristement dans cette ville, qui naguère l'a vue si brillante. Personne, en la rencontrant, ne se douterait que cette femme, dont la mise et la figure annoncent la misère et la souffrance, est la même qui un an auparavant faisait retentir la capitale du bruit de ses folies.

Pressée par le besoin, le souvenir de la ferme se présente à l'esprit de Georgette (elle ignorait le désastre arrivé à l'habitation, Charles avait jugé inutile de l'en instruire). Incertaine sur le parti qu'elle prendra, elle voudrait revoir Thérèse, se jeter à ses pieds, lui avouer toutes ses fautes et en implorer le pardon ; mais une fausse honte, un reste de vanité l'empêchent d'exécuter le petit dessein louable. Elle ne veut pas se présenter dans l'état où elle est devant une femme dont elle a fait le malheur. Thérèse croirait-elle à la sincérité de son repentir ? Qui trompe deux fois peut tromper mille !... Une première faute est souvent causée par l'inexpérience, mais une seconde prouve que le péché a des charmes pour nous.

Georgette rejette donc la pensée de retourner près de Thérèse. Cependant le faut prendre un parti !... Assise sur une borne, Georgette lève les yeux, et regarde tristement autour d'elle ; elle voit passer plusieurs de ces femmes perdues dont Paris fourmille ; l'une chantait, l'autre dansait, toutes se livraient à la gaieté la plus grossière en agaçant les hommes qui passaient près d'elles. L'idée de se mêler à ces viles créatures s'offre à l'esprit abattu de Georgette : elle ne voit

plus d'autres moyens pour ne pas expirer de besoin · — Il est trop tard, dit-elle pour revenir à la vertu ; le repentir est inutile, étouffons ces premiers remords, et cédons à ma destinée !...

Malgré sa résolution d'étouffer tout sentiment d'honneur et de se lancer dans la carrière de l'opprobre et du vice, Georgette sent son cœur battre ; ses jambes chancellent, elle peut à peine se soutenir ; mais elle se persuade que ce tremblement est produit par le besoin, et non par un reste de pudeur. Elle cherche à se fortifier dans sa résolution.

Cependant, immobile au coin de la rue, elle n'ose accoster les hommes qui passent devant elle. L'horloge d'une église voisine sonne onze heures. Bientôt les rues seront désertes, et il faudra périr de besoin sur une pierre !... Un jeune homme détourne au coin de la rue où est Georgette ; elle s'arme de courage et l'arrête ; l'inconnu la repousse et va s'éloigner. — Par pitié !... s'écrie l'infortunée. Au son de sa voix le jeune homme s'arrête, la regarde avec attention ; un réverbère placé à peu de distance éclaire ses traits ; Georgette le fixe à son tour : — Charles ! s'écrie-t-elle, et, perdant connaissance, elle tombe sur le banc de pierre.

— Georgette !.... Georgette parmi ces.... Ah, malheureuse ! dit Charles (car c'était lui même). Puis, cédant à la pitié, il tire sa bourse, la met sur les genoux de Georgette, et s'éloigne à grands pas d'une femme dont la vue déchire son cœur.

CHAPITRE XL. — Éclaircissements nécessaires.

Nous avons depuis quelque temps oublié Charles et les habitants du château de Merville, mais le lecteur avait sans doute deviné qu'un court séjour dans sa famille suffirait pour faire naître dans le cœur de Charles ce sentiment doux et tendre que la charmante Alexandrine savait si bien inspirer.

Charles éprouvait pour sa nouvelle amie un amour moins violent peut-être que celui qu'il avait ressenti pour Georgette ; mais il goûtait près d'Alexandrine un bonheur pur, des jouissances plus douces ; et ce sentiment devait avoir plus de durée que l'autre, car les feux les plus violents sont souvent ceux qui s'éteignent le plus vite.

Alexandrine partageait les sentiments qu'elle faisait naître. Innocente, naïve, ne connaissant point l'art de cacher ce que passait dans son cœur, elle ne craignait pas d'avouer à son amant qu'elle le payait de retour.

Déjà Charles avait pressé sa mère de l'unir à son amie ; mais madame de Merville craignait que son fils, trop prompt à s'enflammer, n'éprouvât pour Alexandrine qu'une passion passagère. Pour s'assurer des sentiments de Charles, elle voulut attendre quelques mois avant de demander pour lui la main de sa jeune amie.

Le terme qu'elle avait fixé touchait à sa fin lorsqu'un événement imprévu retarda encore le bonheur des deux amants : M. de Saint-Ursain tomba dangereusement malade, et Alexandrine, tout entière aux devoirs que lui imposait la piété filiale, fut forcée d'oublier pour quelque temps ses espérances de bonheur.

Tout en maudissant un événement qui retardait son union et pouvait avoir des suites funestes, Charles admirait les vertus de son amie ; témoin des soins assidus qu'elle prodiguait à son père, combien elle lui semblait intéressante lorsque, assise au chevet du lit de l'auteur de ses jours, attentive à tous ses mouvements, épiant ses désirs, souriant lorsqu'il allait mieux, elle laissait connaître toute la bonté de son âme et toutes les qualités de son cœur! Si, dans ces instants, le souvenir de Georgette se présentait à l'esprit de Charles, il se la rappelait affichant à l'Opéra son luxe et sa coquetterie; et, reportant ses regards sur le tableau qu'il avait devant les yeux :

— Ah! disait-il, quelle différence entre ces deux femmes également jeunes et jolies!... entre Alexandrine soignant son père et Georgette donnant un rendez-vous!

Grâce aux soins de sa fille, M. de Saint-Ursain recouvra la santé, et nos amants le bonheur.

Après sa convalescence, il fut le premier à rappeler à madame de Merville que leurs enfants devaient être récompensés de leurs tendres soins. La mère de Charles n'avait plus de raison à opposer, M. de Merville approuvait tout ce qu'on faisait; le mariage des jeunes gens fut arrêté; mais, comme un futur époux doit faire divers présents à sa prétendue, et que l'on ne pouvait trouver qu'à Paris ce que l'on voulait offrir à la jeune mariée, madame de Merville exigea que son fils s'y rendît afin de faire lui-même les emplettes nécessaires.

En envoyant son fils à Paris, madame de Merville avait son but : craignant encore que l'image de Georgette ne fût pas entièrement effacée du cœur de Charles, et que, devenu l'époux d'Alexandrine, il ne rendît pas sa femme aussi heureuse qu'elle méritait de l'être, elle voulait soumettre son fils à une dernière épreuve. S'il n'aime plus Georgette, se disait-elle, le séjour de Paris ne sera pas dangereux pour lui, il n'y restera que le temps nécessaire pour terminer ses affaires; s'il l'aime encore, et que sa vue lui fasse oublier l'épouse charmante qu'on lui destine, jamais il ne recevra la main d'une femme qu'il serait indigne de posséder.

Charles partit pour Paris, mais non plus le cœur palpitant du désir d'y retrouver une femme adorée; oh! il était guéri, bien guéri!... et Georgette n'était plus rien pour lui.

Ce fut le premier soir de son arrivée à Paris que le hasard, qui semblait toujours vouloir réunir Charles et Georgette, les fit se rencontrer dans la rue.

Le jeune homme s'enfuit après avoir donné sa bourse à Georgette. La situation dans laquelle il venait de la trouver l'affecta vivement; et, s'il se fût aperçu, en la laissant sur le banc de pierre, qu'elle avait perdu connaissance, sans doute il ne l'aurait point quittée si brusquement. Mais il attribua l'état d'insensibilité où elle était à la honte d'avoir vu dans une situation aussi vile par l'homme qu'elle avait jadis trahi et dédaigné. Repoussant le souvenir d'une femme qu'il rougissait d'avoir aimée, Charles écarta toute idée qui eût pu la lui rappeler, et n'en mit que plus de zèle à hâter son départ de Paris.

Ayant achevé ses emplettes et terminé les commissions dont on l'avait chargé, Charles reprit avec joie le chemin du château de Merville, où l'attendaient l'hymen et l'amour.

CHAPITRE XLI. — Il vaut mieux tard que jamais.

Lorsque Georgette reprit connaissance, le silence le plus profond régnait dans les rues désertes, les réverbères ne jetaient plus qu'une flamme vacillante, tout semblait vouloir s'éteindre pendant l'heure du sommeil.

Notre héroïne, étonnée de se trouver sur un banc de pierre au milieu de la nuit, cherche à rassembler ses idées; avec la mémoire,

elle retrouve ses douleurs! la rencontre de Charles est ce qui l'afflige le plus; cependant elle tourne la tête, et cherche à le voir encore.

— Je suis seule!... s'écrie-t-elle, seule au monde!... abandonnée de tous ceux qui m'ont connue!... Charles aussi me fuit!... ah! malheureuse; je l'ai bien mérité! dans quelle situation il m'a trouvée!... combien il doit rougir de m'avoir aimée!...

L'horloge d'une église voisine sonne deux heures. Le son lugubre de la cloche, la pâle lumière des réverbères, le calme de la nuit, tout augmente l'horreur de la situation de Georgette; son imagination n'enfante que des rêveries effrayantes; sa tête, pleine des idées les plus sombres, est exaltée par les souffrances et le désespoir.

— C'en est fait, dit-elle, cette heure est la dernière qui doit sonner pour moi. Mettons un terme à mon existence, la mort est préférable à l'infamie!...

Elle lève les yeux au ciel, dont elle semble implorer la miséricorde; ses regards tombent ensuite sur une des lampes de nuit qui s'éteignait : elle songe qu'on pourra ranimer cette flamme languissante; mais, le feu créateur qui fait mouvoir la triste Georgette une fois éteint, rien ne pourra le rallumer!...

Elle se lève dans l'intention d'aller exécuter son sinistre projet... Au mouvement qu'elle fait, elle sent rouler à ses pieds quelque chose qu'elle n'avait pas senti sur ses genoux; elle se baisse, et ramasse cet objet... ô surprise! c'est une bourse, une bourse assez pesante... Elle devine aisément d'où lui vient ce secours inattendu : Charles seul est capable d'une telle action. Quel autre en effet aurait donné une somme qui paraît considérable! Georgette rend grâces à la Providence; son cœur se dilate; elle respire plus librement, et le dessein funeste qu'elle avait conçu est déjà oublié! Pauvres humains! il faut si peu de chose pour vous rendre à l'espérance!

— Je puis encore exister, se dit Georgette; cette somme suffira à mes besoins les plus pressants, ensuite je travaillerai, j'irai trouver la bonne Thérèse, et j'abjurerai pour jamais mes erreurs.

Georgette s'affermit dans la résolution de changer de conduite, et attend le jour sur le banc où elle est assise. Dès que les premiers rayons du jour paraissent, elle ouvre la bourse et compte son trésor : elle possède dix louis et quelque monnaie. Jadis une pareille somme ne lui eût pas suffi pour satisfaire une de ses fantaisies; maintenant elle lui paraît énorme!... elle la compte à plusieurs reprises, contemple cet argent avec délices, et voit dans ces dix louis la fin de ses tourments et le commencement d'un avenir heureux.

Georgette attend avec impatience le moment où elle pourra satisfaire son appétit. Depuis longtemps le laboureur matinal est livré à ses travaux, mais le citadin paresseux s'abandonne encore au sommeil. Enfin un boulanger ouvre sa boutique : Georgette court acheter de quoi apaiser sa faim. Ce premier besoin satisfait, elle se met en marche dans l'intention de chercher une petite chambre pour se loger.

Georgette, se trouvant par hasard rue des Moulins, est obligée de passer devant la maison où elle a demeuré en dernier lieu. Ne se souciant pas d'être vue par ceux qui ont été témoins de son inconduite, Georgette veut passer sans s'arrêter, lorsqu'une femme, occupée à balayer devant la porte, l'appelle à plusieurs reprises : Georgette, se retourne, et reconnaît la portière de la maison.

— Ah! pardine, madame, c'est ben heureux que je vous rencontre!...

— Que me voulez-vous?

— Je craignais de ne jamais vous retrouver!...

— Pourquoi cela?

— C'Paris cst si grand!... on peut ben s'y chercher longtemps sans s'y revoir!...

— Mais enfin...

— Dam', c'est que ça commençait à nous être à charge, oui-da?...

— A charge... quoi?

— Je n'sommes pas riches, et un enfant de plus, voyez-vous! quand on en a déjà cinq!...

— Un enfant?...

— C' pauvre petit, je n' pouvais cependant pas le mettre dans la rue!... Dam', il est déjà si gentil, si drôle... je l'aimons comme s'il était à nous!...

— Au nom du ciel!... expliquez-vous... quel est cet enfant dont vous parlez?

— Eh pardi! c'est le vôtre!

— Le mien... Il se pourrait! mon fils... Où est-il!

— Cheux nous, v'là ce que je me tue de vous dire depuis deux heures.

Georgette n'en écoute pas davantage, elle court, ou plutôt elle vole vers la demeure du portier. Le désir de voir son fils fait pour la première fois battre son cœur; mais ce désir est déjà violent comme toutes les premières passions dans le cœur d'une femme. Elle entre dans la cour de la maison : un petit garçon de trois à quatre ans joue devant l'escalier; Georgette court à lui, le regarde, le prend dans ses bras, le couvre de baisers...

— C'est mon fils! s'écrie-t-elle; elle ne s'est point trompée, la nature a repris ses droits.

— Tiens! c'est surprenant comme vous l'avez reconnu tout de suite, dit la portière à Georgette. L'enfant étonné se laissait embrasser par sa mère, et ses petites mains lui rendaient ses caresses.

— C'est ta maman, Paul, lui disait la portière; allons, mon garçon, embrasse-la donc!... C' pauvre petit, il ne sait pas ce que tout cela veut dire!... Dam', à son âge!... Il m'appelait sa mère aussi, moi; et au fait, sans nous, je ne sais pas trop ce qu'il serait devenu!...

Georgette rougit, et se hâte de demander à la portière comment son fils se trouvait chez elle.

— C'est tout simple, répond celle-ci: la paysanne qui avait votre enfant, ennuyée de ce que vous ne lui envoyiez plus d'argent, et ne voulant pas garder ce marmot pour rien, a pris le parti de venir vous l'amener à Paris. Elle est arrivée ici le lendemain du jour où vous êtes partie. Comme je ne pouvais pas lui dire où vous étiez, puisque j'n'en savais rien, elle s'est décidée à retourner chez elle en me laissant l'enfant, dont je me flatte que j'ai eu ben soin!... car j'aime les enfants, moi!..

Georgette mit fin au bavardage de la portière en lui glissant un lou's dans la main; puis, la remerciant de nouveau, elle prit l'enfant par la main, et sortit de la maison qu'elle avait jadis habitée.

Georgette était surprise elle-même du sentiment nouveau qu'elle éprouvait: tout entière au plaisir de contempler son fils, elle oubliait, en le regardant, ses chagrins, ses fautes et sa situation. Elle se reprochait de s'être privée si longtemps des jouissances de l'amour maternel. Revenue des vains plaisirs de la coquetterie, son âme s'épurait en s'abandonnant aux doux sentiments que la vue de son fils lui faisait connaître.

Le petit Paul marchait en silence près de sa mère. Cet enfant, intéressant par la grâce de sa figure et la douceur de son caractère, n'avait pas les manières grossières que les enfants rapportent souvent d'un trop long séjour à la campagne. Georgette, fière de son fils, s'arrêtait souvent pour le considérer.

— Où allons-nous donc, madame? lui dit enfin l'enfant.

- Je ne suis point madame, mon ami, je suis ta maman.

— J'en ai déjà eu deux mamans!

— Celles-là ne l'étaient pas réellement; mais moi, je suis ta seule maman. M'aimeras-tu bien, Paul?

— Si vous n'êtes pas méchante, si vous me donnez à manger, et si vous ne me battez pas comme mon autre maman des champs!...

— Quoi! elle te battait, pauvre enfant?

— Oui, parce que j'avais faim; elle disait qu'elle n'était plus payée pour me nourrir. Moi, je voulais toujours manger, voilà pourquoi elle me tapait.

— Cher petit!... et c'est moi qui en suis cause... et j'ai pu t'abandonner si longtemp.!... Ah! je méritais bien tous les maux que j'ai soufferts depuis!...

Georgette trouva enfin, dans un quartier solitaire, une petite chambre qu'elle pouvait habiter de suite moyennant vingt francs par mois, parce que la chambre était garnie de ce qu'il était indispensable d'avoir. Notre héroïne s'établit avec son fils dans ce réduit obscur, et seule avec son enfant, dans un quartier retiré, ne voyant personne, ne sortant que pour aller chercher les choses nécessaires à leur subsistance, Georgette n'éprouve pas un moment d'ennui; elle ne sent plus au fond de l'âme ce vide que la suivait au milieu des fêtes et des plaisirs. Maintenant son fils lui suffit: cherchant sans cesse à l'amuser, l'embrassant, le contemplant lorsqu'il sommeille, elle ne vit, ne respire que pour lui; l'amour maternel lui tient lieu de tous les biens.

Mais la somme que possédait Georgette ne pouvait la conduire loin. Il avait fallu acheter un habillement pour son fils et quelques hardes pour elle. En comptant un soir ce qui lui restait, elle s'aperçut que bientôt elle n'aurait plus de quoi subsister.

— Il faut travailler, se dit-elle, il faut chercher de l'ouvrage; ah! la peine ne me semblera rien lorsque je songerai à mon fils.

Elle se couche en se promettant de mettre dès le lendemain son projet à exécution, et se reprochant de n'y avoir pas songé plus tôt. L'espoir d'être par son travail le soutien de son enfant lui fait trouver des charmes à ce que jadis elle n'envisageait qu'avec effroi.

Dès que le jour est venu, Georgette descend, et s'informe dans la maison à qui elle pourra demander de l'ouvrage; mais les uns ont leurs ouvrières d'habitude, les autres ne donnent rien à faire pour le moment, ou disent qu'ils penseront à elle; tous, en général, la reçoivent fort mal, et lui parlent avec ce ton qui repousse l'indigence et humilie le malheur. Georgette rentre tristement chez elle, étonnée des difficultés que l'on rencontre à Paris pour se rendre utile aux autres. Son cœur se serre, ses yeux se remplissent de larmes; mais son fils l'attend au retour, il sourit en la voyant, il lui tend les bras, il court au-devant d'elle, et elle oublie ses peines en le pressant contre cœur.

Le lendemain, mêmes démarches, mêmes refus, mêmes humiliations.

Georgette revient plus triste auprès de son fils. Les jours s'écoulent, son argent tire à sa fin, et pas d'ouvrage, pas de ressources pour nourrir son enfant!... Malheureuse mère! ce bien qui faisait tout ton bonheur, et dans lequel tu avais mis tes plus chères espérances, ce fils adoré qui t'a fait connaître le plus doux des sentiments, tu ne le considères plus qu'en tremblant; tu crains que bientôt le besoin ne te prive de ce pauvre enfant! Tu détournes la tête pour ne pas voir ses traits chéris, tu lui caches tes larmes, et ce n'est plus qu'avec douleur que tu reçois ses caresses.

Une nuit, qu'assise près du lit de son fils, Georgette, qui ne goûtait plus un instant de repos, implorait le ciel pour qu'il daignât prendre pitié de ses tourments, le souvenir de Thérèse se présenta à son esprit; elle s'étonne de n'avoir pas songé plus tôt à la bonne fermière qui seule peut prendre p.tié de sa situation.

Georgette se décide à s'aller jeter aux genoux de la bonne villageoise. La crainte, l'amour-propre, la honte disparaissent! il s'agit de sauver son fils.

— Si elle me repousse, se dit Georgette, si, se rappelant les chagrins que je lui ai causés, elle me défend l'entrée de sa demeure, du moins elle prendra pitié de mon cher Paul, elle ne confondra pas l'innocent et le coupable, et ne le rendra pas victime de mon inconduite. Tranquille sur le sort de mon fils, je pourrai mourir alors!.. je saurai que je laisse sur la terre quelqu'un qui veille sur le sort de mon enfant.

Georgette fait de suite les préparatifs de son voyage; ces apprêts ne sont pas longs: quelques vêtements à elle et à son fils, voilà tout ce qu'elle possède. Il lui reste en argent à peine de quoi vivre un jour, et il faut aller à pied!...

— N'importe, dit notre héroïne, j'aurai du courage, je porterai mon fils lorsqu'il sera fatigué. Bondy n'est pas loin de Paris: une journée nous suffira pour y arriver, et je trouverai au terme du voyage la consolation des souffrances que j'aurai endurées.

Dès que son fils est éveillé, elle s'habille à la hâte. Le petit Paul, étonné, demande à sa mère ce qu'ils vont faire.

— Nous allons, lui dit-elle, dans une campagne où nous serons plus heureux, plus gais qu'ici, je l'espère. Là; tu pourras courir, jouer dans les champs...

— Ah! tant mieux! et toi, tu joueras aussi, n'est-ce pas?

— Oui, mon ami.

— Nous ne serons donc plus enfermés toute la journée dans une vilaine chambre?

— Non, mon cher Paul.

— Et tu ne pleureras plus en me regardant?

— Cher enfant!... non!... non!... je ne pleurerai plus!... je serai tranquille sur ton sort!

Le petit Paul est bien content d'aller à la campagne; il rit, court, saute, fait mille folies. Georgette, ranimée par la joie de son fils, se livre à l'espérance. L'idée d'une existence tranquille à la campagne charme son imagination, fatiguée de plaisirs et de chagrins. Ce séjour, qui jadis lui semblait triste et monotone, cette ferme, qu'elle a fuie deux fois, lui semble maintenant un port assuré contre les orages de la vie. Pauvre Georgette! tu ignores que cet asile désiré n'existe plus!

On se met en route, Georgette s'éloigne avec plaisir de cette ville théâtre de ses erreurs, et dans laquelle elle espère ne revenir jamais.

CHAPITRE XLII. — L'Ingratitude punie.

Nos voyageurs sont en route; Georgette porte d'une main le léger paquet qui compose toute leur fortune, elle donne l'autre au petit

Paul, qui chante et gambade tout le long du chemin. Sa mère sourit en le regardant; l'espérance et le courage sont leurs seuls compagnons de route!... La pauvre Georgette est bien changée depuis quelque temps!... Pâle, maigre, les yeux caves et éteints, les lèvres décolorées, elle paraît dix ans de plus qu'elle n'a, mais les larmes vieillissent si vite !

Georgette et son fils se reposent de temps à autre au pied d'un arbre ou devant quelque habitation; ils ne sont pas habitués à marcher autant. Cependant il est urgent d'arriver le soir même à la ferme; sans cela, que deviendront-ils? où passeront-ils la nuit?...

Georgette rappelle son courage; elle prend son fils dans ses bras, car l'enfant n'a plus la force de marcher, et, chargée de ce précieux fardeau, elle s'avance vers le but où tendent ses désirs.

La nuit commence à couvrir la campagne de ses ombres, et ils ne sont pas encore à Bondy. Georgette, épuisée, se sent défaillir; elle s'appuie contre un arbre, et demande au ciel la force d'aller plus loin. Le petit Paul, qui voit sa maman bien triste, ne chante plus et ne dit rien.

Un paysan passe près d'eux : la pioche et la bêche sur l'épaule, il regagne gaiement sa chaumière. Georgette l'appelle :

— Brave homme, sommes-nous encore bien loin de Bondy?

— Non, mon enfant, à une demi-lieue tout au plus.

— Une demi-lieue!... aurai-je la force d'y arriver?...

— Que faites-vous donc là?...

— Je me repose, vous le voyez!

— Vous m'avez l'air ben fatiguée?...

— Oh! oui!...

— Et vous allez à Bondy?

— Si mes forces me le permettent!...

— Eh ben, nous ferons route ensemble, je vais de ce côté-là... Et cet enfant?

— C'est mon fils.

— Il est genti... j'vas le porter... et vous, prenez mon autre bras et appuyez-vous dessus. Oh! je suis solide, allez!...

— Vous êtes trop bon... mais je crains.

— Allons! pas de cérémonie... et en route.

Georgette accepte avec plaisir le bras du bon villageois. Grâce à leur compagnon de voyage, Georgette et son fils arrivent à Bondy; mais il faisait nuit depuis longtemps, et la ferme était encore éloignée.

— Est-ce ici que vous restez? demande le paysan à Georgette.

— Non pas précisément, je vais plus loin... mais...

— Tenez, il se fait tard, si vous n'êtes pas ben pressée d'arriver, venez avec vot' fils passer la nuit dans ma chaumière; vous serez reçue par de bonnes gens, et demain vous vous remettrez en route dès qu'il vous plaira.

— J'accepte votre offre avec reconnaissance, car je sens que je ne pourrais aller plus loin.

— Allons, morbleu! v'là qui est parler : ma chaumière est ici près, nous y serons bientôt.

On se remet en marche, et l'on arrive à la demeure de maître Pierre. Une femme villageoise et six enfants rangés autour d'une table attendaient avec impatience le retour du père de famille.

A son arrivée, chacun court à lui, l'embrasse; tous ses enfants, dont l'aîné est une jolie fille de quinze ans, lui prodiguent les plus tendres caresses, tandis que sa femme lui avance son grand fauteuil; on ne voit pas encore, on ne remarque point Georgette; là les lois de la nature passent avant tout; le premier hommage est pour celui que l'on aime, et non pour un étranger.

Maître Pierre fait lui-même avancer Georgette et son fils; il les présente à sa famille comme de pauvres voyageurs qu'il faut traiter le mieux que l'on pourra.

Tous les habitants de la chaumière s'empressent alors autour de Georgette et de son enfant; la jolie Louise (c'est le nom de la jeune fille de quinze ans) prend le petit Paul dans ses bras, tandis que la femme de Pierre fait reposer sa mère, et que les autres enfants préparent le souper.

— Qu'ils sont heureux! dit tout bas Georgette en considérant le tableau qu'elle a devant les yeux. Ah! puissent leurs enfants ne jamais s'éloigner de cette demeure paisible!

— Vous le voyez, dit Pierre, j'vous avais dit que vous seriez ben reçue, c'est d'ailleurs un devoir. Les malheureux sont toujours accueillis chez moi; il n'y a que les méchants et les ingrats que je repousse : ah! pour ceux-là, ils pourraient bien passer la nuit à ma porte!

Au nom d'ingrat, Georgette pâlit : elle sent que personne plus qu'elle ne mérite ce nom; elle se trouble... mais les villageois l'engagent à se mettre à table; elle éloigne de tristes pensées, et prend place avec son fils à la table de maître Pierre.

On soupe gaiement. Georgette admire l'attention que les enfants de Pierre ont pour leurs parents : ils cherchent à lire dans les yeux de leur père, ils préviennent ses moindres désirs, et, dans l'accomplissement de ces devoirs, ils trouvent leur plus doux plaisir.

Quand l'appétit s'apaise, on cause davantage; maître Pierre aimait à parler; Georgette lui demanda s'il habitait depuis longtemps les environs de Bondy.

— Pardine! je sommes né dans c'te chaumière, et j'espérons ben y mourir.

— Vous connaissez alors tous les habitants des environs?

— Certainement, pourquoi?

— Vous pouvez me donner des nouvelles de ceux qui habitaient une ferme située dans la vallée...

— Oh! c'est la ferme de ce pauvre Jean que vous voulez dire...

Pierre laisse échapper un gros soupir.

— La ferme de Jean, c'est cela même!...

— Ignorez-vous qu'il est mort?...

— Non... je le sais... mais...

— Mais vous ne savez pas sans doute quelle fut la cause de sa mort!... et tous les malheurs qui ont suivi cet affreux événement!... ah! c'est une histoire terrible et que je connaissons trop bien!... car ce pauvre Jean était mon ami, c'est-à-dire que je le voyais quenqu fois aux champs. Écoutez-moi, je vais vous raconter cela; mes enfants connaissent ces événements, mais ils ne sauraient trop les entendre raconter, car c'est une leçon pour eux, surtout pour mes filles!... Morguienne! si jamais elles se conduisaient comme c'te... mais écoutez, écoutez.

Georgette frémit, elle se trouble, elle prévoit qu'elle va entendre le récit du mal qu'elle a fait à ses bienfaiteurs : en effet, Pierre lui raconte l'adoption de la petite fille, la manière dont elle fut élevée à la ferme de Jean, le dédain dont mamzelle Georgette payait ses bienfaiteurs, et sa fierté déplacée envers les villageois.

Maître Pierre n'oublie rien, il connaît les amours de Charles, auquel il aime à rendre justice; car on voyait bien que Charles n'était pas un séducteur; mais il n'épargne pas, en revanche, le jeune marquis, premier auteur des fautes de Georgette. Le bon paysan pleure en racontant la mort de Jean, avec la tendresse pour une ingrate : tous les habitants de la chaumière sont émus; Georgette, pâle, immobile, les yeux fixés vers la terre, cherche à contenir, à dissimuler les tourments de son âme.

Pierre reprend son récit; mais lorsqu'il vient à la seconde fuite de Georgette et à l'incendie de la ferme, notre héroïne l'interrompt, ne pouvant croire à ce qu'elle entend.

— Quoi! s'écrie Georgette, Lafleur avait osé?...

— Oui, il avait allumé la flamme qui embrasa la demeure de la veuve de Jean; l'incendie fit en peu de temps des progrès rapides!... Au milieu de la nuit, on n'avait aucun secours!... Tout fut brûlé... et Thérèse réduite à la mendicité par celle qu'elle avait comblée de bienfaits.

— Grand Dieu! dit Georgette avec véhémence, c'est moi qui suis cause!...

— Vous! s'écrie Pierre en la regardant avec effroi.

— Qu'est devenue Thérèse? demande Georgette, qui, dans son désespoir, ne fait pas attention à l'inquiétude qui se manifeste sur le visage de Pierre, qu'est-elle devenue?... au nom du ciel, répondez-moi !...

— Elle n'est plus!... après avoir vécu quelque temps dans la douleur et les regrets, elle est morte victime de l'ingratitude et de l'incendie de celle qu'elle avait adoptée!

— Malheureuse!... s'écrie Georgette, et elle tombe évanouie au milieu des villageois.

La femme et les enfants de Pierre s'empressent de lui prodiguer des secours; le petit Paul pleure et appelle à grands cris sa mère; Pierre seul est insensible à ce tableau : son front est devenu sévère; ses yeux inquiets examinent Georgette; il a l'air de chercher à se rappeler ses traits, et plus il la regarde, plus son maintien devient grave, plus il montre d'indifférence pour les souffrances de Georgette. Il éloigne ses enfants d'auprès d'elle, il semble craindre qu'ils ne respirent le même air que cette infortunée.

Enfin Georgette reprend ses sens, elle ouvre les yeux et regarde avec crainte autour d'elle...

— Qui êtes-vous? lui demande Pierre avec sévérité en se mettant entre elle et ses enfants; qui êtes-vous? répondez!

Georgette tremble, le ton de Pierre la glace d'effroi.

— Je suis, dit-elle à demi-voix, une infortunée qui a payé bien cher ses égarements... je suis cette Georgette dont vous venez de raconter les fautes...

— Malheureuse! s'écrie Pierre tandis que sa famille regardait Georgette avec douleur, vous êtes cette fille ingrate!... vous avez donné la mort à vos bienfaiteurs!... sortez à l'instant de chez moi! je n' voulons pas dans ma chaumière d'une femme qui nous porter. il malheur!... tous les pères de famille de ce canton ont de crainte à leurs enfants de vous approcher, et les miens se corrompraient auprès de vous!... sortez! vous dis-je...

— Par pitié! s'écrie Georgette en tombant à genoux.

— De la pitié pour des ingrats, jamais!

— Ne me renvoyez pas au milieu de la nuit... Cet enfant doit-il souffrir des fautes de sa mère?

— Votre fils est l'enfant du crime et de l'inconduite : je n'en veux pas dans ma maison. Encore une fois, sortez, ou je ne réponds pas d'être le maître de l'indignation que votre vue me cause !

Georgette embrasse les genoux de Pierre, les baigne de ses larmes, lui présente son fils : la famille du laboureur, attendrie par le spectacle de la douleur de Georgette, cherche à apaiser le courroux de maître Pierre ; mais en vain on le sollicite : la présence de Georgette l'irrite, et l'infortunée, forcée de fuir sa colère, est chassée de la chaumière avec son fils au milieu de la nuit.

Georgette est allée tomber au pied d'un arbre, à peu de distance de la chaumière. Un torrent de larmes s'échappe de ses yeux ; son âme est brisée par la douleur. Son fils, inquiet de son chagrin, dont une heureuse ignorance lui empêche de connaître la cause, le petit Paul l'entoure de ses bras, baise ses joues inondées de pleurs, et cherche à calmer ses peines.

— Ah, mon fils ! s'écrie Georgette, sans toi j'aurais depuis long-temps cessé de vivre, mais pour toi je dois avoir la force de tout supporter.

Elle prend l'enfant sur ses genoux, cherche à le garantir de la fraîcheur de la nuit (car on n'était qu'au printemps) ; elle se dépouille d'une partie de ses vêtements ; un frisson violent fait trembler ses membres, mais son fils ne sent pas le froid, et elle prend courage.

Depuis une demi-heure les infortunés étaient assis dans la campagne, le petit Paul dormait sur la paille près d'eux ; tout à coup elle entend des pas qui approchent... Elle lève la tête.... C'est une femme.... c'est Louise, la fille aînée de Pierre.

— Pauvre femme ! dit la jeune fille, je veux tâcher de vous être utile. Mon père est bien sévère !... aussi c'est en cachette que je suis venue. Tout le monde dort, mais moi je ne pouvais pas m'endormir en songeant que vous étiez au milieu des champs avec votre fils !.... Je me suis levée tout doucement, j'ai pris la clef d'un petit hangar où nous mettons de la paille et du bois ; venez-y : là, du moins, vous serez à l'abri du froid, et vous pourrez dormir tranquillement.

— Chère enfant !... cela ne vous expose-t-il pas ?... Si votre père savait !...

— Non, non, il ne peut le savoir, pourvu que vous partiez demain au point du jour.

Georgette suit la jeune fille en portant son fils dans ses bras. On arrive au hangar : Louise fait entrer notre héroïne, qui promet de partir dès le point du jour, et la jeune paysanne s'éloigne, contente d'avoir fait une bonne action.

Georgette, couchée sur la paille près du fils, cherche en vain à goûter un peu de repos. L'inquiétude de leur sort à venir, le dénument où ils se trouvent, la manière dont Pierre l'a traitée, tout se réunit pour agiter ses sens, et l'empêcher de céder à la fatigue. Le dernier espoir qui lui restait est évanoui : Thérèse n'est plus !...

Georgette passe la nuit tourmentée par ses réflexions et ses remords. Dès que le jour paraît, fidèle à la promesse qu'elle a faite à la jeune paysanne, elle éveille son fils pour partir. Le petit Paul demande à manger à sa mère, celle-ci détourne la tête pour cacher ses pleurs.

— Viens, lui dit-elle, viens, mon ami, bientôt, j'espère, je pourrai...

Elle n'a pas la force d'achever, et l'enfant, qui lève ses regards sur elle, sent sa faim se passer en voyant des larmes dans les yeux de sa mère.

Georgette prend la main de son fils, et sort du hangar sans savoir où elle veut aller. La vue de la chaumière de Pierre lui rappelle la scène de la veille ; elle entraîne son fils loin de cette habitation ; mais le petit Paul, qui se souvient d'y avoir soupé, arrête sa mère et lui montre la demeure des villageois :

— Maman, pourquoi n'entrons-nous pas là ?...

— Ah ! mon fils, nous ne le pouvons pas... on nous en a chassés !

— Chassés !... et qu'avions-nous donc fait pour cela ?

— Tu n'as rien fait, mon ami, mais ta mère !...

— Tu es pourtant bonne, toi, ce sont des méchants de nous avoir chassés. Mais tiens, allons dans cette autre maison là-bas... on nous recevra là...

— Non, mon ami, toutes les portes me sont fermées... je ne serais reçue nulle part... La honte, l'abandon, voilà quel est désormais le partage de ta malheureuse mère !...

— Oh ! les méchants !... Eh bien, quand je serai grand, je reviendrai ici, et je battrai tous ceux qui ont chassé maman.

Georgette emmène son fils loin des chaumières, ils dirigent leurs pas vers la vallée qu'ils aperçoivent dans l'éloignement. Bientôt notre héroïne reconnaît le paysage, le lieu où s'élevait la ferme de Jean ; chaque pas dans la vallée lui rappelle une époque de sa vie ; elle regrette ce temps heureux de l'enfance, qui fuit si rapidement pour ne plus revenir.

Georgette s'arrête à chaque arbre, à chaque bosquet : c'est là qu'elle faisait courir la vieille Ursule... c'est ici qu'elle jouait avec César, c'est de ce côté que Charles la rencontra pour la première fois ; plus loin, il lui jura de l'adorer toujours !

Georgette cherche des yeux la ferme... mais en vain ! le soc du laboureur a passé sur cette terre où s'élevait l'habitation de Jean ; cependant elle reconnaît l'endroit où elle était bâtie ; quelques pierres sont encore entassées près de là, mais bientôt il ne restera plus rien de ces ruines, et l'œil, en admirant ces champs nourriciers, ne découvrira plus aucun vestige d'habitation.

Georgette s'éloigne à regret ; elle dirige ses pas vers un bouquet de bois où doit reposer son bienfaiteur. Ne pouvant plus lui exprimer son repentir, elle veut du moins lui rendre un dernier hommage à sa mémoire.

Elle aperçoit bientôt le tombeau de Jean ; ce lieu paraît avoir été respecté et même embelli par les villageois ; elle quitte la main de son fils et s'avance religieusement vers le dernier asile de ses bienfaiteurs, car elle pense que Thérèse repose près de son époux : en effet le même tombeau les rassemble, et Georgette lit ces mots gravés sur la pierre tumulaire :

« *Donnez une larme à deux infortunés que l'ingratitude a mis au tombeau.* »

Georgette tombe à genoux, elle baigne le tombeau de ses larmes, et adresse au Ciel de ferventes prières en expiation du mal qu'elle a fait. Après avoir rempli ce devoir, elle sentit son cœur soulagé ; se levant plus calme, elle reprit la main de son fils, et s'éloigna de ces tristes lieux, non sans tourner souvent la tête pour les revoir encore.

Nos voyageurs marchèrent quelque temps. Georgette, livrée à ses souvenirs, avait oublié sa situation présente, elle y fut rappelée en jetant ses regards sur son fils : l'enfant, intimidé par la tristesse de sa mère, n'osait lui faire connaître ses besoins : Georgette le prend dans ses bras, l'embrasse :

— Cher enfant, dit-elle, je t'ai oublié un instant, pardonne-moi ! c'était pour mes bienfaiteurs !.... désormais je ne veux plus vivre que pour toi. Tu as faim, sans doute, et tu n'osais me le dire !... Viens, mon ami ; bientôt nous aurons de quoi déjeuner.

En disant cela, Georgette regardait son léger paquet, c'était leur dernière ressource.

— Quand je l'aurai vendu, pensait-elle, il ne nous restera plus rien !... mais peut-être alors le Ciel prendra pitié de nous.

Georgette trouva à Bondy un marchand qui, par grâce, lui donna six francs de ses effets ; c'était le quart de leur valeur : elle prit l'argent et courut acheter à son fils de quoi satisfaire son appétit. Pendant que l'enfant déjeunait, elle comptait le peu qui lui restait, et se désolait en songeant que la mort de Thérèse lui ravissait sa dernière espérance !... Tout à coup le souvenir de son oncle frappe son esprit ; cet oncle, qu'elle a jadis abandonné, est peut-être disposé à lui pardonner ; Georgette saisit avidement ce dernier espoir. Jadis elle n'eût point osé retourner près de ce parent qui a élevé son enfance ; maintenant, l'existence de son fils en dépend, elle ne balance pas ; l'espoir de trouver à Rambervilliers un asile et des secours ranime ses esprits abattus ; mais une idée cruelle se présente : Si son oncle était mort !...

Cette crainte est désespérante, Georgette la repousse avec effroi.

— S'il n'est plus, se dit-elle, j'aurai du moins tenté le dernier moyen qui me reste. Mais le ciel aura pitié de mes souffrances, il permettra que je retrouve mon oncle, qu'il me pardonne, et que je sois enfin tranquille sur le sort de mon fils.

Mais comment, avec si peu d'argent, se rendront-ils à Rambervilliers ? — Eh bien ! dit Georgette, j'implorerai sur ma route la pitié des âmes sensibles ; je n'ai pas craint jadis de m'assimiler aux plus viles créatures !... Ah ! je ne dois point rougir de mendier pour mon fils.

Lorsque le petit Paul eut fini son modeste repas, sa mère le prit dans ses bras, et se mit en route pour retourner chez son oncle le tabellion.

CHAPITRE XLIII. — Dernier voyage.

Notre héroïne et son fils marchent toute la journée, ne se reposant que lorsque les forces leur manquent tout à fait. A la nuit, ils arrivent à un petit village; Georgette demande combien il y a de ce village à Bondy.

— Six lieues, lui répond-on.

— Eh quoi ! se dit-elle, nous avons marché depuis ce matin, et nous n'avons fait que six lieues !

Georgette calculait avec effroi le temps qu'il leur faudrait pour arriver à Rambervilliers; une femme et un enfant ne vont pas vite à pied !... Elle tâchait de reculer le moment où il faudrait implorer l'assistance des passants, et pour cela elle ménageait sa petite bourse. Son fils peut manger à sa faim et la satisfaire entièrement, mais Georgette ne prend que l'absolu nécessaire et de quoi soutenir ses forces et son courage.

Les pauvres voyageurs couchent dans le village où ils se sont arrêtés. Une grange leur sert d'abri, un peu de paille d'oreiller; mais la fatigue leur fait trouver ce coucher excellent, et ils dorment profondément. Le lendemain, Georgette se fait indiquer la route qu'il faut suivre, et ils se mettent en marche. Quelquefois des êtres compatissants ont pitié de leur misère, et ne leur font pas payer le frugal repas qu'ils prennent dans leur chaumière; Georgette les bénit, et son cœur est soulagé lorsqu'elle a passé la journée sans toucher à son léger avoir.

Georgette et son fils font ainsi près de quarante lieues. La pauvre mère portait son fils lorsque l'enfant était las; elle dissimulait ses souffrances et abusait du peu de forces qui lui restaient, dans l'espoir d'arriver plus tôt. Au bout de ce terme, malgré la stricte économie dont elle a usé, il ne leur reste plus rien, et ils ont encore autant de chemin à faire pour arriver à Rambervilliers.

Georgette se sent un moment découragée; cependant elle regarde son fils; l'espoir de lui trouver un asile où l'on prendra soin de son enfance triomphe de sa faiblesse, elle se décide à implorer les secours et la commisération publics.

Ils arrivent le soir à un bourg assez considérable. Georgette s'assied sur un banc de pierre, mais elle n'a pas la force de rien demander... Ses yeux se ferment, ses sens se glacent... elle va perdre connaissance sans pouvoir implorer aucun secours...; mais son fils, guidé par la nature, voit que sa mère est souffrante, qu'elle ne peut plus parler. Le petit Paul court à chaque passant :

— Ayez pitié de maman ! s'écrie-t-il, elle est bien malade.... secourez-la !...

Ces mots, prononcés en sanglotant, la grâce touchante de l'enfant attirent l'attention de plusieurs personnes; on suit Paul, on entoure Georgette, on la regarde, on fait des commentaires sur son état, et on ne la secourt pas !... Une bonne vieille, plus humaine, fait respirer à Georgette une fiole; notre héroïne reprend ses esprits :

— Venez, lui dit la vieille femme, appuyez-vous sur moi; tenez, je demeure ici en face... je vous ferai prendre quelque chose, car ces gens-là vous laisseraient bien mourir sans vous porter secours !... venez, venez chez moi.

Georgette ne peut remercier la bonne femme que par un signe de tête; cette dernière la prend sous le bras; le petit Paul veut aussi soutenir sa mère chancelante. On arrive à une petite maison; on monte, non sans peine, un escalier noir; on entre dans une chambre où l'on ne voit pas clair; la vieille fait asseoir Georgette, et bat le briquet le plus vite qu'elle le peut.

On a enfin de la lumière; mais Georgette, dont les yeux sont presque éteints, distingue à peine autour d'elle.

— Attendez, dit la bonne femme, j'ai encore là dans ma bouteille un peu de vin, cela vous remettra et vous fera du bien.

La vieille fait prendre à Georgette un demi-verre de vin; celle-ci se sent mieux. Son premier mouvement est d'embrasser son fils, à qui elle doit la vie; ensuite elle tourne ses regards vers l'être compatissant qui a eu pitié de sa situation. La bonne femme, debout en face de Georgette, examinait avec joie le mieux que ses soins avaient produit.

— Que ne vous dois-je pas, bonne mère, lui dit Georgette, vous m'avez rappelée à la vie !... hélas ! sans mon fils je n'y tiendrais pas.

— Pauvre femme !... vous êtes donc bien malheureuse ?

La voix de sa bienfaitrice, que jusqu'alors Georgette n'avait pu entendre distinctement, cette voix lui rappelle quelqu'un qu'elle a connu autrefois; elle reporte toute son attention, et s'écrie :

— Je ne me trompe pas !... c'est vous !... c'est Ursule !...

— Eh oui ! c'est moi, répond Ursule, c'est elle-même, mais vous?... je ne me rappelle pas vous avoir jamais vue !...

— Comment, Ursule, vous ne me reconnaissez plus ?...

— Non, non, en vérité, il m'est... mais cela n'est pas possible !...

— Grand Dieu ! je suis donc tout à fait méconnaissable !...

— Cette voix cependant... oh ! mon Dieu ! vous seriez cette Georgette... qui était si jolie !...

— C'est moi-même, Ursule !...

— Malheureuse !... dans quel état !...

La vieille, dans sa surprise, recule quelques pas.

— Oh ! ne me maudissez pas !... s'écrie Georgette en joignant les mains vers elle, je suis assez punie !...

— Non, non, je ne vous repousserai pas, infortunée !... je vois que vous avez assez souffert !... et cet enfant ?

— C'est le mien !...

— Pauvre petit ! pauvre Georgette ! que vous êtes changée !...

Lorsque les premiers moments de surprise furent passés, Ursule dressa sur une table un petit souper.

— Je ne suis pas riche, dit-elle à Georgette, mais j'offre de bon cœur ce que j'ai.

On se mit à table. Georgette demanda à Ursule par quel hasard elle se trouvait dans ce pays. La vieille lui apprit qu'après la mort de Thérèse, n'ayant plus rien qui la retînt à Bondy, elle était revenue vivre dans ce bourg où elle était née. En racontant son histoire, Ursule eut la délicatesse de ne pas retracer à Georgette le tableau des maux qu'elle avait causés.

Georgette fit à Ursule le récit de sa vie; elle ne chercha point à déguiser ses erreurs. Elle termina en apprenant à la vieille son projet d'aller trouver à Rambervilliers cet oncle qu'elle venait de quitter lorsque Jean la trouva sur la grande route, assise sur le bord d'un fossé.

Ursule approuva le dessein de Georgette, et, se rappelant quelque chose :

— Vous allez à Rambervilliers, dites-vous?

— Oui, pourquoi ?

— C'est que... attendez... oui, c'est de ce côté-là qu'est le château de Merville.

— Quel est ce château?

— Celui des parents de ce bon Charles.

— Comment savez-vous?

— Pardi ! je l'ai su de Baptiste, qui me contait tout cela lorsque son maître était malade dans notre chaumière.

— Que voulez-vous dire?

Ursule raconte alors à Georgette la maladie de Charles, son désespoir en ne la retrouvant pas la seconde fois à la ferme. Georgette pleure en l'écoutant.

— Comme il m'aimait ! s'écriait-elle.

Elle apprend avec surprise que Charles, dont jusqu'alors elle avait ignoré le rang, est fils du marquis de Merville, et qu'il habite près de Rambervilliers. Le désir de le voir fait battre son cœur, peut-être l'espoir d'en être encore aimée se mêle-t-il au sentiment qui l'anime !

Georgette et son fils passent la nuit dans le modeste local d'Ursule ; cette bonne femme, qui voit le repentir de notre héroïne, et sur toute sa personne les traces de ce qu'elle a souffert, ne cherche maintenant qu'à lui être utile et à alléger ses souffrances. On s'arrange le mieux que l'on peut pour la nuit; nos voyageurs ne sont pas difficiles, et depuis longtemps ils n'ont pas reposé sous un toit hospitalier.

Le lendemain, la vieille Ursule fait déjeuner ses hôtes, ensuite elle glisse quelques pièces de monnaie dans la main de Georgette.

— Ma chère enfant, lui dit-elle, voilà tout ce que je puis vous offrir !... Je suis pauvre aussi... mais c'est de bon cœur que je partage avec vous.

Georgette accepte en rougissant le don d'Ursule; elle embrasse la bonne femme, et se remet en route avec son fils.

Le secours de la vieille suffit à leurs besoins pendant deux jours; il ne leur restait plus que deux autres journées de marche pour être rendus à Rambervilliers. Ils poursuivent avec courage, et, au bout de la première journée, entrent dans une maisonnette demander de quoi rétablir leurs forces épuisées. Mais la maîtresse de la maison est dure, méchante.

— Allez, allez, leur dit-elle, il y a assez de mendiants dans le pays ! nous n'avons pas besoin de nourrir ceux qui courent le monde.

Elle referme sa porte aux pauvres voyageurs. Georgette prend son fils dans ses bras et va s'adresser ailleurs ; même refus, même insensibilité !

— Il nous faudra donc attendre à demain, dit-elle tristement, et passer la nuit sur ce banc.

— Oh ! maman, j'ai bien faim !...

— Cher enfant, demain... Hélas ! demain peut-être nous ne serons pas plus heureux !...

Les infortunés passent la nuit au pied d'un arbre, et au point du jour se remettent en route, n'ayant rien pris depuis la veille. Le petit Paul fait quelques pas et ne peut aller plus loin; Georgette le prend dans ses bras et prie le ciel de doubler ses forces. Elle continue sa route; l'espoir d'arriver bientôt chez son oncle la soutient encore; mais à la fin du jour ils se trouvent au milieu des champs, ne découvrant aucune habitation !

L'enfant demande d'une voix faible quelque nourriture ; Georgette, au désespoir, regarde autour d'elle... rien ! rien ! pour apaiser leur faim dévorante !...

Dans la coulisse Georgette avale plusieurs petits verres d'eau-de-vie pour se donner du nerf.

— Oh, mon Dieu ! s'écrie-t-elle, faudra-t-il périr si près du terme de notre voyage ?

Le père Simon le meunier.

Elle arrache quelques feuilles d'oseille, seule plante qui s'offre à ses regards, en exprime le suc sur les lèvres de son fils ; mais, voyant que ce secours ne peut calmer ses souffrances, elle s'arme d'un courage surnaturel , et, serrant son fils contre son sein, se met à courir, espérant découvrir enfin une habitation.

Après une heure de marche , elle distingue au loin la pointe d'un clocher... c'est celui de Rambervi liers : encore un peu de chemin, et

GEORGETTE AU MOULIN.

La meunière ne faisait aucune façon pour se déshabiller devant le petit garçon.

ils y seront rendus... Mais la nuit commence à couvrir les champs ; Georgette, exténuée, veut en vain avancer encore... ses genoux se dé-

Un jeune homme détourne au coin de la rue où est Georgette, elle s'arme de courage et l'arrête.

robent sous elle.... Un brouillard épais obscurcit sa vue.... elle tombe avec son fils au milieu des champs.

Lorsque Georgette revint à elle, la nuit était obscure, on ne pouvait distinguer près de soi. Son premier mouvement fut de chercher son fils, elle étend le bras et touche celui de l'enfant.

— Il est près de moi, dit-elle, il dort !... gardons-nous de le réveiller !... demain, dès le point du jour, je serai à Rambervilliers, et j'y trouverai des secours pour mon fils.

Confiant son sort à la Providence, elle appuie sa tête contre sa main ; la fatigue l'emporte sur le besoin, elle s'endort profondément.

Le jour brillait dans tout son éclat lorsque Georgette ouvrit les yeux. Elle s'empresse de regarder son fils... Un cri d'horreur et de désespoir lui échappe... Le petit Paul s'est frappé la tête en tombant sur une pierre, lorsque sa mère perdit l'usage de ses sens ; le malheureux a reçu une blessure profonde ; il est couvert de sang et totalement inanimé. Sa mère le prend sur son sein, l'embrasse, l'appelle à grands cris, mais l'enfant ne répond plus !

Ce coup était trop fort pour la tête déjà affaiblie de Georgette ; la vue de son fils mort, l'idée que c'est elle qui a causé son trépas bouleversent tout à fait ses sens ; sa raison s'égare ; elle ne sent plus sa faiblesse ; elle prend son fils, court, s'arrête, lui parle, lui promet que bientôt il aura à manger ; dans son délire, elle ne le voit plus mort, le souvenir de la faim qui les dévorait est la seule pensée qui frappe son imagination.

Pâle, échevelée, les yeux hagards, Georgette arrive à Rambervilliers ; elle tient son fils caché sur son sein, et l'entortille du fichu qui la couvrait. Le hasard ou la nature la guide, elle se rend à la demeure de son oncle ; une bonne femme lui ouvre la porte, la vue de Georgette l'effraie.

— Où est M. Rudemar? demande Georgette d'une voix altérée en jetant autour d'elle des regards sombres.

— Que lui voulez-vous? il n'est pas ici, il est au château de Merville.

— Au château de Merville.... Ah! oui.,.. je me souviens.... c'est là qu'il est aussi.

— Que dites-vous donc?

— J'irai au château de Merville... je le verrai encore... il donnera du pain à mon fils... Oui.. oui... c'est là que je dois aller!...

La bonne femme ne sait ce qu'elle veut dire ; mais, désirant l'éloigner :

— Si vous voulez aller au château, lui dit-elle, tenez, prenez ce chemin, c'est toujours tout droit.

Georgette se met à courir, la nature semble avoir fait pour elle un dernier effort ; elle arrive, elle entre dans le château.

La grande cour est ouverte, Georgette ne rencontre personne, elle marche au hasard. Les sons d'une musique religieuse frappent son oreille, elle se dirige du côté d'où ils partent ; elle arrive devant la chapelle du château, elle entre, jette des regards éteints sur tout le monde qui est rassemblé dans le lieu saint ; elle pousse un cri et tombe à l'entrée de la chapelle au moment où Charles venait d'unir sa destinée à celle de la jeune Alexandrine.

Le cri de Georgette trouble la cérémonie ; on s'empresse de porter secours à la pauvre femme, les jeunes époux s'avancent... un vieillard les suit le cœur oppressé d'un sinistre pressentiment.

— Georgette! s'écrie Charles en apercevant l'infortunée à qui l'on s'efforçait d'arracher son fils qu'elle ne voulait point quitter.

— Georgette! dit à son tour M. Rudemar (c'était le nom du vieillard qui assistait au mariage des jeunes amants). Oh ! mon Dieu, cette femme serait-elle celle que j'ai tant pleurée?...

Georgette rouvre les yeux, la raison lui revient, elle reconnaît Charles.

— Adieu, lui dit-elle, adieu Charles, je meurs victime de mon inconduite !... Dites à cet oncle que j'abandonnai jadis... que je suis bien punie... mais que mon repentir fut sincère!...

Elle ne peut en dire davantage. Le vieillard, qui a reconnu Georgette, lui donne sa bénédiction ; Charles verse des larmes. L'infortunée les regarde, elle semble reconnaître son oncle ; elle prend sa main qu'elle pose sur son cœur... Mais bientôt ses yeux se ferment... Elle entoure son fils de ses bras... On cherche à la rappeler à la vie, mais inutilement ; elle n'était plus !...

Dernier voyage de la pauvre Georgette.

FIN DE GEORGETTE.

UN

VOYAGE PITTORESQUE

PAR PAUL DE KOCK.

C'était par une belle journée du mois d'août; le soleil était brûlant, et à Paris il est difficile d'avoir de l'ombre, de la fraîcheur, à moins de se contenter de cette ombre que l'on trouve le long des maisons dans ces rues populeuses et bruyantes, où l'odorat est désagréablement frappé du voisinage des ruisseaux, même par les temps secs. Veuillez vous rappeler que je vais vous conter ce qui m'arriva il y a une douzaine d'années au moins, et qu'alors Paris n'était pas encore ses orgueilleux trottoirs, qui seront bien commodes dans les rues quand on pourra y marcher plus de deux de front.

Nous étions enfin dans la saison où l'on désire avec ardeur quitter la grande ville pour se trouver loin, bien loin du monde, assis sur l'herbe épaisse à l'entrée d'une forêt, ou tout au moins dans le fond d'un bois, pour respirer la fraîcheur, l'odeur suave des champs; pour s'étendre à l'ombre... et celle-là est bien différente de celle des rues de Paris, où, d'ailleurs, il ne serait pas séant de s'étendre.

Moi aussi, je désirais aller à la campagne, mais non pas seul; je n'ai point de goût pour la solitude; je trouve qu'il faut avoir quelqu'un avec soi pour lui faire part des sensations que l'on éprouve. Qu'est-ce qu'un bonheur que l'on goûte seul, qu'il faut renfermer dans son âme, sur lequel on ne peut causer... s'étendre, s'identifier? Le plaisir est peut-être la seule chose qui se double en se partageant. D'ailleurs, *Voltaire* ne nous a-t-il pas dit en vers charmants :

> Il faut avoir un ami qu'en tout temps,
> Pour son bonheur, on écoute, on consulte ;
> Qui sache rendre à notre âme en tumulte
> Les maux moins vifs et les plaisirs plus grands.

Lorsque la personne qui nous accompagne est une femme que nous aimons, qui nous aime, c'est alors que nous connaissons vraiment le beau idéal du bonheur ; du moins, telle est mon opinion.... On sait que les opinions sont libres.

Cette personne qui devait m'accompagner à la campagne était une jolie petite femme de vingt ans, gaie, aimable, spirituelle.... pas trop bonne; mais on assure qu'il ne faut pas qu'une femme le soit trop. Il y avait déjà deux ans que nous nous connaissions, et un motif bien puissant... et que je ne vous dirai point, parce que je n'écris pas mes confessions, nous faisait désirer d'aller à Ermenonville.

Ermenonville est un pays charmant, devenu fameux par le séjour, la mort et le tombeau de Jean-Jacques, et qui, sans cela même, eût mérité d'être cité pour ses promenades, ses eaux, ses bois, ses vues délicieuses. Ermenonville, Morfontaine, Maupertuis et Méréville, voilà, dit-on, les quatre plus beaux séjours des environs de Paris; aller à Ermenonville était donc une partie charmante dont nous nous promettions un grand plaisir, moi et ma petite compagne, que je nommerai Lise, si vous voulez bien le permettre, et même si vous ne le permettez pas.

Mais, s'il y a sept lieues de Paris à Pontoise, il y en a bien onze d'Ermenonville à Paris, quoique le Dictionnaire Géographique n'en compte que neuf; mais ne vous fiez pas trop aux cartes et aux dictionnaires pour connaître les distances, car vous risqueriez de faire beaucoup plus de chemin que vous ne le voudriez.

Or donc, quand il s'agit de onze lieues, on ne fait pas un tel trajet en se promenant; surtout par un soleil d'août. Je pensais à prendre la voiture de Morfontaine; de là à Ermenonville, on nous avait dit qu'il n'y avait qu'une lieue, qui se fait dans un chemin presque toujours ombragé par de beaux arbres, ou sur une pelouse fleurie, délicieux tapis formé par la nature et qui vaut bien ceux de nos salons.

Cependant j'avoue que j'aime peu ces voitures publiques dans lesquelles on vous entasse comme une marchandise. Vous n'êtes pas assez de monde pour être libre, et pourtant vous y avez trop de compagnie pour être seuls. Souvent un voisinage grossier ou malpropre vous fait trouver bien long un voyage que vous aviez entrepris pour votre plaisir. Il faut entendre un bavardage ennuyeux, auquel il est impossible d'imposer silence, et l'on ne peut causer librement entre soi; ces désagréments m'ont toujours fait faire la grimace, lorsqu'on me propose une partie de campagne entreprise dans une voiture publique.

Lise connaissait et partageait mes idées à cet égard; louer une voiture pour nous seuls et la garder trois jours, car nous voulions en passer un tout entier à Ermenonville, c'était un peu cher pour un couple qui avait plus d'amour que d'argent; de telles dépenses ne sont permises qu'aux gens qui ont plus d'argent que d'amour.

Mais un matin Lise me dit : — Si tu voulais, j'ai trouvé un moyen pour aller à Ermenonville sans prendre les voitures publiques, et pourtant sans aller à pied.... — Voyons ton moyen. — Oh! mais.... c'est que tu ne voudras pas. — Pourquoi cela ? — Parce que... tu trouveras que c'est trop... que ce n'est pas assez. — Je ne sais pas ce que je trouverai, mais voyons toujours ton moyen. — Tu connais bien le Petit-Saint-Martin ? — Nullement; je n'ai jamais été lié avec les saints, pas plus avec le Petit-Saint-Martin qu'avec un autre. — Le Petit-Saint-Martin est une auberge, une roulage, enfin un endroit où descendent assez habituellement les Lorrains qui arrivent à Paris. — Quel rapport avec notre partie d'Ermenonville ? — Attends donc : le farinier d'Ermenonville vient directement au Petit-Saint-Martin, il arrive à Paris avec sa voiture pleine de sacs de farine, mais il s'en retourne à Ermenonville avec sa voiture vide; comprends-tu à présent ? — Oh! parfaitement!... nous irons à Ermenonville dans la voiture du farinier ?... — Oui, si tu le voulais, car j'ai déjà demandé à cet homme s'il voudrait bien prendre deux personnes avec lui pour les conduire à Ermenonville, et il m'a répondu qu'il ne demandait pas mieux. — Eh bien! ma chère amie, va pour la voiture du farinier! — Tu y consens ah! que je suis contente!... j'avais si peur que tu ne voulusses pas! — Pourquoi donc?... cette partie me plaît infiniment, au contraire, et je m'en fais une idée charmante.... Va, je ne pousse point l'aristocratie jusqu'à dédaigner une voiture qui nous apporte de la farine; je la respecte beaucoup, et je monterai dedans sans rougir... Eh! ma bonne amie, combien de voitures dorées, d'équipages brillants transportent des gens qui ne valent pas un sac de farine! Allons, fais tes préparatifs, moi, je vais faire les miens... ils consisteront dans l'achat d'un pâté... il faut toujours songer au solide. Quand part le farinier? — Demain, à six heures précises du matin, il partira de Paris pour Ermenonville, où il arrive, dit-il, sur les six heures du soir. — C'est douze heures pour faire onze lieues... on a le temps d'examiner le pays par où l'on passe. Eh bien! demain, à six heures du matin, nous monterons dans la voiture du farinier. — Que nous irons prendre au Petit-Saint-Martin. — C'est entendu.

Tout étant décidé, j'arrange mes affaires afin de pouvoir être libre de m'absenter de Paris pendant trois jours, puis je vais à la recherche d'un pâté et d'un saucisson, comestibles un peu communs, direz-vous peut-être, mais qui conviennent parfaitement à des gens qui voyagent dans la voiture d'un farinier.

Le lendemain, bien avant six heures du matin, nous étions, Lise et moi, au Petit-Saint-Martin. Lise en robe blanche, en chapeau de paille, ses petits pieds dans des souliers d'étoffe grise, était rayonnante de joie, de bonheur. Elle tenait sous son bras un panier assez grand dans lequel étaient nos provisions. Nous y avions mis une bouteille de vin et jusqu'à deux pains; car pour nous, habitants de Paris, c'était un grand voyage que nous allions faire... nous n'étions pas bien persuadés que nous trouverions du pain sur notre route... nous pouvions avoir des déserts à traverser avant d'arriver à Ermenonville.

Ne riez pas de nous : heureux les gens qui connaissent peu le monde, qui ont peu vu, peu voyagé; pour eux la moindre nouveauté est une merveille, le plus petit événement est une aventure, le point de vue le plus ordinaire est un magnifique panorama. Pour celui qui n'a été que de Paris à Saint-Cloud ou à Versailles, une cascade est une chute d'eau, un ruisseau est un torrent, les bois deviennent des forêts, les fermes des *villa*, et les maisons de plaisance des châteaux.

Heureux temps que celui où l'on possède à la fois de la jeunesse, de la santé, de l'amour et de la bonne humeur! Avec de tels compagnons de voyage on se trouve bien partout, on ne s'ennuie nulle part; on irait au bout du monde... et nous allions à onze lieues de Paris.

Nous arrivons au Petit-Saint-Martin. Lise portant le panier, moi le lui prenant pour le porter à mon tour, elle voulant le ravoir... Nous n'avions fait que ce manège tout le long du chemin.

Nous entrons dans une immense cour, où il y avait des charrettes, des pataches, des camions; mais Lise me prend par la main et me mène près d'une immense voiture couverte en toile en me disant :

— Voilà notre équipage.

Figurez-vous une grosse charrette, longue comme les premiers omnibus dans lesquels on tenait dix-neuf personnes; et cette charrette, surmontée de cerceaux, sur lesquels est une forte toile qui couvre hermétiquement le dessus et les côtés de la voiture; le fond même était fermé de la toile, qu'il fallait soulever pour voir derrière. Dans l'intérieur, rien que quelques bottes de paille bien éparpillées, mais que l'on pouvait rassembler à sa fantaisie, afin de se faire un siége plus doux.

— Que dis-tu de cela, mon ami? me dit Lise en me regardant comme quelqu'un qui craint d'avoir fait une sottise. — Je dis, ma chère amie, que nous serons fort à notre aise là-dedans... la place ne nous manquera pas!... peut-être ne serons-nous pas assis bien douilletement... mais, en revanche, nous aurons la faculté de nous étendre, de nous coucher même quand cela nous fera plaisir, pouvoir être couché tout en voyageant, c'est un avantage que l'on ne trouve pas dans les autres voitures; et qui nous empêchera d'avoir des inquiétudes dans les jambes. D'ailleurs, avec toi je suis toujours bien. — Moi de même... Et puis le plaisir d'être ses maîtres, de rire, chanter, de manger quand nous le voudrons.... — Et de s'embrasser, dont tu ne parles pas!... — Oh! oui, mon ami, c'est une charmante voiture que celle-ci !...

Nous cherchons des yeux le farinier; il était encore dans un cabaret voisin à boire avec des pays. Lise voyant d'impatience de partir, et déjà ma gentille compagne a été deux fois jusqu'à l'entrée du cabaret crier au farinier : — Nous sommes là.... Monsieur, partez-vous bientôt?.. Monsieur, il est six heures passées, et vous nous avez dit que vous partiez à six heures précises.

Mais n'espérez jamais faire partager votre impatience à un roulier, à un maçon ou à un portefaix; ces gens-là ont une manière de procéder dont rien au monde ne les ferait démordre; que vous soyez pressé ou non, cela leur est indifférent, ils n'en iront pas plus vite; il faut donc tâcher de prendre son parti lorsqu'on a affaire à eux.

Lise est revenue deux fois en faisant la moue et en murmurant : — Il me répond toujours : je vous suis!.... et il ne se dérange pas!... — Allons, ma chère amie, ne prenons point d'humeur, ce serait un mauvais début pour notre voyage. Il faudra bien que cet homme parte, puisqu'il doit être ce soir à Ermenonville; que nous arrivions un peu plus tôt, un peu plus tard, qu'importe!... mais, si tu veux, nous monterons tout de suite dans notre voiture... cela vaudra mieux que de rester au milieu de cette cour. — Tu as raison, montons en voiture.... cela fera peut-être venir le lambin de farinier.

Notre équipage n'avait point de marchepied; je prends Lise dans mes bras, je l'aide à atteindre le haut du brancard, je lui passe le panier, et je grimpe. Nous voilà dans l'immense charrette. On peut très-

facilement s'y promener : il y aurait de quoi établir un appartement complet; c'est aussi grand que la voiture nomade : en la divisant en trois compartiments, on aurait une chambre à coucher, un salon et une cuisine; je connais des logements à Paris qui ne sont pas plus grands que la voiture du farinier. Nous rions, nous nous asseyons sur la paille; nous serons un peu durement quand la voiture roulera... Mais nous serons seuls... c'est toujours là notre refrain, et ce qui embellit à nos yeux la lourde voiture.

Enfin notre conducteur arrive; je ne l'avais pas encore vu, et je l'examine pendant qu'il achève d'atteler ses chevaux : le farinier d'Ermenonville était un homme de trente ans environ, très-grand, robuste, épaules larges, bien bâti; des mains dont une seule aurait sans peine caché les miennes et celles de ma compagne de voyage; une figure régulière, de beaux traits, le teint un peu enluminé, ce qui donnait encore plus de brillant à son regard; tout dans cet homme annonçait un gaillard qui me rappelait les muletiers des contes de La Fontaine. Son costume se composait d'une blouse bleue, bonnet de coton de même couleur, sous lequel passait une queue et des nattes bien poudrées ; ajoutez à cela un pantalon de toile, de gros souliers ferrés et un fouet à la main, vous aurez le portrait exact de notre conducteur.

Je le salue; il nous regarde à peine, il n'est occupé que de ses chevaux. Je dis tout bas à Lise :

— Tu lui as, j'espère, fait entendre qu'il ne nous mènerait pas pour rien. — Oh! oui... mais il n'a pas l'air intéressé; il m'a répondu que cela ne valait pas la peine, et que nous ne le gênions en rien. — Diable! voilà de bien beaux sentiments pour un charretier!

Pendant que nous causions, notre grande maison s'ébranle, tourne et sort de la cour. Nous sautons d'abord sur notre paille; chaque cahot nous fait faire une singulière grimace, et la rue Saint-Martin n'est pas très-unie; mais bientôt nous nous y faisons. D'ailleurs, quoique nous ayons quatre forts chevaux, qui sont attelés à la queue l'un de l'autre, notre voiture ne va qu'au pas : c'est l'allure adoptée par le farinier. En allant de la sorte, je ne puis pas me figurer que nous arriverons à Ermenonville.

Nous descendons la rue Saint-Martin, où l'on ne voit encore que des laitières, des portiers qui balaient le devant de leur porte, des ouvriers qui entrent chez l'épicier prendre la goutte, et quelques grisettes matineuses qui viennent chercher leur petit pot de crème et leur demi-tasse de café. Ce sont de ces choses que vous pouvez voir de votre croisée, si vous vous levez avec le jour.

Nous montons le faubourg : tout en allant qu'au pas, je finis par croire qu'on avance. A mesure que nous approchons de la barrière, le faubourg prend un air de campagne. Nous sourions, Lise et moi, en apercevant l'enceinte de Paris, enceinte que l'on a reculée tant de fois, que l'on reculera sans doute encore; ce qui me fait trembler pour ces pauvres champs qui sont si doux à la vue, si bons pour la santé, si agréables aux promeneurs, et où cela me fait toujours de la peine de voir bâtir des maisons.

Avant d'être dans la campagne, nous avons encore la Villette à traverser; qu'elle est longue, cette Villette! que je plains les personnes forcées d'habiter cet endroit, qui n'est ni la ville ni la campagne, qui a les inconvénients de l'un sans avoir les agréments de l'autre!

Enfin nous sommes sortis!... Nous voici sur une route large, belle, bordée d'arbres... Des arbres et de la verdure... ah! c'est cela qu'on veut voir en sortant de Paris.

Lise et moi sommes tout joyeux d'être enfin à la campagne. Nous sautons sur notre paille; nous disons adieu à Paris, à ses usages, à ses toilettes, à ses sujétions. En plein champ et dans la voiture d'un farinier, nous sommes nos maîtres; rien ne nous gêne : l'univers est à nous.

Tout à coup notre conducteur, qui ne nous avait pas encore adressé la parole depuis notre départ du Petit-Saint-Martin, saute sur le brancard, s'y asseoit, entame conversation.

— Eh bien! comment vous trouvez-vous là-dedans? — Pas trop mal... on serait mieux s'il y avait plus de paille, cependant... — Ah! quelque fois j'en avons pas du tout. J'ons mis ça là-dedans pour que vous soyez mollement; du reste, j'avons pas besoin de paille pour les sacs de farine!... — C'est juste : mais nous ne sommes pas difficiles. — Eh! puis, nous sommes si contents d'aller à Ermenonville! dit Lise en souriant.

Le farinier regarde ma petite compagne, et sourit aussi. Puis il tire de sa poche une pipe, du tabac, un briquet. Il fait du feu et se met à fumer; pendant ce temps, les chevaux continuent d'aller leur pas ordinaire : on n'a pas besoin de s'occuper d'eux. Si cette manière de voyager est plus longue que d'autres, au moins éloigne-t-elle toute crainte de verser et on ne taxera pas notre conducteur d'imprudence.

Au bout d'un moment, je m'adresse au farinier, qui se contentait de nous envoyer des bouffées de fumée et ne parlait plus.

— Dites-moi donc, monsieur... je ne sais pas votre nom? — Je m'appelle Pierre Lagacé. — Eh bien! monsieur Pierre Lagacé, faites-vous souvent le voyage d'Ermenonville à Paris? — Quatre fois par semaine; je viens à Paris chargé, le lundi et le jeudi; je retourne à Ermenonville à vide, le mardi et le vendredi... c'est aujourd'hui mardi; après-demain je retournerai à Paris avec de la farine. — Est-ce que vos chevaux vont plus doucement encore quand votre voiture est pleine? —

Non... ils vont la même chose... et si je les faisais trotter un peu, vous seriez ben pus secoués... tenez...

Pour nous en donner la preuve, le farinier donne un coup de fouet au limonier; les chevaux prennent un temps de trot. Lise et moi nous sautons dans la voiture, nous sommes obligés de nous tenir aux côtés de la charrette; si cela durait, nous serions disloqués. Pierre Lagacé rit de nos contorsions. Cela paraît l'amuser beaucoup.

— Oh! assez! assez! monsieur, je vous en prie! s'écrie Lise, nous aimons mieux aller doucement. — J'en étais sûr!... holà!... holà!... Zéphir!... calmons-nous, cher ami.. assez de gaieté comme ça!

Zéphir, c'était le limonier, se remet au pas, ses camarades l'imitent, et nous cessons de danser dans la voiture; moi, qui tout à l'heure me plaignais de la lenteur de nos chevaux! il n'y aurait pas moyen d'y tenir s'ils allaient toujours au trot! le docteur Pangloss a raison : *tout est pour le mieux dans le meilleur des mondes possibles!* n'allez pas en charrette, si vous voulez brûler le pavé.

Pour nous remettre, Lise et moi, nous sortons nos provisions du panier, nous fêtons le pâté et le saucisson; rien de meilleur que le grand air et une charrette pour donner de l'appétit... Pendant que nous mangeons, notre conducteur, qui a fini sa pipe, se met à siffler; puis, d'une voix forte, mais assez harmonieuse, nous régale de la chanson suivante, dont il était difficile de comprendre l'air, mais dont voici exactement les paroles et la prononciation.

> C'est le vieillard du petit pont,
> On dit qu'il se marie
> A une jeune fille
> Qui n'a pas cor quinze ans.
> Hélas! la pauvre fille
> Pass'ra bien mal son temps.
>
> Toute la première nuit
> Qu'ils ont couché ensemble
> Le vieillard lui tourna le dos;
> La belle est mal contente :
> « Prenez, prenez-la belle,
> » Prenez votre repos;
> » A l'heure de minuie
> » Nous chang'rons de propos. »
>
> Quand est venue l'heure de minuie,
> La belle se réveille;
> Ell' pince le vieillard au dos,
> Ell' le mord à l'oreille.
> Finissez donc, la belle,
> Finissez tout cela !
> Si vous êtes amoureuse,
> Moi, jé né le suis pas.
>
> Le lendemain, de bon matin,
> La petite épousée
> S'en va, d'un air vexé un brin,
> Trouver monsieur son père :
> « Bonjour, monsieur mon père,
> » N'avez-vous pas grand tort
> » De me donner un homme
> » Toute la nuit qu'il dort? »

La chanson nous avait fait rire : chantée par Odry, je suis persuadé qu'elle aurait un grand succès. Le farinier, qui paraissait flatté de l'effet que produisait sa voix, enjolivait chaque couplet d'un agrément nouveau, et jetait ensuite un regard dans la voiture. Quand il a fini, je lui propose de goûter du pâté avec nous, mais il me répond d'un ton délibéré :

— Non, non, merci... j'ai satisfait à la nature avant de partir pour Paris, je déjeunerons à Vauderland.— À Vauderland? est-ce loin d'ici? — Nous v'là au Bourget, c'est à trois lieues pus loin. — Et nous nous y arrêterons? — Pardi! une bonne heure pour reposer les chevaux. — Une heure, c'est bien long ! — Ah! bah! laissez donc! et si vous traîniez une charrette, vous seriez peut-être pus longtemps que ça pour vous mettre en train... Eh ben ! les chevaux, voyez-vous, c'est ni pus ni moins que les hommes: quand c'est las, ça veut se reposer.

Nous étions en effet arrivés au Bourget, grand village où il y a de fort belles maisons; mais, à la campagne, je cherche le pittoresque, le rustique; je ne veux pas y retrouver rien qui me rappelle Paris. Le Bourget peut plaire à ces personnes qui, lorsqu'elles ont une maison de campagne, ne sortent jamais de leur jardin : mais alors, à quoi bon habiter les champs... il y a des jardins dans Paris.

Notre route est toujours belle, mais toujours uniforme, bien large, bordée d'arbres, de fossés; en deçà des plaines, des blés, des terrains plats : rien de remarquable, rien qui puisse vous faire reconnaître un site, une place; on ne sait jamais si l'on approche, si l'on a fait beaucoup de chemin : les belles routes sont bien ennuyeuses !

Parlez-moi d'un chemin tortueux, inégal, coupé par des ruisseaux, des bois, des roches, des accidents de terrain; parlez-moi d'une pente rapide que l'œil ne mesure qu'avec effroi, d'une montagne bien roide dont vous craignez de ne pouvoir atteindre le sommet... Vous me direz

peut-être que les voitures n'iront pas facilement dans de pareilles routes, et que les chevaux sont capables d'y crever. C'est possible, mais pour l'artiste, pour celui qui veut étudier, admirer la nature, cela est infiniment préférable à un chemin plat. Heureusement Lise et moi nous savons nous créer ce que nous n'avons pas; nous bâtissons en idée de jolies fermes, de délicieuses retraites aux endroits où nous ne voyons rien. Pour peu que Lise aperçoive au loin un petit bouquet de bois, une touffe d'arbres, elle me dit :

— Que j'aimerais à demeurer là, dans une petite chaumière... avec des poulets, des canards, et toi!...

Je m'amuse des projets de ma jeune compagne, qui, dans ses rêves de bonheur, ne me sépare jamais des poulets et des canards. Je ris, je la lutine, je lui dérobe un baiser... le farinier se retourne, siffle, chantonne, et se permet aussi d'avoir un air malin. Est-ce que je ne suis pas libre d'embrasser Lise?... je sais bien que M. Pierre Lagacé n'a pas l'air de le trouver mauvais, mais je remarque seulement qu'il regarde trop souvent ma petite compagne... Il est vrai que Lise est bien gentille, et ce farinier a des yeux... de fort grands yeux même!... et qui ne sont pas timides. Quand le farinier regarde trop longtemps du côté de Lise, je lui adresse la parole pour le distraire.

— Y a-t-il longtemps que vous êtes farinier, monsieur Pierre Lagacé ? — Trois ans environ. — Et avant... vous faisiez quelque chose?... — Oh ! que oui!... j'en ons fait de ces choses... et de toutes les couleurs... eh !... eh !... — Demande-lui donc quelles choses il a faites, me dit tout bas Lise, cela nous amusera. — Oui, mais ces choses-là ne sont peut-être pas toutes de nature à être racontées... à une femme. — Oh ! mon ami, à la campagne, on n'est pas susceptible. — Cet homme n'a pas l'air bavard... je crois qu'il aime mieux te regarder que de parler. — Est-ce que tu vas être jaloux du farinier? — Jaloux! non certainement, mais je voudrais bien qu'il ne te regardât pas si souvent.

> Ah! que Rose est jolie!
> Que je l'aimerais bien,
> R'lin tin tin !
> Sa mine est tout' fleurie
> Rien de frais comme son teint...
> R'lin tin tin !

C'était le farinier qui chantait en regardant Lise de côté, je n'aime pas cette chanson-là, et je m'empresse de l'interrompre.

— Avez-vous servi, monsieur Lagacé? — Servi?... Oh ! que oui!... mais pas longtemps... ça me déplaisait d'être commandé; j'avons eu une jeunesse tumultueuse, comme dit c't'autre... — Mais vous êtes jeune encore... — Trente et un ans à la mi-carême. — On aime toujours à s'amuser à cet âge-là. — J'crois ben!... mais c'est pas les occasions qui manquent... si je suis un peu moins turbulent qu'autrefois... ça n'empêche pas qu'on ne soit bon là, tout de même!... Ah ! Dieu !... en ai-je fait de ces faribeles!...

> Le corset de ma belle
> Contient deux pommes d'or...
> R'lin tin tin !

— Je suis sûr que vos aventures sont amusantes?... — Oh! qu'oui, elles ne sont pas tristes !... et je puis dire sans artifice que le beau sexe en fait les honneurs. — Vous êtes amateur des dames? — Des dames, des demoiselles, des servantes, ça m'est ben égal, à moi! pourvu qu'elles ne soient pas trop raffalées... Oh ! mais c'est que je m'y connais... et qu'on m'en fait pas accroire!... Et v'là madame ou mamselle là-bas... qu'est ben gentille, tout de même... et fièrement qu'elle est gentille !... et c'est que j'm'y connais!... Eh ! oui !...

Lise me regarda en riant; moi je vois avec plaisir que nous approchons de Vauderland.

— Ce village... là-bas... est-ce celui où nous nous reposerons? — Oui, c'est Vauderland... c'est l'air bien pauvre, il y a peu de maisons. — C'est pas un gros endroit, mais il y a une auberge, on trouve à manger.

L'aspect de Vauderland rappelle ces misérables villages d'Italie, dans lesquels tous les habitants sont voleurs ou mendiants, moins la beauté du paysage et l'originalité des costumes. A Vauderland, on ne trouve rien qui repose agréablement la vue, si ce n'est un petit cimetière mal entretenu, et planté de croix qui menacent de vouloir s'enterrer aussi; c'est l'endroit qui m'a semblé le plus gai du village.

Nous descendons de notre équipage, il est alors plus de onze heures, et nous ne sommes pas à moitié chemin. Pendant que le farinier s'occupe de ses chevaux et de lui, nous entrons dans l'auberge, car nous avons faim... en voyage, nous avons presque toujours faim, et nous ne voulons pas nous en tenir aux provisions du panier, qui ne sont que pour l'amusement de la route.

Une femme presque aussi laide que le village nous offre d'abord tout ce que nous désirons, mais elle finit par nous avouer qu'elle n'a que du veau rôti et des œufs. Il valait autant dire cela tout de suite. Va donc pour le veau rôti et l'omelette de rigueur. Nous mangeons avec tant de plaisir, que l'aubergiste a l'air tout étonné de l'accueil fait à son veau rôti.

Notre repas terminé, nous sortons de l'auberge; nous avons encore trois quarts d'heure devant nous, il faut les employer à nous promener, à voir les environs. Quand on a déjà passé plus de cinq heures en voiture, on est bien aise de se dégourdir les jambes.

Nous allons au hasard dans le premier chemin qui s'offre à nous; il nous conduit dans des champs plantés de blés et de pommiers. Ce pays n'est point pittoresque; presque pas d'ombre pour se garantir du soleil; mais, avec une femme que l'on aime, il n'y a point de pays ennuyeux, la nature a toujours un beau côté, il ne s'agit que de le trouver.

Le temps passe vite pour nous, et nous quittons presque à regret les blés, les bluets et les pommes; mais nous craignons de faire attendre le farinier, qui serait homme à partir sans nous.

Monsieur Pierre Lagacé déjeunait ou dînait encore; nous lui disons qu'il y a plus d'une heure que nous sommes à Vauderland; mais cet homme-là ne partagera jamais notre impatience.

Enfin les chevaux sont remis à la lourde voiture, nous sommes de nouveau sur notre paille, nous voilà en route, et toujours un chemin bien superbe, bien droit, bien uniforme; ce serait à périr d'ennui si Lise n'était pas avec moi.

Le farinier semble plus en train de causer; sa figure est plus enluminée, c'est probablement l'effet de son repas: il lorgne encore plus souvent Lise en fredonnant

Qu'l'es jolie, ma Manon;
Je t'aime tout de bon...

Ou :

Ce soir il fera noir,
Nous pourrons nous revoir.

Tous ces refrains me semblent dits avec intention, Pierre Lagacé est revenu s'asseoir à l'entrée de la voiture; voulant toujours l'occuper, j'entame la conversation : — Vous avez une voix superbe... je gage que vous êtes un des beaux chanteurs d'Ermenonville. — Eh! dam' i' disent tous comme ça que je prends des leçons de gazouillement à Paris!... que je vais aux spectacles où l'on fait des bêtises en musique!... mais c'est pas vrai... j'aime mieux un demi-setier que toutes vos comédies!... et d'ailleurs j'en avons assez vu autrefois, des comédies... que même j'avons manqué de jouer dans quequeue chose dont je ne sais pas le nom. — Vraiment?... vous piquez ma curiosité. — Voulez-vous que je vous conte ma vie?... j'vas vous la conter tout de même?... si ça n'ennuie pas c'te jolie petite mamselle. — Non, monsieur le farinier, ça ne m'ennuiera pas; au contraire. — Eh ben! alors j'vas vous défiler ça : figurez-vous d'abord que je sommes né dans le pays des fameux pruneaux.... — A Tours. — Oui, z'a Tours, c'est ce qui fait que mon père en vendait dans des petits paniers tout plats, tandis que ma mère s'en allait promener avec les beaux garçons du village, disant qu'elle ne voulait point passer sa jeunesse au sein des pruneaux, et que moi, pendant ce temps-là, je mangeais tout ce que je pouvais attraper dans les petits paniers. On me mit dans une pension... une école... ça ne m'allait pas; j'aimais mieux jouer aux noyaux, au bouchon, que d'apprendre l'écriture. A dix ans, on me retira de l'école, je ne savais pas encore épeler, mais j'étais déjà de force à rosser tous mes camarades. Ma mère était morte, mon père voulut me mettre dans son état; mais je ne savais qu'embrasser les petites servantes qui venaient acheter leur cassonade chez nous; et plus je grandissais, et plus j'en embrassais!... si bien que les pères et les mères de l'endroit, qui étaient des gens ridicules, qui n'aimaient point à rire, allèrent prier mon père de me renvoyer de la vi le; mon père ne se le fit pas dire deux fois... il m'envoya à Pontoise, chez un fermier de ses amis. J'avais quinze ans lorsque j'arrivai à la ferme. Il n'y avait pas six mois que j'étais à Pontoise, et j'avais déjà embrassé toutes les filles du pays... j'en avais conté à toutes les femmes en brin gentilles et à toutes les servantes qui n'étaient pas trop mal. — Monsieur Pierre Lagacé, vous faites un terrible embrasseur, à ce qu'il me paraît! — C'est ma nature, quoi!... on ne se fait pas soi-même!... On me pria encore de m'en aller de Pontoise; bref, pendant près de quatre ans, je courus le monde. A Meaux, on me surprit en tête-à-tête avec la fille du maire; faut vous dire que la fille du maire avait cinq pieds quatre ou six pouces... c'est gentil pour une femme... elle aurait fait un beau dragon. Moi, je ne pensais d'abord à rien au sujet de cette demoiselle, d'autant plus qu'elle avait les cheveux un peu roux et les yeux dépareillés. C'était elle qui m'agaçait sans cesse, qui venait me trouver pour jouer avec moi; et, en riant, en me lutinant, quand elle me serrait la main, j'en avais des bleus pendant quinze jours. Vous entendez ben que les filles comme ça on ne les embrasse pas malgré elles... c'est pourtant ce que le père me reprochait... il allait dire partout que j'avais violenté son enfant... moi, ça me faisait rire... monsieurle maire voulut se fâcher, je lui enfonçai deux côtes et je m'enfuis. A Beauvais, le maître de poste trouva mauvais que sa femme me donnât des rendez-vous à la brune, je lui démis le genou en le jetant sur une meule de foin. A Nanterre, le frère d'une petite paysanne ben gentille voulut me chercher dispute, parce que j'entrais chez sa sœur par la fenêtre au lieu d'entrer par la porte, je lui cassai la jambe en le poussant doucement de côté.

Lise se serre contre moi en me disant à l'oreille :

— Ah! mon ami!... quel vilain homme!... mais, c'est épouvantable tout cela... je commence à en avoir peur..

Je rassure Lise, quoiqu'au fond je ne fusse pas très-satisfait du récit du farinier. Celui-ci continue :

— Ah! dame! partout où je m'arrêtais j'eus comme ça de petites drôleries... — Vous appelez cela des drôleries, monsieur Pierce, enfoncer des côtes, casser des jambes, démettre des genoux aux gens... — Histoire de rire! faut ben que jeunesse se passe... car, dans le fond, je ne suis pas plus méchant qu'un pigeon. Mon père mourut; j'étais alors à Paris, j'héritai de deux mille trois cents francs... je les mangeai en quinze jours? Oh! les amis, je régalais tout le monde, les amis de mes amis... leurs maîtresses!... leurs parents! si ben que les pruneaux furent vite dépensés. Vint la conscription, il fallut partir. D'abord, ça m'amusait d'être soldat, et sous l'uniforme je faisais encore plus de con quêtes : mais un matin mon sergent me vit embrasser une cantinière qu'il reluquait, il voulut me mettre la main au collet; moi, je lui mis trois pouces de mon sabre dans le ventre, il me semblait avoir fait la une bahiole! mais les camarades me dirent : tu ne sais donc pas qu'un soldat n'a pas le droit de se disputer, de répondre et encore moins de se battre avec ses supérieurs, que tu vas passer à un conseil de guerre, et que le moins qui puisse t'arriver est d'être fusillé devant ton régiment!

Comme ce moins-là me semblait déjà beaucoup, je me dis alors . j'en ai assez du militaire, je n'y mords plus... j'ai cru en devenant soldat que je pourrais au contraire me battre tout à mon aise; mais, si on se fâche pour le premier coup de sabre que je donne... bonsoir la compagnie... je vas m'enrôler dans une autre chose.

Après cela il ne me restait plus qu'à déserter; c'est ce que je fis, et j'allai me cacher dans un moulin où l'on me donna de l'ouvrage. Vinrent ensuite les défaites de l'Empereur, l'invasion des armées étrangères, les Cosaques qui approchaient de Paris; je sortis de mon moulin et j'allai me battre en simple amateur, et comme ça ne servit à rien, je ne tardai pas à revenir à ma ferme, et me voilà tranquille à Ermenonville, embrassant encore les filles quand elles sont gentilles, et toujours disposé à rosser celui à qui ça ne plairait pas... et voilà ma petite histoire!

Pierre Lagacé a terminé son récit, qui ne m'a pas amusé du tout. Lise aussi semble inquiète, se tient contre moi et ne rit plus. Nous sommes arrivés à Louvres.

— Nous v'là dans le pays du ratafia, dit le farinier, c'est ici qu'il est fameux... en prenez-vous? — Non... nous n'en désirons pas. — Tenez, là, dans cette auberge, il y a une servante bien avenante!... j'ons eu une drôle de scène il y a quinze jours dans c'te auberge-là... Une voyageuse avec qui je riais dans la cour... oh! une femme superbe!... Son mari ou son père!... j'sais pas, enfin un petit gros, arrive et me demande de queu droit je ris avec la dame... Oh! de queu droit! que je lui réponds... en v'là une fameuse de question! Est-ce qu'on a besoin de la permission d'un vieux jobard comme vous pour rire et batifoler avec une belle femme... et là-dessus je lui donne une chiquenaude qui le fait tomber dans le puits...

Lise fait un bond sur la paille; je m'écrie :

— Mais on l'a retiré du puits; j'espère? — Ah! j'sais pas! je ne l'ons pas demandé. C'est que, voyez-vous, je suis fort comme un lion... je déracine un chêne tout seul... et faut se laisser secouant!

C'est Roland furieux que cet homme-là, me dis-je en moi-même. Diable!... diable! on n'est pas si bien que je croyais dans la voiture d'un farinier.

Un peu après Louvres nous prenons sur la droite, et la route, perdant son uniformité, prend un aspect plus pittoresque. Tantôt le chemin est bordé de petites fabriques, tantôt il descend dans une vallée : les points de vue deviennent charmants, nous admirerions tout cela si nous n'étions pas préoccupés; mais Lise tient ses yeux baissés pour ne pas rencontrer ceux du farinier, qui sont constamment braqués sur elle, et moi je ris de ce que cela deviendrait fort désagréable, s'il prenait fantaisie à monsieur Pierre Lagacé, qui aime tant à embrasser les jolies femmes, de vouloir embrasser celle qui est avec moi; car, certainement, je ne le souffrirais pas; mais je sens bien que je ne serais pas le plus fort, n'importe! je me ferai battre s'il le faut... mais si j'étais mis hors de combat, que ma petite compagne... hum!... cette pensée me fait sauter sur la charrette! je regarde Lise... de beaux yeux, de jolis traits fins, espiègles... une petite bouche... un petit pied... elle est trop bien! et le rustre le moins amateur la verrait pas avec indifférence!... J'aurais dû prendre la voiture de Morfontaine... c'est fort agréable de ne point voyager avec une foule de gens que l'on ne connaît pas, mais ce commence à m'apercevoir que n'avoir point de compagnie dans sa voiture aussi ses inconvénients.

Nous passons par un petit village où l'on fait des briques. Là, Pierre Lagacé nous montre une chaumière en nous disant : — Le maître de c'te maison a passé par mes mains... il voulait m'empêcher d'embrasser sa ménagère... j'lui ai cassé les pattes de manière à en boîter longtemps. — A sa ménagère? — Oh! non, à lui... j'aime trop le sexe pour lui faire mal... eh! ben, votre petite dame ne dit plus rien... savez-vous que cela est fièrement gentille, votre petite dame... et que je m'en accommoderais ben tout d'même! oh! c'est que, voyez-vous, je me connais en beauté... en beaux yeux... en jolies jambes... Pour ce qui est de la jambe, je n'ai pas vu celle de madame mais je gagerais un litre qu'elle est bien tournée... Je juge ça d'après le pied.

Je tâche de dissimuler ma mauvaise humeur et j'affecte de rire en répondant :

— Oui... oui... vous me paraissez être un très-bon juge... — Oh! je suis un petit Paris, à ce qu'on dit dans le pays. — Un petit Paris, dis-je en regardant le farinier que je n'avais pas compris. Comment, qu'entendez-vous par là! — Pardi! j'entends que c'est un rapprochement avec de l'histoire ancienne, à ce que m'ont conté les savants de not'endroit... c'est-à-dire qu'il y avait autrefois... je ne sais pas où... mais il paraît que c'est dans le temps où les bergers fréquentaient la belle société, il y avait trois princesses qui avaient ensemble une dispute relativement à une pomme qui devait être mangée par la plus jolie des trois... si bien que, pour mettre fin à leur querelle, elles allèrent trouver un berger qui était un malin, un farceur... un gaillard dans mon genre, qui se connaissait en belles et en pommes de toutes les espèces, et ce berger s'appelait Pâris, et v'là la comparaison... — Ah! c'est Pâris que vous voulez dire... — Paris, Pâris, il me semble que c'est toujours la même chose... c'est pas la même chose de se chamailler pour ça... il ne s'agit seulement que d'ouvrir un peu plus la bouche en parlant. — Approchons-nous de Morfontaine? — Eh! que oui... encore une petite lieue et j'y serons... — C'est qu'il est près de six heures... nous arriverons tard à Ermenonville? — Ah ben! queu que ça fait!,.. est-ce que vous avez peur? — Non, certainement. — Avez-vous des armes sur vous? — Ma foi, non, je n'en ai pas. — Vous avez aussi ben fait, quoiqu'après Morfontaine nous fassions plus d'une lieue à travers les bois... mais je vaux trois hommes, moi! Lise me pousse le bras, en me disant à l'oreille : — Il fallait lui faire croire que tu avais des armes, des pistolets. — C'est vrai, tu as raison... j'ai répondu étourdiment... mais le fait est que je n'en ai pas... rien, pas même une canne! — Eh! mon ami, je voudrais bien être arrivée, et que nous ne fussions pas dans les bois avec cet homme. — Rassure-toi... je suis là... — Mais, s'il allait te casser quelque chose aussi, à toi... que deviendrais-je? mon dieu! — Ne te fais donc pas de telles terreurs... tiens, regarde ce paysage... que c'est beau... majestueux... on se croirait à cent lieues de Paris! — Qu'est-ce donc que ces grosses pierres qui bordent la route? — C'est beau... — Des rochers!... serait-il possible!... oh!... que je suis contente de voir des rochers... mais comment sont-ils là? — Parce qu'ils y ont poussé. — Quoi! mais comment, il serait vrai!... comment cela pousse, un rocher? — Oui, ma chère amie. — Oh! je dirai à toutes mes connaissances que j'ai vu des rochers!

Nous sommes arrivés à Morfontaine, mais nous n'avons pas le temps de nous y arrêter pour voir ces délicieux jardins qui rivalisent avec ceux d'Ermenonville, et auxquels même beaucoup de gens donnent la préférence. Nous passons devant l'auberge où l'on prend les voitures; j'ai envie d'y entrer et de retenir deux places pour le surlendemain; mais Lise pense que cela nous retardera, il est six heures et demie, et l'on vient de nous dire qu'il y avait encore près de deux lieues à faire pour être à Ermenonville. D'ailleurs il est rare que la voiture soit complète quand elle part de Morfontaine dans la semaine, et nous trouverons toujours bien des places. Je me rends aux avis de ma compagne de voyage. Pendant que nous causons sur ce sujet, Pierre Lagacé nous montre une petite auberge en s'écriant : — C'est là qu'on boit d'un petit vin fameux et pas cher!... c'est dommage que je n'pouvions pas entrer et m'y rafraîchir... oh! c'est ben dommage! — Eh! qui vous en empêche?... — Ah! une bêtise... une petite affaire que j'ai eue avec le fils de la maison, qui voulait s'opposer à ce que je badinions avec la servante... nous avons combattu à coups de poing... Pauvre garçon! qui voulait lutter avec moi!... en un instant il a eu son compte... il est encore sur son lit!... Oh! du reste, je ne lui en veux pas... j'ai pas plus de rancune qu'une mouche à miel! — Il me paraît que partout où vous passez, vous laissez un souvenir de vous? — Dame! faut ben rire un peu!... N'est-ce pas, ma petite dame, qu'il faut rire?... surtout quand on est gentil'e comme vous... eh! eh!...

Lise ne répond pas. Nous sommes alors sur une route bordée de r'isetiers, qui forment d'épais buissons; le farinier cueille des noise-tes, et nous demande si nous n'avons pas envie de descendre pour en c eillir aussi; nous le remercions, nous préférons rester dans la voiture... On ne sait pas ce qui peut arriver, et, en cas d'attaque, je suis décidé à y soutenir un siége.

A chaque instant Lise me demande l'heure Elle trouve que le jour est bas, il lui semble déjà que la nuit approche; et ces maudits chevaux ne vont pas plus vite, lorsque maintenant nous voudrions être cahotés.

Tout à coup le farinier se remet d'un bond sur le brancard, et avance le bras vers Lise en lui disant : — Tenez... v'là des noisettes... vous verrez comme elles sont bonnes!...

Lise prend la poignée de noisettes que lui tend le farinier; il m'a semblé qu'en la lui donnant cet homme lui avait serré les doigts. Déjà le sang me monte au visage... Je lorgne des yeux un vieux sac vide, et je me promets de m'en faire une arme.

— Est-ce que cet homme s'est permis de te prendre la main? dis-je

tout bas à Lise. — Non, mon ami... — Il t'a pressé les doigts? — Je ne crois pas. mon ami. — Comment, tu ne crois pas!... tu n'en es pas sûre.... — Mon Dieu! ne te mets pas en colère, mon ami!... Je te dis que cet homme ne m'a rien pressé du tout... Oh! mais c'est égal, je voudrais bien être arrivée à Ermenonville.

En ce moment, notre voiture, qui côtoyait le bois depuis quelque temps, tourne et entre dans un étroit sentier où il n'y a que juste la place pour la charrette, et dont nous n'apercevons pas la fin.

— Ah! enfin nous y v'là! dit Pierre Lagacé d'un air de satisfaction. — Où sommes-nous donc? — Dans les bois d'Ermenonville. — Et ce sentier est-il long?... — Un quart de lieue au moins.

Un quart de lieue à faire dans des bois où l'on ne rencontre personne! et la nuit qui approche. Je ne suis pas tranquille; Lise, qui serre ma main dans la sienne, me dit tout bas :

— J'aimerais mieux être seule avec toi... et à pied... nous irions bien plus vite... — C'est vrai... depuis que nous sommes dans ce maudit sentier, les chevaux avancent à peine!... On dirait qu'ils s'endorment, et leur maître ne les pousse pas du tout. — Dites donc, monsieur Pierre, est-ce que vous ne pourriez donner quelques coups de fouet à vos chevaux pour qu'ils aillent un peu plus vite? ils ralentissent encore leur pas. — Oh! c'est que le chemin est mauvais... l'ornière profonde... il y a du tirage ici... je ne veux pas forcer mes chevaux.— Mais il fera nuit avant que nous arrivions. — Eh ben!... queu mal!... la nuit, tous les chats sont gris, v'là tout!... r'lin, r'lin, lin, tin! — Ah! mon Dieu!.. me dit tout bas Lise, que je suis fâchée que nous ayons pris la voiture du farinier... c'est moi qui en suis cause! — Allons, ne te chagrine pas... — Remarque donc cet homme... comme il regarde à droite et à gauche dans le bois... on dirait qu'il veut s'assurer si personne ne vient, et s'il pourra tout à son aise accomplir ses infâmes desseins... Oh! mon ami, certainement cet homme-là... enfin... j'ai bien peur.

En effet, le farinier ne cessait de regarder derrière et dans l'éloignement. Tout à coup Lise pousse un cri, une couleuvre assez grosse venait de traverser le sentier en sautant devant notre voiture.

— Ah! j'allons la couper en quatre avec mon fouet, s'écrie le farinier, pour lui apprendre à venir danser devant mes chevaux.

En disant ces mots, il saute du brancard à terre, et court vers l'endroit du bois où la couleuvre s'est jetée. Mais probablement la couleuvre a déjà gagné le terrain, je vois le farinier s'enfoncer dans le taillis en faisant claquer son fouet ; et les chevaux, comme s'ils ne voulaient point avancer sans leur maître, se sont spontanément arrêtés pour l'attendre.

— Mon ami! mon ami! me dit Lise, il n'est plus là... profitons de ce moment... descendons, et mettons-nous à courir jusqu'à Ermenonville; il ne pourra nous rattraper, il ne peut pas abandonner sa voiture... et nous arriverons bien plus vite à pied. — Comment!... tu veux?... — Oui, oui, je le veux... Oh! si tu savais combien j'ai peur de cet homme!... je n'ai pas encore osé te le dire... D'abord, si tu ne veux pas venir avec moi, je me sauve toute seule....

Déjà Lise est sur le bord de la voiture ; ma foi, je ne balance plus, je prends le panier, je saute à terre, je reçois ma jolie compagne dans mes bras, et aussitôt, prenant notre élan, nous nous lançons dans le sentier, et nous courons pendant près de dix minutes, sans nous arrêter que pour reprendre haleine.

Dans les premiers moments de notre fuite, nous avons entendu la voix du farinier qui nous appelait, puis des coups de fouet, puis le pas des chevaux, et, au lieu de nous arrêter, cela nous a fait aller plus vite. Enfin le bruit, le fouet, la voix, tout a cessé; nous sommes plus tranquilles, et au bout d'un moment Lise pousse un cri de joie. C'est la fin du sentier que nous apercevons.

— Maintenant, dis-je à Lise, ne courons plus, je crains que tu ne te rendes malade... — Oh! mon ami, courons encore jusqu'à ce que nous soyons sortis du bois... — Mais cependant, si nous fuyons un danger imaginaire... si cet homme n'avait pas les intentions que nous lui supposons... — Il vaut mieux fuir un danger imaginaire que d'en attendre un réel. D'ailleurs je gagerais bien que ce vilain homme avait de méchantes intentions... il me faisait des yeux... oh!... et puis il m'a serré les doigts très-fort en me donnant les noisettes... Et puis, dans ce sentier, les chevaux qui avançaient à peine pour que nous soyons surpris par la nuit... et tous ces pauvres malheureux auxquels il a cassé les jambes, les côtes, les bras; qu'il a jetés dans le puits, rendus boiteux... oh! mon ami, courons toujours, je t'en prie...

Nous sortons enfin du bois ; au bout du sentier, nous nous trouvons dans une immense plaine parsemée de bruyères, de touffes de genêts; la terre est couverte d'une épaisse fourrure de serpolet et de thym qui répand au loin une odeur aromatisée.

— Le charmant paysage!... vois donc, ma chère amie... — Oh! c'est bien joli... mais ne nous arrêtons pas et marchons vite; si la nuit nous surprenait, nous nous perdrions par ici! — Je ne sais pas quel chemin il faut prendre... je n'en vois pas de tracé dans cette plaine.—Allons tout droit devant nous... vis-tu comme le terrain va en pente?... je suis sûre qu'Ermenonville est au bas de cette plaine.

Nous marchons au hasard, de temps à autre nous voyons fuir devant nous des lièvres craintifs dont notre approche trouble la sécurité, et qui me paraissent être en grande quantité dans cette plaine.

Ah! si j'avais un fusil et un port d'arme... et une permission de chasse! ... — Ces pauvres lièvres!... dit Lise; ils nous prennent pour des chasseurs... ils se sauvent devant nous... et pourtant nous ne songeons pas à leur faire de mal! — Ma bonne amie, dans ce moment-ci nous faisons peut-être tout comme les lièvres...

Après avoir marché assez longtemps , nous arrivons à la fin de cette plaine. Des bois se dessinent sur notre droite, devant nous est un chemin ombragé d'arbres... C'est l'entrée d'un village... Nous apercevons des maisons... Nous sommes à Ermenonville... Toutes nos terreurs sont oubliées. Nous ne songeons plus qu'au plaisir et au motif qui nous a conduits dans ce village.

Nous nous logeons à l'auberge de Jean-Jacques ; c'est, nous a-t-on dit la meilleure du pays, et , règle générale, lorsque vous voyagez, arrêt z-vous de préférence aux meilleurs endroits; on dépense tout autant dans les gargotes, et on y est fort mal. Le lendemain est employé par nous à visiter ce délicieux pays. Je ne vous en ferai point ici la description. Je ne vous parlerai pas du château entouré d'eau, de ce magnifique désert vers le sommet duquel on trouve une chaumière qui fut quelque temps habitée par Jean-Jacques ; je ne vous décrirai pas ce parc délicieux coupé de ruisseaux , de petits ponts; cette île des Peupliers où est le tombeau du grand philosophe, tombeau bien simple , bien modeste, mais qui impose, qui porte l'âme à la méditation, au recueillement, qui élève l'esprit au-dessus des choses de la terre... Ce simple tombeau produit tout cela , et je n'en dirai pas autant de beaucoup de ces magnifiques caveaux achetés pour des familles entières, et qui semblent vouloir faire de nos cimetières une campagne embellie de maisons de plaisance pour les morts.

Le temps que nous avions à rester à Ermenonville s'est écoulé bien vite. Le surlendemain est arrivé, il faut repartir pour Paris. Nous faisons nos adieux aux bons paysans que nous avions été voir, mais le fils de l'un d'eux va nous servir de guide jusqu'à Morfontaine, et doit nous y faire arriver plus vite en nous faisant passer par la route anglaise, chemin qui coupe les bois, et dans lequel, sans un guide, nous pourrions nous égarer.

On nous a dit que la voiture de Morfontaine ne partait pas avant huit heures : il n'en est pas sept quand nous quittons Ermenonville, et le petit paysan qui nous conduit nous assure que nous pourrons être arrivés avant l'heure du départ.

Je prends le bras de Lise; notre panier n'est plus lourd, il ne renferme qu'une petite galette que les villageois nous ont donnée. Nous nous remettons gaiement en marche, à travers les bois; cette fois notre conducteur ne nous inspire pas de frayeur.

Le plaisir d'être à Ermenonville nous avait fait totalement oublier le farinier; mais tout en marchant dans les bois, son souvenir revient à ma pensée, et je dis au jeune paysan qui nous accompagne :

— Vous êtes d'Ermenonville, mon ami ? — Oui, monsieur. — Y connaissez-vous Pierre Lagacé? — Pierre Lagacé, le farinier.... qui va deux fois la semaine à Paris?... — Justement. — Oh! oui, monsieur ! je le connais ben... c'est un fameux farceur!... — C'est cela... un vilain farceur même, qui bat, qui rosse, qui casse le bras ou les jambes partout où il s'arrête... — Lui! Pierre Lagacé, casier queuque chose!... oh ben, par exemple!... c'est le meilleur enfant du pays!... il ne ferait pas de mal à un cochon!... — Mais c'est un terrible enjôleur de filles... et quand les parents ou les maîtres se fâchent... il se conduit très-mal avec eux... Oh! nous connaissons les hauts faits de ce monsieur.

— Lui!... en conter aux filles !... lui qui est marié depuis dix ans... qui a une femme qui s'est fort bonne, et qui le fait aller droit... Lui ! qui a six enfants qu'il aime comme de petits moigneaux! — Il y a dix ans qu'il est marié, dites vous? — Oui, monsieur. — Ce n'est pas celui-là. — Oh! il n'y a qu'un Pierre Lagacé dans Ermenonville. — Mais vous venez de dire que c'était un fameux farceur... — Oh! oui... pour inventer des malices... pour faire aller le monde !... pour se moquer des Parisiens !... oh! g'ni en a pas de plus malin que lui dans l'endroit. Mais du reste bon enfant, bon nari, bon père, incapable de faire du mal à un hanneton... — Comment, il n'a pas jeté, à Louvres, un homme dans un puits? — Lui jeter quelqu'un dans un purts! il y serait plutôt descendu pour en retirer quelqu'un! — Et à Morfontaine il n'a pas battu un aubergiste, si bien que celui-ci est encore sur son lit? — Ah! laissez donc! on vous a fait de fameux contes, à ce que je vois... Il n'y a pas un mot de vrai dans tout ce qu'on vous a dit de Pierre Lagacé. — Mais c'est lui-même qui nous a conté ces aventures. — Lui... oh, oh, oh!... Je le reconnais bien là, le farceur!... il s'est gaussé de vous !

Nous nous regardons, Lise et moi. Aurions nous été dupes de monsieur le farinier?... je n'y conçois rien; mais Lise prétend que le petit paysan ne peut m'avoir dit, et le pauvre ne peut pas être le même farinier.

Nous marchons longtemps. La route anglaise, que l'on nous avait dit être si courte, me semble plus longue que celle par laquelle nous sommes venus. Je regarde ma montre.... Il est huit heures. Si la voiture était partie !...

— Tenez, monsieur, v'là Morfontaine! me dit le petit paysan, ces maisons là-bas... à gauche. — Oui, je les vois... — Vous n'avez plus besoin de moi, je m'en retourne. — Merci, mon garçon.

Je paye notre guide, et nous doublons le pas, Lise et moi, pour arriver bien vite à Morfontaine. A peine sommes-nous que le cours

au bureau des voitures... celle de Paris était partie de uis cinq minutes; mais, pour me consoler, on me dit : — Elle était pleine, monsieur, et vous n'auriez pu y avoir une seule place, quand même vous n'auriez pas été plus gros qu'un hareng.

Je reviens vers ma petite compagne, que j'ai laissée devant l'entrée du parc.

— Ma chère amie, lui dis-je, voici un autre événement... et nous ne sommes pas au bout de nos peines. — Qu'y a-t-il donc, mon ami ? — Il y a que la voiture de Paris est partie... il est vrai qu'elle était pleine. — Eh bien ! mon ami, je ne vois rien là qui doive vous désoler... Ce que nous avons de mieux à faire alors, c'est de nous en aller en nous promenant. je ne suis pas lasse, et le chemin est si joli... d'ailleurs nous sommes nos maîtres, nous nous reposerons toutes les fois que nous en aurons envie, — Mais songe donc que dix lieues à pied... par la chaleur qu'il fait... c'est effrayant ! — Nous trouverons sans doute quelque voiture en route... — Oui, à Louvres, on m'a dit que la voiture de Senlis y passait... — Allons ! point d'humeur, monsieur, et en route !... Puisque je vous donne l'exemple du courage, il me semble que vous auriez fort mauvaise grâce à vous plaindre. — Je n'ai rien à répondre à cela , mais avant de partir je voudrais me rafraîchir. Entrons dans cette maison, où le farinier nous a dit que l'on vendait de si bon vin, et où il nous a dit avoir si bien rossé le fils de la maison.

Nous entrons dans une espèce de cabaret ; mais à la campagne il faut déposer toute fierté, sous peine de se priver de beaucoup de choses. On nous sert un vin qui ferait sauter les chèvres; la servante est une grosse fille qui n'a qu'un œil d'ouvert. Je lui parle de Pierre Lagacé, et lui demande si le farinier ne serait pas le fils de son maître. Cette fille ouvre son œil tant qu'elle peut, et me dit :

— Le fils de mon maître... tiens ! vous savez donc ce qu'il a ! que depuis huit jours il est atteint de la coqueluche. — La coqueluche !... Mais je vous parle d'un grand garçon qui s'est battu avec le farinier. — Battu avec le farinier!... Le seul garçon de not'maître a quatre ans... A propos de quoi qu'on l'aurait battu, ce pauvre petit... il est gentil comme tout... c'est pas sa faute s'il a la coqueluche! — Comment ! Pierre Lagacé n'a pas eu une querelle ici... parce qu'il embrassait une jeune fille!... — Oh, oh, oh !... en v'là d'une histoire!.... on s'est joliment gaussé de vous!... Une querelle ici !... Pierre Lagacé... oh! c'te bêtise!

Je regarde Lise : — Ma chère amie, qu'en dis-tu? — Je dis que je n'y conçois rien... car enfin pourquoi cet homme nous aurait-il fait tous ces contes... dans quel but ?

Nous quittons Morfontaine. Nous sommes encore frais et dispos, la marche nous semble un plaisir, et, tout en avançant, Lise me dit : — Tiens, fais le plan d'une pièce de théâtre... d'un vaudeville... ou d'un grand drame, cela nous occupera ... Tu m'as promis de mettre en scène ou en drame un mauvais sujet... tu le feras venir à Ermenonville... — Oui, sur un cheval qui s'appellera Zéphyr. — Il fera mille folies... — Mais il aura pourtant un sentiment profond pour quelqu'un... — Pour une petite paysanne... il me semble que c'est déjà gentil ? — Il me semble, à moi, que ce n'est pas bien neuf. — Ah! mon Dieu, qu'il fait chaud !... j'ai soif. — J'ai faim... — Voilà le petit village aux briques. Il faut y déjeuner; je reconnais la chaumière que Pierre Lagacé nous a montrée en nous disant qu'il avait cassé les jambes du maître du logis, qui voulait l'empêcher d'embrasser sa ménagère. Demandons-y à déjeuner... je ne serai pas fâchée de savoir aussi à quoi m'en tenir sur la véracité de cette histoire.

Nous entrons dans une maisonnette, petite mais propre. Nous sommes fort bien accueillis par deux jeunes gens, homme et femme, qui s'empressent de nous offrir une omelette et du fromage. Je m'aperçois qu'en voyage il faut tâcher d'aimer l'omelette.

Pendant que nous déjeunons, je questionne nos hôtes : — Vous êtes mariés ? — Mais oui, monsieur. — Vous habitez seuls cette maisonnette ? — Oui, monsieur; oh! la maison n'est pas trop grande pour nous !... — Connaissez-vous Pierre Lagacé, le farinier d'Ermenonville? — Oui, monsieur; il s'est encore rafraîchi ici ce matin en passant avec sa voiture. — Est-ce que vous n'avez pas eu, il y a quelque temps, une querelle, une bataille avec lui au sujet de votre femme? — Moi !... une querelle avec Lagacé... oh! ben !... par exemple !... jamais !... j sommmes amis comme les deux doigts de la main !... et même que c'est lui qui doit être parrain de notre premier.

Je vois que décidément le farinier s'est moqué de nous ; mais dans quel but ? Voilà ce que nous ne cessons de nous demander, Lise et moi, en nous mettant en route. Bientôt le soleil devient brûlant; ma compagne commence à se fatiguer, et cela nous oblige à nous arrêter souvent. Cependant nous ne sommes pas encore arrivés à Louvres... et là, si nous ne trouvions pas de voiture !... cela me désole !... Une femme mignonne, délicate, il y faillait faire onze lieues par cette chaleur... dans un chemin où il y a rarement de l'ombre!... avec de minces souliers d'étoffe... c'est désespérant.

Lise, qui voit que je me chagrine , cherche à me distraire en me faisant admirer les points de vue; à chaque instant elle me dit : — Oh ! mon ami! que c'est joli là-bas... près de ce bois, je voudrais y avoir une cabane et y passer ma vie avec toi!... — Ma chère amie, certainement je me plairais partout si j'y étais avec toi... Mais cependant... si nous demeurions là, je ne vois dans les environs ni boulanger, ni boucher; comment donc vivrions-nous? — Ah! que les hommes sont terribles, ils pensent toujours au positif!... Nous mangerions des légumes que je cultiverais moi-même... — Des légumes, c'est très-bien... mais à la longue cela nous rendrait bien maigres! — Comment! monsieur, est-ce que nos premiers parents mangeaient de la viande de boucherie? — Je ne sais pas... mais alors, c'est qu'ils étaient moins gourmands que nous!... Que veux-tu, ma chère amie, nous ne sommes plus à l'âge d'or!... Maudit farinier!.. c'est lui qui est cause que je n'ai point retenu de places à Morfontaine pour ne pas nous retarder!... il s'est moqué de nous tout le long de la route!...

Nous arrivons enfin à Louvres; il était temps, nous étions accablés de fatigue et de chaleur. Nous entrons à l'auberge où s'arrête la voiture de Senlis... Nouveau malheur, la voiture est passée il y a un quart d'heure, et il y avait plusieurs places dedans.

Nous nous regardons, Lise et moi; il n'y a pas moyen de rattraper la voiture. — Nous coucherons ici, dis-je en soupirant.

En attendant, nous nous rafraîchissons, et au bout d'une demi-heure Lise s'écrie : — Du courage, remettons-nous en route... gagnons Vauderland, nous y trouverons peut-être quelque voiture... une charrette... fût-ce même la voiture du farinier, s'il peut nous placer sur ses sacs de farine; je t'assure que cela me semblera délicieux.

J'achète une petite bouteille de ratafia, afin de nous soutenir en chemin, et nous voilà de nouveau sur la route.

Ma pauvre petite compagne dissimulait sa fatigue; mais je voyais ses forces trahir son courage : alors je lui présentais la bouteille de ratafia et je la suppliais d'en boire un peu. J'en faisais autant, puis nous bâtissions, en marchant, des châteaux en Espagne. Mais l'excessive chaleur et ce malheureux ratafia dont je l'avais engagée à boire, loin de faire du bien à Lise, produisent un effet contraire. Tout à coup je la vois pâlir, s'arrêter, pour se laisser tomber au bord d'un fossé en me disant : — Mon ami, je ne sais ce que j'ai..... mais je me sens bien mal!

Que l'on se figure alors ma situation. Nous étions entre Louvres et Vauderland, sur une route où il n'y a pas une seule habitation; un soleil ardent dardait sur notre tête, et je voyais étendue devant moi et sans connaissance une femme que j'adorais. Je ne savais que faire, que devenir!... Je criais, j'appelais... personne ne passait... J'embrassais celle que je ne pouvais secourir, je lui tapais dans les mains, et, faute d'autre ressource, je lui frottais encore le front et les tempes avec le malheureux ratafia...

Cette situation dura près de cinq minutes, qui me semblèrent cinq heures!... de ma vie je ne l'oublierai. Enfin Lise rouvrit les yeux, et me dit : — Je me sens mieux... cela ne sera rien.... mais, je t'en prie, ne me frotte plus avec du ratafia.

Je jette la bouteille sur la route. Au bout de quelques minutes, nous nous remettons en marche. A un quart de lieue de là, nous trouvons une maison isolée où l'on nous donna de l'eau fraîche; c'était pour nous la manne dans le désert. Sans ce verre d'eau nous n'aurions jamais pu gagner Vauderland.

Il était quatre heures du soir lorsque nous arrivâmes à ce village, que l'avant-veille nous avions trouvé si laid. Comme la position où l'on se trouve change l'aspect des objets! Vauderland nous apparut cette fois comme un séjour céleste, comme une oasis au milieu du désert, et ses murailles enfumées nous semblèrent des palais.

Il était grandement temps que nous arrivassions à Vauderland; ma compagne avait les pieds en compote, et moi-même je ne marchais plus que difficilement.

La première personne que nous apercevons dans le village est Pierre Lagacé. Il allait repartir avec sa voiture, chargée de farine. Nous courons à lui, et je lui dis : — Monsieur le farinier, deux places, de grâce, fût-ce sur le sommet de vos sacs... ou du moins une place pour elle... voyez... elle est épuisée de fatigue... Nous arrivons d'Ermenonville à pied. — Ah! vous v'là... me répond le farinier, et, nous regardant d'un air goguenard : Tiens, eh! pourquoi donc que vous vous êtes sauvés comme ça dans le bois?.,, j' vous avons appelés, vous n'avez pas répondu... vous couriez, vous couriez! on aurait dit que vous aviez une bande de voleurs à vos trousses, ou que vous veniez, tout au moins, d'apercevoir un troupeau de loups. — Eh! pourquoi vous êtes-vous moqué de nous tout le long du chemin avec vos histoires d'embrassades et de querelles? — Eh! eh! eh!... que voulez-vous? j'aimons à rire... à faire aller un peu les Parisiens... Quand vous avez été sauvés comme ça dans le bois?.,, j' vous avons appelés, vous n'avez pas répondu... vous couriez, vous couriez! on aurait dit que vous aviez une bande de voleurs à vos trousses, ou que vous veniez, tout au moins, d'apercevoir un troupeau de loups. quinait quand je regardais vot' petite femme... Attends, que j'avons dit! j' vas t'en donner du taquinage... et là-dessus, j' vous avons conté des vanteries.... où qu'il n'y avait pas plus un mot d' vrai que dans mon histoire... eh! eh!... j' suis un brin jovial, moi!... Allons, c'est fini, ne m'en voulez plus... j' suis fâché qu' ça vous ait fait revenir à pied! Oh ça, foi de Pierre Lagacé, j'en avons du regret, je ne pensais pas que la chose irait si loin; mais consolez-vous. J'allons vous faire deux bonnes petites places là... sus des sacs... en bas sur le devant de ma voiture, et vous arriverez à Paris comme dans vot' lit, sans être serrés; je ne ferai pas trotter mes chevaux.

Ce n'était pas le moment d'avoir de la rancune; le farinier me tend la main, serre la mienne, puis nous fait monter sur le devant de sa voiture. Nous y sommes assis et adossés sur des sacs de farine; nous serons nécessairement tout blancs en arrivant à Paris; mais c'est ce dont nous ne nous inquiétons guère... En ce moment, nous nous trouvons si heureux d'être en voiture, que nous ferions en plein jour notre entrée dans la capitale étendus sur des sacs de farine.

Mais nous n'arrivâmes qu'à la nuit, nous ne descendîmes de la voiture du farinier qu'à la Porte-Saint-Martin. Et là, Pierre Lagacé nous dit de nouveau adieu, en nous criant encore de loin : — Sans rancune!... Une autre fois, faut pas croire tout de suite ce que les gens de la campagne vous diront.

Il avait raison, Pierre Lagacé : il y a des menteurs au village comme à la ville; et de ce côté-là, je crois même que les hommes de la nature l'emportent sur les hommes policés.

www.ingramcontent.com/pod-product-compliance
Lightning Source LLC
LaVergne TN
LVHW022019080426
835513LV00009B/787